本书得到北京市贸易经济特色专业专项经费资助，是北京市社科基金项目“首都流通业与京津冀区域经济协同发展研究（12JGB068）”、北京市委组织部优秀人才资助项目“京津冀产业转移进程中低碳物流金融支持模型的构建（2010D005003000002）”、北京市哲学社会科学首都流通业研究基地项目（JD-2012-Y-01）、北京市教委科研基地科技创新平台“北京市流通业发展方式转变研究（PXM2012-014213-000043）”的阶段性研究成果。

经济管理学术文库 • 经济类

区域产业转移进程中的低碳物流与金融支持研究

Study on Financial Support to Low-carbon Logistics in Regional Industrial Transfer Progress

李　丽／著

经济管理出版社
ECONOMY & MANAGEMENT PUBLISHING HOUSE

图书在版编目（CIP）数据

区域产业转移进程中的低碳物流与金融支持研究/李丽著. —北京：经济管理出版社，2012.11
ISBN 978-7-5096-2182-0

Ⅰ.①区… Ⅱ.①李… Ⅲ.①金融支持—影响—物流—节能—研究—中国 Ⅳ.①F259.22

中国版本图书馆 CIP 数据核字（2012）第 264800 号

组稿编辑：张永美
责任编辑：张永美
责任印制：黄 铄
责任校对：超 凡

出版发行：经济管理出版社
（北京市海淀区北蜂窝 8 号中雅大厦 A 座 11 层 100038）
网　　址：www. E-mp. com. cn
电　　话：（010） 51915602
印　　刷：北京广益印刷有限公司
经　　销：新华书店
开　　本：720mm×1000mm/16
印　　张：15.75
字　　数：256 千字
版　　次：2012 年 12 月第 1 版　2012 年 12 月第 1 次印刷
书　　号：ISBN 978-7-5096-2182-0
定　　价：48.00 元

联系地址：北京阜外月坛北小街 2 号
电话：（010）68022974　　邮编：100836

前　言

改革开放以来，我国经济得到快速发展的同时，市场化进程也加快了步伐，因而区域之间的关系也发生了一系列的变化，正由行政上升到经济关系，由区域封闭向合作开放的关系转变。在各区域的发展中，产业结构的状况与经济的发展是密切相关的，经济的发展过程就是区域产业结构不断优化和升级的过程。

产业转移是区域产业结构调整的重要途径。从区域自身角度来看，通过产业转移，将加快转移区域产业结构调整和升级，可以促进承接转移区域的产业结构调整；从国家角度来看，在市场条件下，通过产业转移，实现生产要素的重新配置，建立开放性、互动性的产业结构关系，使区域间形成了各种产业分工关系。

我国区域经济沿海三大经济发展区包括北部的京津冀区域、东部沿海的长三角区域和南部沿海的珠三角区域。在这三大经济发展区域中我们可以看到，由于历史和其他一些政治、经济政策原因，京津冀区域的经济发展水平和速度明显落后于东部长三角、南部珠三角两大区域。就全国经济协调发展的角度来看，这种不平衡经济格局不利于我国的可持续发展和今后经济社会发展战略目标的实现，因而促进区域经济的发展尤为重要。

产业转移是优化生产力空间布局、形成合理产业分工体系的有效途径，是推进产业结构调整、加快经济发展方式转变的必然要求。当前，国际国内产业分工深刻调整，我国东部沿海地区产业向中西部地区转移步伐加快。中西部地区发挥资源丰富、要素成本低、市场潜力大的优势，积极承接国内外产业转移，不仅有利于加速中西部地区新型工业化和城镇化进程，促进区域协调发展，而且有利于推动东部沿海地区经济转型升级，在全国范围内优化产业分工格局。

作为经济发展的加速器，物流业在承接产业转移的过程中发挥了重要作用。在产业转移过程中，物流业的作用不容忽视，并且随着全球气候的变暖，以及人类生存和发展环境日益恶化，人们对“低碳经济”的发展的关注度越来越高。

《"十二五"规划纲要》指出，要大力发展现代物流业。加快建立社会化、专业化、信息化的现代物流服务体系，大力发展第三方物流，优先整合和利用现有物流资源，加强物流基础设施的建设和衔接，提高物流效率，降低物流成本。低碳经济的发展必将渗透到物流系统内，自从哥本哈根气候大会以后，全世界都在关注低碳的发展，在产业转移发展的过程中，人们越来越重视低碳物流的发展。经济发展与环境保护问题一直以来都是世界各国关注的焦点。随着全球"低碳革命"的兴起，人类进入了低碳新时代，以低碳为标志的经济发展模式转变将是解决这一问题的有效途径。在 2009 年哥本哈根会议上，中国政府就明确提出到 2020 年全国单位 GDP 的二氧化碳排放量将比 2005 年下降 40%~45%，这充分显示了我国大力推进节能减排、调整产业结构、转变经济增长方式和加快发展低碳经济的决心。

目前，我国物流业还处在粗放型和低效率的发展阶段，据国家发展和改革委员会统计，2010 年中国社会物流总费用与 GDP 的比率为 17.8%，而美国、日本少于 10%，中等发达国家平均约为 16%。我国物流业低效率高能耗的物流作业模式必然导致社会资源浪费和生产成本的增加，阻碍了整个国家和地区的经济发展。

低碳物流作为促进低碳经济可持续发展的新兴产业，为地区经济的可持续发展提供了新的利润增长点。由于低碳物流能力是衡量一个地区低碳物流业水平的重要概念，低碳物流业的发展是以低碳物流能力的提高为特征的，有效实现并提升地区的低碳物流能力已经成为普遍的共识。同时低碳物流的发展离不开强有力的金融支持，地区金融发展水平的提高不仅能有力地支持低碳物流业运营的经济绩效、社会绩效和生态绩效的发挥，而且会极大地促进资源节约型、环境友好型社会的建设。

本书试图在区域产业转移这一宏观经济背景下来研究低碳物流，运用区域经济学、低碳物流理论和金融发展理论，构建了区域产业转移进程中低碳物流与金融支持的理论体系；阐明了区域产业转移与低碳物流、金融支持与低碳物流的相互作用机理，分析了金融支持对低碳物流的宏观作用机理及微观影响机制，并分析了区域产业转移进程中低碳物流的资金需求特征；分析了美日印低碳物流金融支持的经验；对我国产业转移进程中低碳物流金融支持的现状进行了分析，构建了区域低碳物流能力评价指标体系，并以京津冀为例用模糊物元法对京津冀地区的低碳物流能力进行了评价；通过收集京津冀地区 2001~2010 年产业转移、低碳物流、金融支持的数据，构建面板数据模型中的固定效应回归模型对区域产业转移与低碳物流、金融支持与低碳物流进行了实证关联分析；运用投入产出分析法以北京市为例研究了产业转移进程中各产业低碳化调整策略；最后构建了在区域产业转移进程中金融支持低碳物流框架体系，并提出了相关的对策建议。

综合国内外的研究成果来看，目前国内外从区域产业转移角度出发，运用低碳物流理论和金融发展理论对一个地区推动低碳物流展开理论和实证研究还不多见，因而该研究具有理论创新性。

本书不仅为区域产业转移进程中如何建设低碳物流体系提供了理论依据，丰富了物流理论，使该理论体系更加完善，并且还为国家和各个区域在提高低碳物流能力、节约资源使用时提供可行的政策建议，具有很高的学术价值，对推进地区低碳经济建设、提高低碳物流能力、促进区域经济可持续发展具有重要的现实意义。

对各个地区低碳物流能力进行客观、准确的分析和评价，是促进经济发展、本地物流发展准确定位、制定科学物流发展战略规划、出台相关对策措施的重要前提。为应对全球气候变化，建设资源节约型、环境友好型社会，实现经济社会可持续发展，必须改进物流体系，通过发展低碳物流来发展低碳经济，低碳物流技术创新与金融服务成为新的投资机会和经济增长点。

由于区域产业转移进程中低碳物流金融支持涉及内容较广，且每个问题的形成都有着深刻的自然、社会、经济背景，需要进行综合性研究。本书是多学科交叉与综合的阶段性成果，不足和缺憾在所难免，而且经济发展日新月异，在区域产业转移过程中，不断出现新问题，在后续的研究中将继续探索，对区域产业转移进程中低碳物流金融支持的研究作进一步深化、创新与提高。

目　录

第一章　导　论 …… 1

第一节　研究背景及意义 …… 1

一、研究背景 …… 1

二、研究意义 …… 3

第二节　研究现状 …… 4

一、碳排放方面的研究 …… 4

二、产业转移方面的研究 …… 12

三、低碳物流方面的研究 …… 15

第三节　本书创新之处、体系结构及研究方法 …… 29

一、创新之处 …… 29

二、体系结构 …… 29

三、研究方法 …… 32

第二章　相关基础理论研究 …… 33

第一节　产业结构演进理论 …… 33

一、配第—克拉克定律 …… 33

二、库兹涅茨人均收入影响论 …… 34

三、钱纳里工业化阶段理论 …… 34

四、霍夫曼工业化经验法则 …… 34

五、产业结构演变趋势的衡量标准 …… 35

第二节　产业转移的基本理论 …… 35

一、产业转移的内涵 …… 35

二、梯度转移理论 …… 40
三、产业转移的动因 …… 42
四、产业转移承接区域的特性 …… 44
第三节 区域物流能力的基本理论 …… 47
一、区域物流的概述 …… 47
二、区域物流能力的内涵 …… 49
三、区域物流能力的关键构成要素 …… 49
四、区域物流能力的特征 …… 53
第四节 金融发展理论 …… 54
一、古典看法 …… 54
二、金融发展理论 …… 54
三、内生增长理论 …… 55
第五节 区域金融发展不平衡理论 …… 55

第三章 区域产业转移进程中低碳物流与金融支持的机理分析 …… 59

第一节 区域产业转移与物流能力的机理分析 …… 59
一、区域产业转移对物流能力的影响 …… 59
二、物流能力对区域产业转移的影响 …… 61
第二节 低碳物流与金融支持机理分析 …… 63
一、金融支持对低碳物流的推动作用 …… 63
二、低碳物流对金融的推动作用 …… 65
第三节 金融支持与低碳物流的一般关系分析及宏观作用机理 …… 67
一、金融支持与低碳物流的一般关系分析 …… 67
二、金融支持对低碳物流的宏观作用机理 …… 70
三、金融支持对低碳物流的宏观作用模式 …… 71
第四节 区域产业转移进程中低碳物流的资金需求特征 …… 72
一、区域产业转移的融资需求特征 …… 72
二、低碳物流的资金需求特征 …… 75
三、影响区域产业转移进程中低碳物流融资选择的因素 …… 77
第五节 金融支持推动低碳物流的微观影响机制 …… 79

一、金融支持推动低碳物流的两种机制 …… 79
二、金融支持推动低碳物流发展的三种传递途径 …… 82

第四章 国外低碳物流发展的经验 …… 87

第一节 美国低碳物流发展的经验 …… 87
一、低碳物流政策支持 …… 87
二、物流管理的理念先进 物流企业高度重视信息化建设 …… 88
三、低碳供应链管理成为供应链发展的潮流和趋势 …… 89
四、重视绿色港口的建设 …… 89
五、大力发展第三方物流 …… 90
六、金融支持发展逆向物流 …… 91
七、通过政策性金融支持大型物流中心的建设 …… 92
第二节 日本低碳物流发展的经验 …… 92
一、法律法规政策支持 …… 92
二、通过发补助金的方式金融支持低碳物流 …… 93
三、中央和地方财政大力支持金融物流基地建设 …… 93
四、倡导低碳运输 …… 94
五、重视物流产业信息化建设 …… 94
六、拥有世界最发达的物流配送体系 …… 95
七、物流服务和物流设施具有准公共产品的倾向 …… 96
第三节 印度低碳物流发展的经验 …… 96
一、政府的政策支持 …… 96
二、政府金融支持交通运输基础设施建设 …… 97
三、重视港口建设 …… 98

第五章 区域产业转移进程中低碳物流金融支持的现状分析 …… 99

第一节 区域产业转移现状分析 …… 99
一、国际产业转移的现状 …… 99
二、国内区域产业转移的现状 …… 100
第二节 区域产业转移对区域经济发展的影响 …… 101

一、缓解区域贸易摩擦 …… 101
二、促进区域分工演进 …… 101
三、优化区域要素配置 …… 102
四、升级区域产业结构 …… 102
五、改善区域运行机制 …… 102
第三节　京津冀经济发展现状分析 …… 103
第四节　京津冀产业转移分析 …… 108
一、京津冀跨区域产业转移的回顾 …… 108
二、京津冀地区工业产业梯度分析 …… 109
三、京津冀地区产业转移的特点 …… 123
四、工业产业转移对京津冀地区经济发展的影响 …… 124
第五节　我国低碳物流发展现状分析 …… 128
一、我国低碳物流发展的环境分析 …… 128
二、我国低碳物流发展取得的成绩 …… 131
三、我国低碳物流发展出现的问题 …… 132
四、我国物流难以低碳化发展的原因分析 …… 133
第六节　我国金融发展现状分析 …… 135
一、我国金融发展总量水平 …… 135
二、我国金融结构的转变及发展 …… 137
三、京津冀地区金融发展水平分析 …… 142
第七节　我国金融支持低碳物流发展现状分析 …… 155
一、目前金融支持对物流的欠缺主要体现在第三方物流企业融资的问题 …… 155
二、未来发展低碳物流客观要求更多的金融支持 …… 156

第六章　低碳物流能力评价 …… 157

第一节　低碳物流能力指标体系构建 …… 157
一、构建的基本原则 …… 157
二、评价指标的选取 …… 158
三、评价指标的含义及确定方法 …… 159

第二节 基于模糊物元的低碳物流能力模型构建 …… 163
一、模糊物元分析法的基本原理 …… 163
二、模糊物元模型 …… 163
第三节 京津冀低碳物流能力评价实证分析 …… 166
一、北京地区评价指标数据收集以及量化处理 …… 166
二、北京地区低碳物流能力复合模糊物元评价 …… 169
三、北京评价结果 …… 172
四、天津地区评价指标数据收集以及量化处理 …… 172
五、天津市评价结果 …… 174
六、河北省评价指标数据收集以及量化处理 …… 174
七、河北评价结果 …… 176
八、三地区评价结果分析 …… 176

第七章 区域产业转移进程中低碳物流金融发展的相互关联分析 …… 179

第一节 面板数据模型的介绍 …… 179
第二节 产业转移与低碳物流的关联关系分析 …… 182
一、模型的构建 …… 182
二、关联关系实证分析 …… 182
三、首钢集团搬迁的案例分析 …… 187
第三节 低碳物流与金融发展的关联关系分析 …… 192
一、模型的构建和数据整理 …… 192
二、关联关系实证分析 …… 195

第八章 基于投入产出分析的区域产业转移低碳化调整策略研究
——以北京市为例 …… 199

第一节 投入产出分析法概述 …… 199
一、投入产出表 …… 200
二、投入产出分析方法的应用 …… 206
第二节 碳排放的测算 …… 208
一、碳排放的测算方法 …… 208

二、北京市各产业的碳排放状况 …… 210
三、北京市各产业的国民经济影响和对碳排放的影响分析 …… 211
第三节 北京市产业转移进程中的低碳化调整策略 …… 214

第九章 区域产业转移进程中金融支持低碳物流框架体系的构建和对策建议 …… 219

第一节 金融支持设计思路 …… 219
一、物流业的两大主体 …… 219
二、金融支持的两大领域 …… 220
第二节 低碳物流金融支持系统框架体系的构建 …… 220
一、市场机制资金通道 …… 221
二、行政机制政策性金融支持 …… 224
三、其他对策建议 …… 226

参考文献 …… 231

第一章 导 论

第一节 研究背景及意义

一、研究背景

改革开放以来，我国经济得到快速发展的同时，市场化进程也加快了步伐，因而区域之间的关系也发生了一系列的变化，正由行政上升到经济关系、由区域封闭向合作开放的关系转变。在各区域的发展中，产业结构的状况与经济的发展是密切相关的，经济的发展过程就是区域产业结构不断优化和升级的过程。

我国沿海三大经济发展区域包括北部的京津冀区域、东部沿海的长三角区域和南部沿海的珠三角区域。在这三大经济发展区域中，我们可以看到，由于历史和其他一些政治、经济政策原因，京津冀区域的经济发展水平和速度明显落后于东部长三角、南部珠三角两大区域。从全国经济协调发展的角度来看，这种不平衡经济格局不利于我国的可持续发展和今后经济社会发展战略目标的实现，因而促进区域经济的发展尤为重要。

产业转移是优化生产力空间布局、形成合理产业分工体系的有效途径，是推进产业结构调整、加快经济发展方式转变的必然要求。当前，国际国内产业分工深刻调整，我国东部沿海地区产业向中西部地区转移步伐加快。中西部地区发挥资源丰富、要素成本低、市场潜力大的优势，积极承接国内外产业转移，不仅有利于加速中西部地区新型工业化和城镇化进程，促进区域协调发展，而且有利于推动东部沿海地区经济转型升级，在全国范围内优化产业分工格局。

作为经济发展的加速器，物流业在承接产业转移的过程中发挥了重要作用。在产业转移过程中，物流业的作用不容忽视，并且随着全球气候的变暖，以及人类生存和发展环境的日益恶化，人们对于“低碳经济”发展的关注度越来越高。所谓低碳经济，最早见之于政府文件是2003年的英国能源白皮书——《我们能源的未来：创建低碳经济》。其核心思想是指在可持续发展理念指导下，通过技术创新、制度创新、产业转型、新能源开发等多种手段，尽可能地减少煤炭石油等高碳能源消耗，减少温室气体排放，达到经济社会发展与生态环境保护“双赢”的一种经济发展形态。

《“十二五”规划纲要》指出要大力发展现代物流业，加快建立社会化、专业化、信息化的现代物流服务体系，大力发展第三方物流，优先整合和利用现有物流资源，加强物流基础设施的建设和衔接，提高物流效率，降低物流成本。低碳经济的发展必将渗透到物流系统内，自从哥本哈根气候大会以后，全世界都在关注低碳的发展，在产业转移发展的过程中，人们越来越重视低碳物流的发展。经济发展与环境保护问题一直以来都是世界各国关注的焦点。随着全球“低碳革命”的兴起，人类进入了低碳新时代，以低碳为标志的经济发展模式转变将是解决这一问题的有效途径。在2009年哥本哈根会议上，中国政府就明确提出到2020年全国单位GDP的二氧化碳排放量将比2005年下降40%~45%，这充分显示了我国大力推进节能减排、调整产业结构、转变经济增长方式和加快发展低碳经济的决心。

物流业是能源消耗和碳排放大户，在低碳经济的发展过程中具有举足轻重的地位。物流业的发展离不开交通工具的使用和能源的消耗。根据2007年欧洲运输部长会议《减少运输二氧化碳排放报告》，2003年，经济合作与发展组织（OECD）国家来自燃油消费所排放的CO_2中，交通运输业（包括营业性运输和私人运输）占到34%，其中公路为23%，水路为2%，航空为6%，其他为3%；在全世界范围内，交通运输占28%，其中公路占18%，水路占2%，航空占5%，其他占3%。可以说，物流业是能源消耗的主要对象。交通运输的便利以及能源的消耗在提高全社会的物流效率的同时，也排放出大量二氧化碳，造成了较为严重的环境污染。因此，提高物流业的效率和降低物流业的碳排放成为实现低碳经济的必经之路。

目前，我国物流业还处在粗放型和低效率的发展阶段，据国家发展和改革委员会统计，2010 年中国社会物流总费用与 GDP 的比率为 17.8%，而美国、日本少于 10%，中等发达国家平均约为 16%。我国物流业低效率高能耗的物流作业模式必然导致社会资源浪费和生产成本的增加，阻碍了整个国家和地区的经济发展。

自从中国加入 WTO 以来，国际贸易日益增多，低碳物流已成为继绿色制造、绿色消费以及绿色物流之后又一个新的热点。低碳物流作为当今经济可持续发展的一个重要组成部分，它对社会经济的不断发展和人类生活质量的不断提高具有重要意义，尤其对于产业转移中的绿色生产、绿色包装、绿色流通提出了要求，并且希望在产业转移过程中，每个企业通过采用先进的物流技术、物流设施最大限度地降低对环境的污染，并提高资源的利用率，从而加速区域产业转移的速度，加快区域产业转移的步伐，使各地区的经济得到平稳快速的发展。

低碳物流作为促进低碳经济可持续发展的新兴产业，为地区经济的可持续发展提供了新的利润增长点。由于低碳物流能力是衡量一个地区低碳物流业水平的重要概念，低碳物流业的发展是以低碳物流能力的提高为特征的，有效实现并提升地区的低碳物流能力已经成为普遍的共识。同时，低碳物流的发展离不开强有力的金融支持，地区金融发展水平的提高不仅能有力地支持低碳物流业运营的经济绩效、社会绩效和生态绩效的发挥，而且会极大地促进资源节约型、环境友好型社会的建设。

二、研究意义

目前，国内外从区域产业转移的角度出发，运用低碳物流理论和金融发展理论对一个地区推动低碳物流展开理论和实证研究还不多见，故而该研究具有理论创新性。

本书不仅为区域产业转移进程中如何构建低碳物流体系提供了理论依据，丰富了物流理论，使该理论体系更加完善，并且还为国家和各个区域在提高低碳物流能力、节约资源使用方面提供可行的政策建议，具有很高的学术价值。

对各个地区低碳物流能力进行客观、准确的分析和评价，是促进经济发展、本地物流发展准确定位、制定科学物流发展战略规划、出台相关对策措施的重要前提。为应对全球气候变化，建设资源节约型、环境友好型社会，实现经济社会可持续发展，必须改进物流体系，通过发展低碳物流来发展低碳经济，低碳物流技术创新与金融服务成为新的投资机会和经济增长点。

因此，本书试图在区域产业转移这一宏观经济背景下来研究低碳物流，在借鉴以往文献的基础上，对国内外低碳物流发展情况进行对比，分析区域产业转移进程中低碳物流与金融支持的机理，从理论上阐明产业转移、低碳物流与金融支持两两之间的相互关系，然后选取我国沿海三大经济区中的京津冀地区作为研究对象，分析区域产业转移进程中低碳物流的金融支持现状。选取相关变量，构建面板数据模型中的固定效应回归模型，分析低碳物流能力、金融发展与产业转移两两之间的相互关系。构建低碳物流能力评价指标体系，并以京津冀为例对该地区低碳物流能力进行实证评价。基于投入产出分析法，以北京为例，探讨区域产业转移的低碳化调整策略。在上述分析的基础上构建区域产业转移进程中低碳物流金融支持框架体系，并提出对策建议，对推进低碳经济建设、提高低碳物流能力、促进区域经济可持续发展具有重要的现实意义。

第二节　研究现状

一、碳排放方面的研究

自从各种气候问题引起了世界对人类活动碳排放的关注以后，来自不同领域的学者就对这一问题进行了多角度的分析与探究。相关的问题主要包括碳排放、隐含碳排放和低碳经济以及碳排放的测算等。

（一）基本概念

1. 碳排放

1896 年，瑞典科学家斯凡特·阿列纽斯指出，人类使用化石燃料释放的二氧化碳与全球变暖存在联系。首次将大气温度与人类活动联系起来。气象观测记录自 1860 年以来的数据显示，全球平均温度升高了 0.6±0.2℃，最暖的 13 个年份都出现在 1983 年之后，北半球温度增幅在 20 世纪达到了过去 1000 年中的峰值。降水分布也发生了变化，非洲等地区的降水减少，大陆中高纬地区的降水增加。除此之外，厄尔尼诺、干旱、洪涝、风暴、冰雹、沙尘暴、高温等极端天气气候事件出现的频率和强度也不断增加。地球在近一百年中经历着以全球变暖为主要特征的气候变化，而这一变化正是由人类活动和自然气候波动共同引起的，而人类活动中的化石燃料燃烧和毁林等都会增强温室效应的作用。

2. 隐含碳排放

隐含碳排放一般与贸易相联系，是从最终消费的角度来测度碳的排放量。Schaeffer（1996）① 针对巴西的进出口贸易进行了隐含碳流研究，发现发达国家国外生产、国内消费的模式实际上将 CO_2 转移到了发展中国家。Ahmad 和 Wyckoff（2003）② 保守估计发现，一些 OECD 国家在对外贸易中隐含的碳排放超过其国内排放的 50%；在所有国家的排放中，平均约 14%是贸易隐含碳排放。Shui 和 Harriss（2006）③ 对 1997~2003 年的两国贸易数据进行分析发现，中国针对美国的出口中隐含碳排放的增长率超过了中国每年碳排放的增长率，并且把中国碳排放的 7%~14%归因于对美出口。相反地，如果取消向美国出口，那么美国的碳排放会增加 3%~6%。这一数据说明中美贸易可以使美国减少能量消耗而增加中国的碳排放，并且由于中国工业效率低于美国，由此带来了不必要的更多的 CO_2 排放。齐晔、李惠民和徐明（2008）④ 对我国对外贸易中的隐含碳排放进行了估算，把隐含碳排放定义为某种产品在整个生产链中排放的 CO_2 的总和。隐含碳排放的研究意义在于，它可能使一个国家通过国际贸易进口碳排放密集型的产品达到减排的目的，但从全球来看该产品的生产供应并没有减少，碳泄漏问题因此产生。研究隐含碳排放有利于更深层地认识各国实际消费的碳排放权和碳排放转移问题，更加合理地估算各国的碳减排责任。

---

① Roberto Schaeffer，Andre Leal de Sá. The embodiment of carbon associated with Brazilian imports and exports [J]. Energy Conversion and Management，1996，37 (6–8)：955–960.

② Nadim Ahmad，Andrew W Wyckoff. Carbon dioxide emissions embodied in international trade of goods [EB/OL]. http：//www.oecd.org/sti/working–papers，2009–04–15.

③ Shui B，Harriss RC. The Role of CO_2 Embodiment in US to China Rrade[J]. Energy Policy，2006 (34)：4063–4068.

④ 齐晔，李惠民，徐明. 中国进出口贸易中的隐含能估算 [J]. 中国人口·资源与环境，2008 (3)：69–75.

3. 低碳经济

“低碳经济”一词最早出现于英国贸工部于2003年发布的题为《我们能源的未来——创建低碳经济》的能源白皮书中。“低碳经济”是以低能耗、低污染、低排放为基础的经济模式，其实质是能源高效利用、清洁能源开发、追求绿色GDP的问题，核心是能源技术和减排技术创新、产业结构和制度创新以及人类生存发展观念的根本性转变，其产业体系包括火电减排、新能源汽车、建筑节能、工业节能和循环经济、资源回收、环保设备和节能材料等。它通过大幅度提高能源利用效率，大规模使用可再生能源与低碳能源，大范围研发温室气体减排技术，建设低碳社会，维护生态平衡。

（二）测度方法

20世纪30年代，列昂惕夫（1936）针对经济系统各部门和各产业间的关系度量提出了投入产出分析（Input-Output Analysis，IOA）。该分析法通过编制经济统计资料的投入产出表，利用线性代数等数学方法建立相关的数学模型，在近年开始被用于隐含能和隐含碳排放的计算。

马忠海（2003）[①] 对我国的煤电能源链、核电能源链和水电能源链的温室气体排放进行测度得出了相关的排放系数，并实际测量了不同季节下水电站水库水体的温室气体排放。徐国泉（2006）等人基于碳排放量的基本等式，采用对数平均权重Disvisia分解法，建立中国人均碳排放的因素分解模型，定量分析了1995~2004年能源结构、能源效率和经济发展等因素变化对中国人均碳排放的影响。[②] 王锋等利用对数平均Disvisia两层分解法，把1995~2007年中国能源消费的CO_2排放增长率分解为11种驱动因素的加权贡献，认为人均GDP增长是CO_2排放量增长的最大驱动因素。[③] 谭丹、黄贤金和胡初枝（2008）运用灰色关联度方法对我国工业行业碳排量与产业发展间的关系进行了测度，指出产业产值与碳排放之间存在密切关系，通过测算工业各行业单位GDP碳排量的变化得出了工业各

① 马忠海. 中国几种主要能源温室气体排放系数的比较评价研究［D］. 北京：中国原子能科学研究院，2003：15-36.

② 徐国泉，刘则渊，姜照华. 中国碳排放的因素分解模型及实证分析：1995-2004［J］. 中国人口·资源与环境，2006，16（6）：158-161.

③ 王锋，吴丽华，杨超. 中国经济发展中碳排放增长的驱动因素研究［J］. 经济研究，2010（2）：123-136.

行业产值与碳排放量之间的关联系数。[①] 段宁等（2008）提出基于物质流分析对碳足迹进行追踪来测算碳排放量的方法。[②] 徐大丰（2010）基于上海市 2007 年投入产出表，引入产出影响力系数计算法对上海各行业碳排放影响力系数进行了测算。[③]

隐含碳排放测算。陈红敏（2009）指出，目前的隐含碳排放计算重视能源消费原因而忽视工业生产原因，她在对投入产出方法进行扩展后，把各部门由于能源消耗和工业生产而导致的隐含碳排放同时计算，从而将工业过程中的隐含碳排放融入进分析过程，最终得到各产品更全面的隐含碳排放系数。这一方法得到的结果是，很多能源部门的隐含碳排放反而较小，因为能源部门虽然是高能耗部门，但其产品很少进入最终消费，大多被用作工业原材料、中间投入品或能源。反之，建筑业和服务业等部门由于提供的大多是最终消费品而具有较高的隐含碳排放量。[④]

（三）碳排放的影响因素

1. 经济增长

许多学者认为碳排放与经济增长之间存在较强的相关关系并做出了相应的研究。美国经济学家 G.Grossman 和 A.Kureger（1991）通过研究发现经济增长和环境污染之间呈倒 U 形的关系，即环境质量随着经济增长的积累呈先恶化后改善的趋势，后被称为环境库兹涅茨曲线。[⑤] Douglas Holtz-Eakin 和 Thomas M. Selsen（1995）使用面板数据的方法进行了实证分析，结果表明经济的持续增长会带来边际碳排放的下降，但低收入国家的存在还是会使全球碳排放以大约年均 1.8% 的速度增加，导致经济的增速无法缓解全球的碳排量。[⑥] 对于我国的经济增长，王

---

① 谭丹，黄贤金，胡初枝. 我国工业行业的产业升级与碳排放关系分析［J］. 四川环境，2008，27（2）：75-79.

② 段宁，李艳萍，孙启宏等. 中国经济系统物质流趋势成因分析［J］. 中国环境科学，2008，28（1）：68-72.

③ 徐大丰. 低碳经济导向下的产业结构调整策略研究——基于上海产业关联的实证研究［J］. 华东经济管理，2010（10）：6-9.

④ 陈红敏. 包含工业生产过程碳排放的产业部门隐含碳研究［J］. 中国人口·资源与环境，2009(3)：25-30.

⑤ Grossman，G. M. and Krueger，A. B. Environmental Impacts of a North American Free Trade Agreement［D］. National Bureau of Economic Research Working Paper，1991，No. 3914.

⑥ Douglas Holtz-Eakin，Thomas M. Selden. Stoking the Fires CO_2 Emissions and Economic Growth［J］. Journal of Public Economics，1995，57（1）：85-101.

中英和王礼茂（2006）的研究表明GDP增长与碳排放之间存在明显的相关性。[①]齐新宇和严金强（2010）在污染问题的分析中引入了马克思主义再生产理论模型，对59个国家和地区的样本进行了实证分析，得出碳排放量与经济增长率和单位产值之间存在正相关关系。[②]

与此同时也存在持相反意见的学者，例如Lucy Butler和Michael Grubb（2006）认为只有基础工业与碳排放具有较密切的关系，其他行业的GDP则不存在这种现象。以英美为例，在经历了工业化之后，这些国家的人均GDP增长了三倍，但碳排放水平却仍然停留在50年前的水平，而且在20世纪末的20年间，即使是能源价格的波动也没有带来更为明显的碳排放与GDP关系。[③]

2. 技术创新

Thomas Dierz和Eugene A. Rosa（1997）最先从技术角度对碳排放进行了研究，[④]之后Richard King（2008）进行了更为细致的研究，首先，在总体经济发展水平不受限制即不减缓的条件下，技术创新和技术转移可以降低碳排放的密度，但全球碳排放总量仍然持续增加；其次，如果不考虑经济增长，并且假定当前技术创新水平不变，技术转移在全球范围内可行，则应着重发展清洁技术。[⑤]

3. 人口增长

人口增长会对人均GDP和人均碳排放带来影响。Thomas Dietz和Eugene A. Rosa（1997）针对人口与碳排放的关联进行了研究，通过随机的IPAT模型进行分析，发现人口与碳排放之间存在规模不经济的关系，当人均GDP越过10000美元时，碳排放会按照严格正比例下降。我国学者徐玉高和郭远等（1999）利用截面数据进行计量分析，结合时间序列的方法对我国经济增长与碳排放进行的实证研究表明人均GDP与人均碳排放之间不存在库兹涅茨曲线，人均碳排放的增

① 王中英，王礼茂. 中国经济增长对碳排放的影响分析［J］. 安全与环境学报，2006（5）：88-91.

② 齐新宇，徐志俊. 政府行为对两大部类增长率的影响——基于一个扩大的马克思再生产模型［J］. 马克思主义研究，2010（3）：41-49.

③ Michael Grubb，Lucy Butler，Olga Feldman. Analysis of the Relationship between Growth in Carbon Dioxide Emissions and Growth in Income［J］. Faculty of Economics，University of Cambridge，UK，2006.

④ Thomas Dierz，Eugene A. Rosa. Effects of population and affluence on CO_2 emissions［J］. Proceedings of the National Academy of Sciences of the USA，1997，94：175-179.

⑤ Richard King. Carbon Dioxide Emissions，Technology，and Economic Growth［D］. Poverty to Power Research Papers，June 14，2008.

加主要源于人口的增加和人均 GDP 的增加。[①] 鉴于发展中国家与发达国家的区别，Anqing Shi（2001）指出发展中国家具有更高的人口压力，从而对碳排放造成更大的影响，并测算出碳排放相对于人口的弹性约为 1.28。[②] 杜婷婷和毛峰等（2007）根据库兹涅茨曲线和衍生曲线统计了我国的人均收入增长的时间序列，并与我国的碳排放量进行了拟合。拟合结果显示我国人均 GDP 与碳排放量呈现“N 形”曲线而非“倒 U 形”曲线。[③]

此外，还有许多学者从多因素的角度对碳排放影响因素进行了研究。朱勤、彭希哲等人（2009）通过因素分解模型探讨了经济产出规模、人口规模、产业结构、能源效率和能源结构等因素对碳排放的作用并量化了各因素对碳排放的贡献率。[④] 温景光（2010）从能耗结构、能源效率与经济增长三个角度分解了江苏省人均碳排放的增长因素，指出碳排放的增长的主要原因是经济增长，能耗结构和能源效率的抑制作用并不明显。[⑤] 赵欣（2010）以江苏省 1996 年和 2007 年六部门的终端能源利用碳排放总量为基础进行了对比，采用 LMDI 分解法和因素分解模型，从碳排放总量、碳排放强度和人均碳排放的角度对江苏省 1997~2007 年的数据进行了分析，发现经济规模效应是碳排放量的正向决定性因素，技术进步效应与能耗结构效应是其负向决定性因素，而产业结构调整的影响较弱。[⑥] 陈立泰、张军委和万丽娟（2010）运用 IPCC 的碳排放计算公式和碳排放系数缺省值对重庆市 1998~2008 年的能源消费碳排放量和碳排放强度进行了计算，结果表明经济增长和产业结构调整会提高碳排放强度，能源结构的调整对碳排放强度影响不大，而碳排放强度下降的关键原因是能源效率的改进。[⑦]

---

① 徐玉高，郭元，吴宗鑫. 经济发展、碳排放和经济演化 [J]. 环境科学进展，1999（2）：54-64.

② Anqing Shi. Population Growth and Global Carbon Dioxide Emissions [D]. The IUSSP Conference in Brazil/Sessions 09 Paper，June，2001. Available at：http：//www. iussp. org/Brazil2001/s00/S09_04_Shi. pdf.

③ 杜婷婷，毛锋，罗锐. 中国经济增长与排放演化探析 [J]. 中国人口·资源与环境，2007（2）：94-99.

④ 陈佳瑛，彭希哲，朱勤. 家庭模式对碳排放影响的宏观实证分析 [J]. 中国人口科学，2009（5）：68-78.

⑤ 温景光. 江苏省碳排放的因素分解模型及实证分析 [J]. 华东经济管理，2010（2）：29-32.

⑥ 赵欣，龙如银. 江苏省碳排放现状及因素分解实证分析 [J]. 中国人口·资源与环境，2010（7）：25-30.

⑦ 陈立泰，张军委，万丽娟. 重庆市碳排放量测度及影响因素分析：1998-2008 [J]. 探索，2010（3）：106-110.

（四）碳排放与产业升级

1. 区域碳排放

我国东部、中部和西部以及各省区经济实力及发展速度存在较大差距，地理环境、资源优势和产业布局也不尽相同，针对这一现状，近年来我国许多学者都展开了碳排放与产业结构的区域研究。王伟林和黄贤金（2008）针对江苏省的碳排放强度，从行业碳排放强度和行业产出份额两方面进行了研究，认为行业碳排放强度，尤其是工业部门的影响较大。[①] 高卫东和姜巍（2009）从区域经济的角度出发研究了我国能源碳排放的空间分布，研究结果表明产业结构的演进使得我国能源碳排放的增速放缓，东部地区碳排放在下降后开始上升，而西部地区碳排放则呈现上升的趋势，各省的碳排放差距也在不断扩大。[②] 帅通和袁雯（2009）利用 IPCC 在 2006 年提出的各类能源碳排放计算方法和上海市近年来的工业能源消耗、GDP 增长和产业结构变化的相关数据分析了上海的碳排放变化趋势和产业结构与能源结构对碳排放量的影响，结果显示能源结构的变动是上海万元 GDP 碳排放量下降的主要原因，并据此提出了促进产业结构升级、第三产业发展和能源类型多元化的政策建议。[③] 段莹（2010）针对湖北省产业结构对二氧化碳排放量的影响，采用产业结构层次系数进行了实证分析，表明产业结构变动构成了单位产出排碳量的 Granger 原因。[④] 吴彼爱、高建华和徐冲（2010）选取了 1978~2008 年的能源消费数据，使用 IPCC 提出的计算方法分析了河南省碳排放的变化趋势，结合近年来河南省的产业结构数和能源结构数据分析了其对碳排放的影响。他们的研究结果表明，河南省碳排放量与 GDP 和能源消费有着较密切的关系并存在消长异步的特征。其中碳排放的主要部分是工业部门，工业碳排放中的 90%是由高能耗行业产生的。[⑤] 刘新宇（2010）就京沪穗三地的低碳经济发展水平进行了比

---

① 王伟林，黄贤金. 区域碳排放强度变化的因素分解模型及实证分析——以江苏省为例 [J]. 生态经济，2008（12）：32-35.

② 高卫东，姜巍，谢辉. 经济发展对中国能源碳排放空间分布的影响 [J]. 辽宁工程技术大学学报（自然科学版），2009（2）：296-299.

③ 帅通，袁雯. 上海市产业结构和能源结构的变动对碳排放的影响及应对策略 [J]. 长江流域资源与环境，2009（10）：32-35.

④ 段莹. 产业结构高度化对碳排放的影响——基于湖北省的实证 [J]. 统计与决策，2010（23）：94-95.

⑤ 吴彼爱，高建华，徐冲. 基于产业结构和能源结构的河南省碳排放分解分析 [J]. 经济地理，2010（11）：1902-1907.

较，发现三城市的碳排放强度和产业结构低碳化均优于全国水平，上海以其先进的制造业在碳排放强度上更为领先。[①]

2. 三次产业与碳排放

碳排放与产业结构密切相关，齐新宇和严金强（2010）指出拥有不同产业结构的国家碳排放量也不同，第二产业比重较高通常伴随着较高的碳排放量，第三产业比重高的国家和地区碳排放量则较低。[②] 马艳、严金强和李真（2010）从产业结构和技术结构的角度入手，利用马克思的资本有机构成理论对不同部门和部门内部的不同技术类型进行了分析，将部门内部技术类型分为低碳型技术构成和高碳型技术构成，指出技术类型和产业结构是影响碳排放量的重要因素。[③] 利用 Disvisia 指数分解模型，查建平、唐方方和傅浩（2010）对工业系统内部各产业的能源排放强度、能源结构、能源效率、产业结构四个因素上的变化进行分析后指出，能源结构因素对中国工业能源碳排放起到轻微的拉升作用，碳强度从高到低为电力、煤气及水的生产供应业，采掘业，制造业。[④] 刘红光、刘卫东和唐志鹏（2010）以非竞争型投入产出分析框架为基础建立了区域碳排放的结构分析模型及敏感性分析方法，对 2007 年非竞争型投入产出表进行了分析，得出了关于中国产业能源消费碳排放根源及碳排放贸易转移问题的相关结论，结果显示中国碳排放总量的主要推动力是机械交通电子设备和化工金属等高能耗产品的出口、国内对建筑业的投资和对食品、电力热力以及服务业的消费，这些经济活动具有较高的排放敏感性。因此，节能减排应主要通过调整产业结构和促进产业升级来实现。[⑤] 董红梅和赵景波（2010）具体以第三产业中的旅游业为对象，运用 SPSS 软件分析了 1980~2001 年我国入境旅游人均消费与第三产业碳排放量之间的关系，结果显示入境旅游人均消费的提高对碳排放量的影响由缓慢增加到加速增加，其

---

① 刘新宇. 京沪穗低碳经济发展比较研究［J］. 中国人口·资源与环境，2010（3）：299-301.

② 齐新宇，徐志俊. 政府行为对两大部类增长率的影响——基于一个扩大的马克思再生产模型［J］. 马克思主义研究，2010（3）：41-49.

③ 马艳，严金强，李真. 产业结构与低碳经济的理论与实证分析［J］. 华南师范大学学报，2010（5）：119-123.

④ 查建平，唐方方，傅浩. 产业视角下的中国工业能源碳排放 Disvisia 指数分解及实证分析［J］. 当代经济科学，2010（5）：88-94.

⑤ 刘红光，刘卫东，范晓梅等. 全球 CO_2 排放研究趋势及其对我国的启示［J］. 中国人口·资源与环境，2010，20（2）：84-91.

中交通消费与中国第三产业的碳排放密切相关。[①] 张晓平、王兆红和孙磊（2010）针对中国的钢铁产业及其对外贸易进行了分析，发现中国在国际钢铁产品贸易中处于垂直产业内贸易的低端，其特点包括技术含量低、能源消耗强度大和加工程度低等。因此，中国钢铁产品国际贸易规模的扩大会导致二氧化碳排放向中国的转移，启示我国在国际谈判和国际规则的制定中应该发挥积极作用，确保我国的经济利益。[②] 郑长德和刘帅（2011）通过对我国各省份的面板数据进行了分析，得出经济增长导致我国碳排放增加的结论，并且认为第二产业对碳排放的影响最大，第一产业和第三产业的碳排放与其从业人员和资本存量存在负相关关系，启示我国节能减排的重点应该放在第二产业。[③]

二、产业转移方面的研究

（一）产业转移的国外研究现状

1. 雁式发展模式

日本学者赤松（1962）提出的雁式发展模型，是在对日本棉纺工业发展史研究的基础上提出的雁式发展模式，三只大雁代表国内生产的浪潮，它反映了明治维新以来日本的产业发展路径为“进口—国内生产（替代进口）—出口”，其本质就是东亚区域先进国家向后进国家梯次转移和传递产业，以促进各国家、地区产业结构的调整和向更好层次的转换。这种模式其实就是为欠发达国家和地区提供一定的发展模式。

具体而言，赤松认为在工业化初期阶段的国家由于经济和技术的相对落后，不得不开放国内某些工业产品的市场，从而引进发达国家的新产品和新技术。之后，国内逐步掌握了该行业的生产技术，利用其优势占据国内市场。本国形成与发达国家相同的工业部门，出口相同的产品，这也从侧面分析了产业跨国梯度转

① 董红梅，赵景波. 中国第三产业碳排放量与入境旅游人均消费的相关关系探析［J］. 干旱区资源与环境，2010（4）：185-188.

② 张晓平，王兆红，孙磊. 中国钢铁产品国际贸易流与碳排放跨境转移［J］. 地理研究，2010（9）：1650-1656.

③ 郑长德，刘帅. 产业结构与碳排放：基于中国省际面板数据的实证分析［J］. 开发研究，2011（2）：26-32.

移的影响因素。

2. 工业生产的产品生命周期理论

弗农（1966）认为，工业各部门及各种工业产品，都处于生命周期的不同发展阶段，即包括新产品阶段、成熟产品阶段和标准化阶段。此理论是在美国跨国公司的对外投资活动的基础上总结出来的，对于此理论，产业成长的初期即产品创新阶段，其生产和消费市场主要是立足于国内，随着时间的推移，开始向其他发达国家和发展中国家出口。在产品生产的不同阶段，对不同生产要素的重视程度也会发生变化。

3. 特定优势理论和国际直接投资经济发展阶段理论

英国经济学家邓宁提出了国际生产折衷理论，[①] 这种理论是邓宁通过用 O—L—I 模型说明企业的对外投资和扩张行为，认为企业对外直接投资，必须在企业所有权优势、区位特定优势和内部化特定优势这三种优势都同时存在的情况下进行的。同时，他认为对于企业跨国直接投资或者产业转移，三种特定优势缺一不可。

邓宁的另一个理论即国际直接投资经济发展阶段理论，是他在研究了 67 个国家后提出来的，它表述了直接投资与人均国民生产总值的关系，在工业化国家和资源禀赋丰富的国家之间分别形成了两种不同的投资即发展模式。

4. 边际产业转移理论

小岛清（1993）认为对外直接投资应该立足于“比较成本原理”进行判断，提出对外直接投资应该从边际产业依次进行，通过产业的空间移动，以回避产业劣势或说扩张边际产业。转移的产业应该是失去了比较优势的产业，而转入的产业却具备或潜在具备比较优势产业。

（二）产业转移的国内研究现状

卢根鑫（1997）认为产业贸易与产业投资促进了技术构成相似性与价值构成相异性的重合产业的成长，而导致国际产业转移的基础正是重合产业的存在。[②]

---

① Dunning J. H. The Paradigm of international production [J]. Journal of International Business Studies, 1988: 3-31.

② 卢根鑫. 国际产业转移论 [M]. 上海：上海人民出版社，1997.

王先庆（1998）认为产业转移的基础是“产业差”它是由不同经济—地理空间存在的“成长差”与不同区域产业主体之间的相关“利益差”共同构成的，因而“利益差”的存在致使各类产业总是向着能获取最大利益的区域转移。同时，他认为产业转移的效应只要是整合升级效应，对转移方自身的结构优化和内部空间联系有机化的同时，对于被转移方的产业结构也进行了优化，加强了转移方和被转移方的外部联系，可见，产业转移是一种“双赢”而非“单赢”。①

陈刚等人（2001）认为在撤退产业转移中，发达区域的衰退性产业是主体，而区域产业竞争优势的消长转换则是衰退性产业空间移动的内在根源和基本动机。同时，他们认为产业转移对欠发达区域发展的作用主要表现为要素注入效应、技术溢出效应、关联带动效应、优势升级效应、结构优化效应、竞争引致效应和观念更新效应。②

陈建军（2002）认为两地区之间具有较为密切的经济联系是地区之间发生产业转移最基本的条件，产品和要素的流动是经济联系的主要纽带。产业转移能够合理地进行产业分工与协作，达到提升企业竞争力和区域产业结构优化的目标。同时，他从经济发展水平与由历史、传统和文化背景、地理位置以及人员交流形成的区域间产业、经济网络角度分析现在的产业转移，得出的结论是东亚地区产业转移相对活跃的主要原因是发展上的差距和文化上的相近。③

李小建（2002）等认为我国地区间存在梯度差异，这种梯度差异是在我国经济发展水平较高的东北沿海地区逐步向发展水平较低的西部内陆地区的转移中逐渐表现出来的。从区域基础、国家政策、发展战略等因素方面来分析，东部地区产业结构的高级化将导致一些传统产业向其他欠发达地区转移。④

魏后凯（2003）从产业转移的微观主体企业角度，认为企业是否决定迁移不仅取决于来自现有区位的推力和来自目标市场区位的拉力的大小，还取决于一些促使企业在现有区位的阻力因素，这些因素主要涉及企业迁移所造成的固定资本和可变资本的损失，维持现有劳动就业关系，来自地方政府的压力以及管理者旅

① 王先庆. 产业扩张［M］. 广东经济出版社，1998.
② 陈刚，张解放. 区际产业转移的效应分析及相应政策建议［J］. 华东经济管理，2001（2）：24-26.
③ 陈建军. 区域产业转移与东扩西进战略［M］. 北京：中华书局，2002.
④ 李小建. 我国产业转移与中原经济崛起［J］. 中州学刊，2004（3）：15-18.

行成本增加等。①

汪斌与赵张耀（2005）对工序型国际产业转移在当代的发展，提出一种新型的国际产业转移模式——网络型国际产业转移模式。在产品价值链可拆分的情况下，出现了工序型国际产业转移，这与传统的完整价值链转移条件下产业、行业、产品间垂直型和水平型的转移模式大为不同，与传统的“雁行模式”相对比，他们将此种模式形象描述为“龙型模式”。②

李松志和刘叶飙（2007）发表了一篇关于国际产业转移的综述，作者从区域经济学和经济地理学的研究中增补了一些关于产业转移问题的理论及实证研究成果，得出“产业转移的理论构建主要从国家层面研究较多，对一国之内的区域层次产业转移研究比较少”的结论。③

赵楠（2007）从产业演进的角度总结国际产业转移发展趋势，认为转移客体遵循从初级产品到工业制成品再到服务业的规律；技术路径遵循从技术垄断到标准化技术转移到边际技术转移再到研发投资的转变；投资方式经历从直接投资向服务外包的转变。④

羊绍武（2009）的研究表明，“入世”后中国产业转移发展变化很大，主要产生了以下几个方面的变化，即更优化的产业承接制度环境、更依赖市场的产业承接动力机制、更规范的政府行为、跨国公司对华研发投入增加以及重新探索中国产业外移等方面。⑤

三、低碳物流方面的研究

低碳物流的概念提出以后，学术界围绕着低碳物流的研究逐步增多，总结国内外研究成果发现，低碳物流的研究大致集中在两个方面：一是低碳物流定义探讨，研究重点在于从物流具体环节和整个物流系统两大方面对“低碳物流”下定义；二是低碳物流定量分析模型，主要研究物流系统碳排放量计算和针对物流和

① 魏后凯. 产业转移的发展趋势及其对竞争力的影响［J］. 福建论坛（社会经济版），2003（4）：11-15.
② 赵张耀，汪斌. 网络型国际产业转移模式研究［J］. 中国工业研究，2005（10）：12-17.
③ 李松志，刘叶飙. 国外产业转移研究的综述［J］. 经济问题探索，2007（2）：123-126.
④ 赵楠. 国际产业转移技术路径、投资方式与我国外包地建设［J］. 国际贸易问题，2007（10）：92-95.
⑤ 羊绍武. 论入世之后中国产业转移的新变化［J］. 生产力研究，2007（19）：103-104.

供应链的优化设计建立低碳数学模型。

（一）关于“低碳物流”的定义探讨

事实上国内外并没有一个统一的明确的定义。大多数学者在使用这个名词的时候，或者在自己的理解基础上下定义，或者直接引用。学者们在给“低碳物流”下定义的时候基本是从物流具体环节和整个物流系统两个方面考虑。

徐旭（2011）从物流具体环节的角度认为，低碳物流是指在物流过程中以低能耗、低污染、低排放为目标，利用能效技术、可再生能源技术和温室气体减排技术减少物流活动中的碳排放，降低物流活动对环境的污染，提高物流资源的利用效率。[①] 王国文（2010）则是从物流和供应链管理的角度出发，界定低碳物流和绿色供应链的概念。他认为低碳物流、绿色供应链的概念，就是将低碳、环境保护思维融入所有的物流和供应链环节之中，形成从原材料采购到产业设计、制造、交付和生命周期支持的完整的绿色供应链体系。[②] 陶晶（2010）认为低碳概念主要由三个核心术语组成：低碳经济、碳生产率和碳关税，低碳物流是其派生出来的子概念。低碳物流是以低碳经济和绿色物流理论为基础，将可持续发展和碳减排的理念融入到运输、储存、包装、装卸搬运、流通加工、配送、信息处理等物流活动中，采用先进的物流技术和管理手段，以达到资源利用效率最高、对环境影响最小和系统效益的最优化。[③]

Huang Hua（2010）从绿色物流的角度去探讨低碳物流的定义，认为低碳物流是基于低能源消耗、低污染的一种物流模式，目标是达到最高物流的角度去探讨低碳物流的定义，认为低碳物流是基于低能源消耗、低污染的一种物流模式，目标是用最少的温室气体的排放达到最高的物流效率。[④]

王艳、李作聚（2010）认为低碳物流的本质是物流的合理化，实现在提供低成本、高质量的物流服务的过程中，实现节约能源、减少污染、促进经济的可持续发展；所谓“低碳物流”，就是在整个物流系统的运行中，通过采取先进的技

① 徐旭. 低碳物流的内涵、特征及发展模式［J］. 商业研究，2011（4）：183-187.

② 王国文. 低碳物流与绿色供应链概念、流程与政策［J］. 开放导报，2010（2）：37-40.

③ 陶晶. 低碳经济下的低碳物流探讨［J］. 中国经贸导刊，2010（12）：72-72.

④ Huatng Hua. A Study of Developing Chinese Low Carbon Logistics in the New Railway Period. E-Product E-Service and E-Entertainment（IEEE）［C］. International Conference. Henan. 2010.

术来提升物流管理水平，实现物流对经济的良性促进和循环发展。①

关于“低碳物流”国外学者讨论的多是低碳经济对物流的影响，而国内的学者更感兴趣的是定义。这也从另一方面说明，各位学者对“低碳物流”这个名称的定义不存在过多的争议与差别。在物流技术快速发展的今天，物流的各个环节衔接越紧密，在融入低碳的思想时，更应该从一个系统的角度来考虑；而低碳思想主要是针对气候变化提出来的。因此，归纳国内外学者的研究，本书认为低碳物流的定义是：在整个物流系统的运行中，通过先进的技术与物流管理水平，提高资源利用率，降低温室气体的排放量，以达到系统效益的最大化。

（二）低碳物流设计定量模型

目前我国关于物流环节中碳计量的方法较少，物流系统各环节碳排放量测算亟待系统的测量方法。降低物流碳排放是一项系统工程，在物流和供应链管理的每一个环节都可以通过有效的系统管理来实现降低物流碳排放的效果。对碳排放进行监测和计量，将其量化，进行碳指标测算，将碳证券化，进行碳交易。对于物流企业来讲，大企业排放集中，便于全盘管理和规划，同时又易于监测和计量。因此，在一些大中型物流企业内推广低碳，只要相关政策到位完全是可行的。

1. 碳排量计量的方法

碳计量的方法较多，在此搜集了三类较有代表性的，分别是联合国政府间气候变化专门委员会 IPCC 提出的计量方法、针对个人或企业较为常用的碳足迹计量方法以及学者们提出的一些方向。

IPCC 于 2006 年出版的《IPCC 国家温室气体排版清单指南》描述了制定国家温室气体清单的方法与做法。基于《IPCC 国家温室气体排放清单指南》，碳排放量 = Σ 能源 i 的消费量 × 能源 i 的排放系数（其中 i 为能源种类）。

“碳足迹”作为一个计量指标，是通过一系列的运算所得出的常量，因此参与此运算的所有变量都是与“碳足迹”相关的重要影响因素。其计算的范围中包括一切用于家用、电力、运输（包括旅行时乘坐汽车、飞机、铁路和其他公共交通工具）的能源，以及日常使用的所有消耗品，可按与碳排放的直接相关程度分为一级碳足迹和二级碳足迹。目前国际上关注的碳足迹标准为英国标准协会

① 王艳，李作聚. 浅谈低碳物流的内涵与实现途径 [J]. 商业时代，2010（14）：32-33.

(BSI) 所制定的 PAS2050，即产品和服务生命周期温室气体排放评估规范。PAS2050 于 2008 年 10 月公告后即成为国际推动碳足迹计算的主要参考依据。

Balan Sundarakani (2010) 等研究了在整个供应链中碳排放的足迹，并指出了如何减少碳排放。其研究考察了整个供应链的碳足迹，从而促进了知识和绿色供应链管理实践。①

2. 低碳物流优化设计模刑的研究

对物流系统与供应链的低碳化设计模型方面的研究主要集中在物流选址、运输、配送等方面。

Cachon 在 2009 年 10 月 11~14 日召开的运筹与管理年会上的一篇会议论文探讨了商店与工厂的不同选址布局造成的碳排放量的不同，并给出了哪种设施布局可以排放最少的二氧化碳。

Nam Seok Kim (2009) 等探讨了货物运输成本和二氧化碳排放量在给定的多式联运网络之间的关系。当交易条件改变时，货物联运方式和路径选择也随之改变。多目标优化模型被用来作为决策支持工具的核心。研究表明运输系统的需求和容纳能力显著影响着二氧化碳排放量，通过多式联运的组合则能改变系统的二氧化碳排放量。夏文汇 (2010) 基于 VRP 模型，在低碳环境的条件下，通过系统仿真案例分析表明，顾客可被多次访问的物流配送模型要优于顾客不能被多次访问的物流配送模型，既能降低配送成本，又能提高配送效率，并通过案例对模型进行了验证。

(三) 物流能力方面的研究

国外从 20 世纪 90 年代末开始对物流能力进行了广泛、深入的探讨。国内对此问题的研究始于 21 世纪初，多数文献重点探讨物流能力的定义、特点和构成要素等，对于物流能力，国内几乎还没有开展系统的深入研究，这反映出我国在物流能力理论研究方面与国外的差距。

1. 物流能力的内涵

对"物流能力"内涵的认识是多角度、多层次的。我们梳理了不同的观点，

① Balan Sundarakani, Roberde Souza. Modeling Carbon Footprints across the Supply China [J]. Production Economics, 2010 (13).

认为"物流能力"的内涵经历了由企业层面、供应链层面到区域层面的不同阐释。在企业层面，学者又从资源、服务与成本、动静态等不同角度进行了解释。

(1) 资源角度。Daughery 和 Pittman (1995) 从企业资源基础理论出发，认为企业资源是由企业控制并使企业能够执行其提高效率和效果的战略的要素，包括企业拥有的资产、能力、组织过程、企业标志、信息、知识等，物流能力属于企业资源的一部分。① Keller (2000) 指出物流能力是与企业战略联系紧密的一种资源，拥有充分物流能力的企业在实施其战略计划时要比物流能力与战略计划不匹配的企业取得的绩效高。② 王侃昌 (2006) 等从中国物流运作的实际情况出发，提出物流能力是企业从创造和开发资源到满足用户需求再到追求更好服务绩效的能力。③

(2) 服务与成本匹配的角度。Morash (1996) 指出物流能力是由于支持企业的不同"价值原则"得以实现的各种能力，其中与需求导向和供给导向所对应的客户服务能力和组织运行能力是最主要的两个价值原则。④ Closs 和 Bowersox (1998) 认为物流能力是对厂商能否在尽可能低的总成本下提供有竞争优势的客户服务的一种相对评估。⑤

(3) 动静态角度。汪鸣和冯浩 (2002) 认为物流能力是指物流运作和提供物流服务的企业在实现创造顾客价值的过程中所具备的对物流的计划、控制及过程实施的能力，不仅包含了企业物流设施设备生产能力等静态能力，也包含了企业管理与经营物流的动态能力以及企业对上述二者协调运作的综合控制能力。⑥

(4) 供应链角度。马士华 (2005) 认为物流能力既包括运送货物的能力 (有形要素)，也包括执行物流过程的组织和管理能力 (无形要素)。物流能力是指某特定的物流系统，从接受客户需求、处理订单、分拣货物、运输到交付给客户的

---

① Daughery P J, Pittman P H. Utilization of Time-based Strategies: Creating Distribution Flexibility Responsiveness [J]. International Journal of Operations & Production Management, 1995, 15 (2): 54-60.

② D, Keller S, Ozment J. The Effect of Logistics Capabilities and Strategy on Firm Performance [J]. *Journal of Business Logistics*, 2000, 21 (2): 47-67.

③ 王侃昌，闫秀霞，高建民. 物流能力成熟度模型研究 [J]. 商业研究，2006 (4): 171-174.

④ Morash E, Vickery S. Strategic Logistics Capabilities for Competitive Advantage and Firm Success [J]. *Journal of Business Logistics*, 1996, 17 (1): 1-22.

⑤ Bowersox D. J, Closs D. J.物流管理—供应链过程的一体化 [M]. 林国龙，宋柏，沙梅译. 北京：机械工业出版社，1999: 1-30.

⑥ 汪鸣，冯浩. 我国物流业发展政策研究 [M]. 北京：中国计划出版社，2002.

全过程中，在响应速度、物流成本、订单完成准时性和订单交付可靠性等方面的综合反映。有形要素体现在物流系统的物质结构（如配送中心数量与规模、分件处理的设备能力等）形成的客观能力，无形要素体现在管理者对物流运作过程的组织与管理能力。①

上述汪鸣、冯浩与马士华的观点是一致的，静态能力就是物流设施设备等有形要素所具有的客观能力，动态能力就是组织和管理这些无形要素所具有的能力。

（5）区域角度。上述定义是基于企业层面或从供应链的角度进行说明，没有上升到区域或国家层面。谭清美等（2003）分别从宏微观角度进行了定义，她认为，宏观物流能力是指国民经济部门向全社会提供物流支撑和服务的能力，微观物流能力是指物流供给主体向微观需求主体提供物流服务的能力。② 周泰等（2008）认为，区域物流能力是指在一定时期内，区域物流供给主体通过有效、合理地组织和运用其物流系统内部的各种资源，向区域内物流需求主体提供所需物流服务的最大能力。③

2. 企业层面的物流能力研究

国内外学者对"物流能力"从企业层面的论述较多，但角度和侧重点各有不同，我们认为概括起来可以归纳为物流策略、顾客、资源、学习机制思想、企业经营绩效五个角度。

（1）物流策略角度。Morash 和 Vickery（1996）等学者以美国家具生产商为研究对象，在探讨"策略性物流能力与竞争优势及企业成本之关系"研究时，从"需求取向"和"供应取向"提出主要的策略性物流能力。④ 通过对不同的物流策略进行分析，Clinton 和 Closs（1997）发现有五项因素与物流能力最接近，分别是联盟、信息系统、电子数据交换实施、仓储管理和再造工程。⑤

（2）顾客角度。Treacy 和 Wiersema（1993）指出，物流能力是客户服务、客

① 刘小群，马士华. 物流能力：内涵、体系和优化［M］. 中国物流学术前沿报告（2005-2006），中国物资出版社，2005.

② 谭清美，冯凌云，葛云. 物流能力对区域经济的贡献研究［J］. 现代经济探讨，2003（8）：22-24.

③ 周泰，叶怀珍. 基于模糊物元欧式贴近度的区域物流能力量化模型［J］. 系统工程，2008（6）：27-31.

④ Morash E，Vickery S.Strategic Logistics Capabilities for Competitive Advantage and Firm Success［J］. Journal of Business Logistics，1996，17（1）：1-22.

⑤ Clinton S，Closs D.Logistics Strategy：Does It Exist?［J］. Journal of Business Logistics，1997，18（1）：19-44.

户反应、订单周期等商事行为和程序的反映，也是考核物流能力状况的指标。① Daugherty、Stank 和 Elinger（1998）对消费品行业中配送服务和市场份额的关系进行了研究，根据在其采访中被采访者最经常引用的要素，对物流和配送服务能力进行了衡量，这些要素是满载率、订单履行率、周转时间一致性、周转时间长短、递送准时性、递送频率、货物准确性、先进运输通知的运用、所用的承运人和定制化服务等。② 在物流灵活性方面，Zhang Qingyu、Vonderembse Mark A.和Lim Jeen-Su（2003）根据物流灵活性的文献和能力理论建立了分析框架，用于探究灵活技能（供应灵活性和采购灵活性）、灵活能力（分配灵活性和需求管理灵活性）和顾客满意度之间的关系，结果显示灵活物流技能和灵活物流能力、灵活物流能力和顾客满意度之间都存在着紧密直接的正相关关系。③

（3）资源角度。Ching-Chiao Yang、Peter B. Marlow 和 Chin-Shan Lu（2009）探索了资源、物流服务能力、创新能力和台湾集装箱物流公司运营之间的联系，运用结构均衡模型检验了该研究的假设。结果显示，资源对于物流服务能力和创新能力具有明显的推动作用，而物流服务能力对集装箱船运公司的运营有着积极的影响。④

（4）学习机制思想角度。Sandberg Eric 和 Aman. Per（2010）探索了物流能力和企业持续竞争优势之间的关系，通过选取两个运营状态良好的公司，分析其在经验积累、知识衔接和编排上的表现，证明了物流企业的竞争优势可持续性可能来源于组织学习的活力性，并以学习为间接能力，详细说明了物流能力和战略竞争优势直接的联系。⑤

（5）企业经营绩效角度。关于企业经营绩效角度，又大体上是从以下两方面

---

① Michael Treacy，Fred Wiersema. Customer Intimacy and Other Value Disciplines [J]. Harvard Business Review，1993，71 (1)：84-93.

② Partricia J Daugherty，T P Stank，A E Ellinger. Leveraging Logistics/Distribution Capabilities：The Effects of Logistics Service on Market Share [J]. Journal of Business Logistics，1998，19 (2)：35-51.

③ Zhang Qingyu，Vonderembse Mark A，LIim Jeen-su. Logistics Flexibility：Defining and Analyzing Relationships among Competence，Capability，and Customer Satisfaction [J]. Annual Meeting of the Decision Sciences Institute，2003：1587-1592.

④ Ching-Chiao Yang，Peter B. Marlow，Chin-Shan Lu. Assessing Resources，Logistics Service Capabilities，Innovation Capabilities and the Performance of Container Shipping Services in Taiwan [J]. International Journal of Production Economics，2009，Vol.122 Issue 1：4-20.

⑤ Sandberg. Erik，Aman. Per. Logistics Learning Mechanisms and Capabilities：towards An Understanding of Sustainable Competitive Advantage [J]. Logistics Research，2010：1-12.

进行研究的：

第一，从物流能力和企业经营绩效关系的视角。美国密歇根大学全球物流研究团队（1995）提出的 32 个衡量物流能力与执行绩效的指标最广受推崇，普遍被应用于学者对物流能力和企业经营绩效的关系研究。以在墨西哥设厂的美商企业为研究对象，Fawcett、Stanley 和 Smith（1997）等学者对“发展物流能力以改善国际性运作的绩效”问题进行了研究，指出物流能力可改善企业的经营绩效。[①]廖森贵（1999）以台湾信息电子制造业等企业为对象研究发现，物流能力与组织绩效的关系不显著，但物流绩效与经营绩效之间相关性显著。[②]

Lynch、Keller 和 Ozment（2000）等学者以全美杂货零售商为研究对象，以探讨物流能力、竞争策略对经营绩效的影响。[③] Lynch 等人在归纳整合 Daugherty 和 Pittman、Eckert 和 Fawcett、Clinton 和 Closs 等相关文献的基础上，认为物流能力与经营绩效间之相关性并不显著。Zhao、Dröge 和 Stank（2001）等学者以美国物流管理协会的会员厂商为研究对象，在探讨物流能力对企业绩效的影响时，将物流能力分为顾客焦点和信息焦点两个方面。[④] Jay Joong-Kun Cho（2008）对电子商务环境下物流能力、物流外包与企业绩效之间的关系进行了分析，发现物流能力与企业绩效衡量关联性最强，物流能力是在电子商务市场环境下竞争的企业应具有的关键能力。[⑤] 在对台湾地区 1200 家制造加工厂调研的基础上，Shang 和 Marlow（2005）发现基于信息的物流能力是影响绩效的关键因素，因为它可以影响其他如标杆能力、柔性能力和物流绩效。[⑥] 刘莉、杨建平（2009）利用探索性和验证性因子分析，将物流能力划分为三个维度：物流流程能力、物流柔性能力和

---

① Fawcett S，Stanley L，Smith S. Developing a Logistics Capability to Improve the Performance of International Operations [J]. Journal of Business Logistics，1997，18 (2)：16-23 101-127.

② 廖森贵. 物流能力与组织绩效关系之研究 [J]. 台北科技大学学报，1999 (32)：299-312.

③ D，Keller S，Ozment J. The Effect of Logistics Capabilities and Strategy on Firm Performance [J]. Journal of Business Logistics，2000，21 (2)：47-67.

④ Meng Zhao，Cornelia Dröge，Theodore P Stank. The Effects of Logistics Capabilities on Firm Performance：Customer-focused versus Information-focused Capabilities [J]. Journal of Business Logistics，2001，22 (2)：91-103.

⑤ Jay Joong-Kun Cho，Ozment，John，Sink，Harry. Logistics Capability，Logistics Outsourcing and Firm Performance in an E-commerce Market [J]. International Journal of Physical Distribution & Logistics Management，2008，Vol.38 Issue 5：336-359.

⑥ Kuo-chung Shang，Peter B. Marlow. Logistics Capability and Performance in Taiwan's Major Manufacturing Firms [J]. Transportation Research Part E：Logistics and Transportation Review，2005，Vol.41 Issue 3：217-234.

物流信息整合能力，得出制造企业物流能力与竞争优势、企业绩效之间的因果关系。[①]

第二，从构建物流绩效评价指标体系角度。1998 年，经美国“Quest for Quality”调查，运输和物流专家公认，物流质量中最为关键的五个绩效指标按照重要性排列，分别是准时行为、服务价值、客户服务、设备与运作和信息技术，可以在物流能力评价中予以借鉴。Elinger（2000）等运用客户的响应速度、客户服务水平、递送的准时性、质量的稳定性以及延迟或者短缺的提前通知五个物流绩效衡量手段来分析物流能力，并把这些衡量手段与企业绩效联系起来。[②] 王成[③]（2001）所设计的物流绩效评价指标主要涉及了物流的效率和质量问题，有些指标也属于客户服务的范围，但未考虑顾客满意度、物流成本及物流效益方面的指标。张铎（2002）等人从物流系统的角度按物流系统水平结构建立了物流绩效综合评价指标体系，并形成了具有递阶层次结构功能的评价指标体系，但此指标体系对物流系统的经济评价力度不够。[④] 牟宁、余开朝（2010）就第三方物流服务能力的评价体系进行研究，利用层次分析法构建了一种服务能力评价模型，可为制造业合理选择物流服务商提供理论依据，通过评价模型物流服务企业可以发现影响服务能力的关键要素，进而通过对这些要素的调控来改进企业的服务能力。[⑤] 为了解决在电子商务环境下对物流能力的评估问题，Yang Lei 和 Zhang Yizhen（2010）建立了物流能力指数系统，解决了评价时遇到的不确定性和模糊问题，物流公司也可以据此判断自身的弱势并增强竞争力。[⑥]

3. 供应链层面的物流能力研究

国内外学者对“物流能力”从供应链层面的论述比较多，主要集中在对供应链分销过程的研究上，对供应链的上游，即供应物流和制造过程物流能力进行研

---

① 刘莉，杨建平，刘正军. 制造企业物流能力及其对竞争优势和企业绩效的影响研究［J］. 中国地质大学学报，2009（4）：80-85.

② Elinger A. ImProving marketing/logistics cross-functional collaboration in the supply chain［J］. Industrial Marketing Management，2000，29（1）：1-12.

③ 王成. 现代物流管理实务与案例［M］. 北京：企业管理出版社，2001.

④ 张铎，林自葵. 电子商务与现代物流［M］. 北京：北京大学出版社，2002.

⑤ 牟宁，余开朝. 制造业的第三方物流服务能力评价研究［J］. 现代制造工程，2010（2）：32-35.

⑥ Yang Lei，Zhang Yizhen. Application of Fuzzy-AHP Method in the Evaluation of Logistics Capability in E-commerce Environment［J］. International Conference on Communications and Intelligence Information Security，2010：228-231.

究的较少，从整个供应链角度分析物流能力的文献更少。

国外学者重点探讨了物流能力的运作过程要素对竞争力的影响。美国密歇根州立大学的全球物流研究团队（1995）通过对北美、欧洲和太平洋盆地17个国家111个企业的采访，提出了32个物流能力评价指标，确定了17种通用的物流能力，包括定位能力、集成能力、敏捷能力、测评能力，这些研究为供应链物流能力构成要素的研究奠定了基础。Towill（1996）从时间压缩的角度研究供应链管理问题，通过压缩供应链时间，提高了供应链响应速度。[①] Ehap H Sabri（2000）等研究买卖双方的权力和能力对供应链效率的作用等。[②] Remko van Hoek（2000）研究采购与第三方物流能力对供应链管理的促进作用。[③] Jukka Kallio（2000）等从时间、质量、成本、效率四个方面研究订单交付流程的能力评价，并且给出了交付流程的结构和评价指标。[④] Meng Zhao（2001）等研究以顾客为重点和以信息为重点的物流能力对供应链绩效的影响。[⑤] Andrew Cox（2001）从供应商关系角度研究物流过程的管理问题。[⑥] Britta Gammelgaard（2001）等研究了物流运作技术和能力对供应链的影响及竞争力的贡献问题。[⑦] Sheu（2008）提出一种混合神经模糊方法来研究全球物流运作模式（GL），用于全球供应链管理，并针对台湾的信息技术产业来说明该方法的适用性。[⑧] Mohamed Naim、Gilbert Aryee和Andrew Potter（2010）结合供应链的战略环境建立了运输灵活性的构架，从供应链的不确定性适应和把握竞争机遇两方面入手，评价灵活性的作用；从行为基础的视角对钢铁

---

① Denis R Towill. Time Compression and Supply Chain Management-a Guided Tour[J]. Supply Chain Management, 1996, 1 (1): 15-27.

② Ehap H Sabri, Benita M Beamon. A Multi-objective Approach to Simultaneous Strategic and Operational Planning in Supply Chain [J]. OMEGA, 2000, 28 (5): 581-598.

③ Remko van Hoek. The Purchasing and Control of Supplementary Third-party Logistics Services [J]. The Journal of Supply Chain Management, 2000, 36 (4): 14-25.

④ Jukka Kallio, Timo Saarinen, Markku Tinnila, Ari P J Vepsalainen. Measuring Delivery Process Performance [J]. The International Journal of Logistics Management, 2000, 11 (1): 75-87.

⑤ Meng Zhao, Cornelia Dröge, Theodore P Stank. The Effects of Logistics Capabilities on Firm Performance: Customer-focused Versus Information-focused Capabilities [J]. Journal of Business Logistics, 2001, 22 (2): 91-103.

⑥ Andrew Cox. Understanding Buyer and Supplier Power: A Framework for Procurement and Supply Competence [J]. The Journal of Supply Chain Management, 2001, 37 (2): 8-14.

⑦ Britta Gammelgaard, et al. Logistics Skills and Competencies for supply chainmanagement [J]. Journal of Business Logistics, 2001, 22 (2): 27-50.

⑧ Sheu JB. A Hybrid Neuro-fuzzy Analytical Approach to Mode Choice of Global Logistics Management [J]. European Journal of Operational Research, 2008 (3): 971-986.

产业的物流组合（第三方物流供应商、发货人和收货人）进行研究，认为这一构架可用作激发供应链重构的催化剂。[①]

国内学者则较多从实证角度出发研究物流能力及其构成要素与供应链绩效之间的关系，而且侧重研究物流过程的某一环节。马士华、陈习勇（2004）把供应链环境下的物流能力分为物流要素能力和物流运作能力。整个供应链的物流要素能力包括供应物流能力、生产物流能力、分销阶段的运输能力、分销阶段的配送能力，对于整个供应链而言，物流要素能力可以通过流通能力和覆盖能力两个指标来评价，对物流运作能力的评价可以从提高服务水平和控制物流成本两方面来进行。[②] 马士华、孟庆鑫（2005）提出供应链物流能力的构成要素包含有形要素、无形要素和综合要素三个类别，有形要素包括仓储、运输、分拣、包装、流通加工、物料跟踪、信息化；无形要素包括企业内部协调、一致性、不断改进、信息管理；综合要素包括外部物料获取、对目标市场的响应、逆向物料处理、配送、柔性、订单处理、库存管理、运输管理、内部共享以及与外部的信息交流。[③] 刘小群和马士华还突破传统上物流能力概念及其构成的理解，从运作能力和潜在附加增值能力两个方面构建了基于供应链绩效的企业物流能力的"层面—子项—要素"三层体系结构，通过该体系的构建和量化分析确定了企业的物流能力指数。张光明（2006）认为物流能力主要包括供应链关系能力、供应链物流整合能力、物流信息能力、物流过程能力、时间响应或柔性能力、管理能力、学习能力等。[④]

4. 信息支持和大批量定制层面的物流能力研究

信息支持层面的物流能力研究主要有两大类观点：一是信息是物流能力中的一个组成部分，并且是最为关键、最为重要的几个组成部分之一；二是物流能力与信息支持是两个概念，不过物流能力的发挥离不开信息技术的支持，信息支持对物流能力有显著的影响。

对持第一种观点的相关研究归纳如下：Meng Zhao 和 Stank（2001）把物流能

---

① Mohamed Naim，Gilbert Aryee，Andrew Potter. Determining a Logistics Provider's Flexibility Capability [J]. International Journal of Production Economics，2010，Vol.123 Issue 1：39-45.

② 马士华，陈习勇. 供应链环境下的物流能力构成及其特性研究 [J]. 管理学报，2004，1（1）：107-111.

③ 马士华，孟庆鑫. 供应链物流能力的研究现状及发展趋势 [J]. 计算机集成制造系统——CIMS，2005（3）：301-307.

④ 张光明. 物流能力对物流绩效作用机理研究 [J]. 科技管理研究，2006（11）：210-212.

力分为顾客焦点和信息焦点两方面，其中信息焦点能力包括信息技术、信息分享和连接。①

对持第二种观点的相关研究归纳如下：David J. Closs、Thomas J. Goldsby 和 Steven R. Clinton（1997）鉴别了对物流能力有较大作用的物流信息系统（LIS），定义了 LIS 发展战略和物流能力之间的联系。② Fawcett、③ Stanley、Smith（1997）等学者以在墨西哥设厂的美商企业为研究对象，指出在物流能力的各项层面中均需强调信息技术应用的重要性。Gooley（1998）就如何以物流能力实现大批量定制的研究中提出，生产者能快速、大规模地生产顾客化产品的原因是在模块化生产设计、弹性制造流程、精细订单管理、整合信息系统以及延迟组装等能力的基础之上，复杂的大批量定制能力需要整个供应链的高度整合，物流能力在其中扮演重要的角色。④

关于大量顾客化的约束因素研究中，Zipkin⑤（2001）指出，当物流技术随着信息技术为基础的电子商务持续发展时，物流能力将是实现大批量定制不可缺少的要素之一。具体在大批量定制系统的实行时，Berman（2002）认为在物流能力中，要实行大批量定制，必须重视评定传统的供应链上的关系，提升与供应商及顾客间沟通的连接性，高度连接的供应链以及充分整合的物流信息系统是两大至关重要的因素。在物流信息系统方面，大批量定制需要上游制造商与供应商有良好的连接，信息技术必须是广泛的、无缝隙的。⑥ David J. Closs、XuKefeng（2003）研究了信息技术对物流能力的影响，认为信息技术对提高整个物流系统的运作能

① Meng Zhao，Cornelia Dröge，Theodore P Stank. The Effects of Logistics Capabilities on Firm Performance：Customer-focused versus Information-focused Capabilities [J]. Journal of Business Logistics，2001，22（2）：91-103.

② David J. Closs，Thomas J. Goldsby，Steven R. Clinton. Information Technology Influences on World Class Logistics Capability [J]. International Journal of Physical Distribution & Logistics Management，1997，Vol.27 Issue1：1-8.

③ Fawcett S，Stanley L，Smith S. Developing A Logistics Capability to Improve the Performance of International Operations [J]. Journal of Business Logistics，1997，18（2）：101-127.

④ Gooley T.B. Mass Customization：How logistics makes it happen [J]. Logistics Management and Distribution Report，1998（4）：49-54.

⑤ Zipkin P. The limits of Mass Customization [J]. MIT Sloan Management Review，2001（spring）：81-87.

⑥ Berman B. Should You Firm Adopts A Mass Customization Strategy [J]. Business Horizon，2002（7-8）：51-60.

力、客户服务水平和降低总成本具有特殊的潜力。① Kuo-chung Shang 和 Peter B. Marlow（2005）对台湾地区的制造企业进行了调查，结果显示信息基础能力是物流能力的最重要影响因素，它对物流的灵活性和运营都会带来较大影响。②

5. 经济全球化背景下区域物流能力层面的研究

全球化竞争要求企业、区域和国家之间整合资源和发展空间，众多企业间、供应链间的竞争组成了区域竞争，物流经济已经成为区域经济重要组成部分，起到了经济的拉动和激活作用。现代物流对区域生产—销售的组织方式和管理技术的影响日益显著，决定着地区商品流通的成本和效益，进而涉及企业以及区域的核心竞争力。

国外关于物流能力的研究侧重于企业层面，局部研究多于系统研究，关于区域物流能力的研究主要在国内学者中展开，部分文献是通过构建区域物流能力评价指标体系来研究某个区域的物流能力，另外部分文献则是侧重研究区域物流能力与经济增长之间的关系。

（1）通过构建区域物流能力评价指标体系对区域进行评价的研究。谭清美（2003）是较早开展这方面研究的，她将货物周转量和旅客周转量折合为物流当量，用其描述国家或地区的物流能力。③ 闫秀霞（2006）将旅客周转量、仓储和批发零售贸易量分别与货物周转量进行回归分析，统一为物流当量指标，用以描述该区域物流能力。④ 周泰、叶怀珍（2008）构建了以基础设施支撑能力、信息系统保障能力、经营管理运作能力、发展环境支持能力为要素的三层量化指标体系，并对四川省做了定量研究。⑤ 冯华、胡娟（2009）构建了交通运输仓储及邮电业增加值、批发零售贸易餐饮业增加值、物流业从业人员比例、货运量、旅客周转量和工业增加值 6 个指标，对湖北省区域物流能力进行了评价。⑥ 赵英姝（2009）从

① David J. Closs XuKefeng.Logistics information technology Practice in manufacturing and merchandising firms-An international benchmarking study versus world class logistics firms [J]. International Journal of Physical distribution & Logistics Management, 2003, 30 (10): 869-874.

② Kuo-chung Shang, Peter B. Marlow. Logistics Capability and Performance in Taiwan's Major Manufacturing Firms [J]. Transportation Research Part E: Logistics and Transportation Review, 2005, Vol.41 Issue 3: 217-234.

③ 谭清美，冯凌云，葛云. 物流能力对区域经济的贡献研究 [J]. 现代经济探讨，2003 (8): 22-24.

④ 闫秀霞，孙林岩. 物流能力对区域经济发展的影响分析 [J]. 科技进步与对策，2006(10): 160-163.

⑤ 周泰，叶怀珍.基于模糊物元欧式贴近度的区域物流能力量化模型 [J]. 系统工程，2008 (6): 27-31.

⑥ 冯华，胡娟. 基于主成分分析区域物流能力研究 [J]. 商业时代，2009 (10): 16-17.

区域物流能力的内涵分析入手，构建了区域物流能力测算指标体系，主要包括区域内部物流系统指标体系以及与上层环境相关的各项指标体系。[①] 田华杰、杨蕾（2010）对冀东、冀中南、环京津经济区区域物流能力进行了统计分析，得出了河北省各市区域物流能力得分排名，并提出了物流产业布局与发展对策。[②]

（2）区域物流能力与经济增长关系的研究。目前学术界有三大观点：物流能力推动经济增长的"物流推力论"、物流能力与经济增长的"相互作用论"以及经济增长拉动物流能力的"经济拉力论"。

第一，物流推力论。周君（2006）运用 Logistic 模型分析了区域物流业与地区经济增长之间的定量关系，量化了区域物流业发展所带来的地区经济的增长。[③] 郑慕强（2009）系统分析了衡量物流能力的相关指标，以广东省为例对物流能力与经济发展进行双向因果关系的分析，发现物流主体能力、物流客体能力和物流载体能力对广东经济的增长有显著的单向促进作用。[④]

第二，相互作用论。张文杰（2002）运用经济学与交易理论总结得出经济和物流之间存在相互关系。[⑤] 刘南和李燕（2007）从供给推动、需求拉动两个角度分析了现代物流发展与经济增长之间的相互关系，并运用了格兰杰因果检验方法，发现现代物流发展与经济增长之间互为因果。[⑥] 李全喜、金凤花（2010）利用典型相关分析方法对区域物流能力与区域经济发展进行实证分析，结果表明区域物流对区域经济的发展起着非常大的贡献作用，区域经济发展将吸引物流需求的快速增加。[⑦]

第三，经济拉力论。在目前关于经济增长对物流能力的单向拉动作用的研究文献很少，郑慕强（2009）的研究发现了广东的经济发展对物流能力没有显著的拉动作用。

---

① 赵英姝. 我国区域物流能力评价指标体系构建研究 [J]. 特区经济，2009（8）：301-302.

② 田华杰，杨蕾. 基于因子分析法的区域物流能力评价 [J]. 商业时代，2010（36）：125-126.

③ 周君. 区域物流业对地区经济增长的影响分析 [J]. 统计与决策，2006（4）：109-112.

④ 郑慕强. 区域物流能力与经济增长关系的实证研究——以广东为例 [J]. 创新，2009（7）：5-8.

⑤ 张文杰. 区域经济发展与现代物流 [J]. 中国流通经济，2002（1）：12-14.

⑥ 刘南，李燕. 现代物流与经济增长的关系研究——基于浙江省的实证分析 [J]. 管理工程学报，2007（1）：151-153.

⑦ 李全喜，金凤花，孙磐石. 区域物流能力与区域经济发展的典型相关分析 [J]. 软科学，2010（12）：75-79.

第三节　本书创新之处、体系结构及研究方法

一、创新之处

（一）研究视角新

由于低碳物流作为一个新兴的概念，国内外对于低碳物流的研究还处在起步阶段，大多数的文献仅仅是对低碳物流的内涵、特征进行界定以及低碳物流供应链优化模型构建方面的研究。而对于如何在产业转移进程中评价低碳物流能力和低碳物流能力与金融支持之间的关系研究更是相对较少。

本书从产业转移出发，运用低碳物流理论和金融发展理论对一个地区推动低碳物流展开理论和实证研究，具有理论创新性。

（二）方法创新

构建面板数据模型中的固定效应回归模型，以京津冀作为研究对象，分析低碳物流能力与金融发展、低碳物流能力与产业转移、金融发展与产业转移的相关关系。基于模糊物元法对某地区低碳能力进行评价。

（三）思想创新

本书的研究目的是提高低碳物流能力，降低产业转移进程中各环节的物流成本，提高低碳物流的效率，基础是产业转移理论、低碳物流理论与金融发展理论相结合，落脚点是金融支持框架体系的建设与完善。

二、体系结构

本书共分为七个部分：

第一部分是基础问题研究，包括第一章和第二章。第一章是导论，主要说明本书的研究目的和意义、研究的国内外现状、研究内容和方法。第二章是本书的相关基本理论，通过查阅相关文献，梳理产业转移理论、区域物流能力理论、金融发展理论和区域金融发展不平衡理论等相关理论，研究与本书相关的基础问题，包括产业转移的内涵、动因、承接区域的特性，区域物流的内涵、特征、低碳物流和区域物流能力的内涵、区域物流能力的关键构成要素，金融支持的内涵等。

第二部分是区域产业转移进程中低碳物流与金融支持的机理分析，包括第三章。主要阐述以下几个方面的内容：①区域产业转移与物流能力的机理分析。包括区域产业转移对物流能力的影响、物流能力对区域产业转移的影响。②低碳物流与金融发展水平机理分析。包括金融支持对低碳物流的推动作用、低碳物流对金融支持提出的要求。③金融支持与低碳物流的一般关系分析、宏观作用机理及宏观作用模式。④低碳物流的资金需求特征。⑤金融支持对低碳物流的微观影响机制。包括金融支持对区域产业转移进程中推行低碳物流的两种作用机制和三种传递途径。

第三部分是区域产业转移进程中低碳物流金融支持的国际经验，包括第四章。分析比较美国、日本和印度等国家在产业转移进程中发展低碳物流金融支持的实践经验和做法。

第四部分是区域产业转移进程中低碳物流的金融支持现状分析，包括第五章和第六章。第五章以京津冀作为研究对象，主要分析京津冀工业产业的转移现状、低碳物流能力和金融对低碳物流支持的现状。具体包括京津冀地区经济梯度、产业梯度现状及京津冀三个地区各自产业转移及承接转移的地区的优势条件；采用定量统计分析方法对六个金融指标的分析，用以衡量京津冀三地的金融发展水平，并分析金融支持物流发展和产业转移的现状。第六章构建了 28 个可以衡量低碳物流能力的评价指标体系，采用模糊物元分析方法对低碳物流能力进行评价。

第五部分是区域产业转移、低碳物流和金融发展的相互关联分析，包括第七章。选取物流业的碳排放强度和金融相关率作为模型变量，构建面板数据模型中的固定效应回归模型，以京津冀作为研究对象，分别测算京津冀三地区 1989~2010 年的碳排放强度和金融相关比率的年度数据，通过 Eviews 软件进行面板数据分析，分析低碳物流能力与金融发展的相关关系；选取产业转移梯度系数和物流业的碳排放强度作为模型变量，构建面板数据模型（Panel-data Model），分析低碳物流能力与区域产业转移的相关关系；选取产业转移梯度系数和金融相关率作为模型变量，构建面板数据模型（Panel-data Model），分析金融发展与区域产业转移的相关关系。

第六部分是基于投入产出分析的产业低碳化调整策略，包括第八章。运用投入产出分析法以北京市为例，对北京市各产业的碳排放进行了测算，研究了北京市产业转移进程中各产业低碳化调整策略。

第七部分是区域产业转移进程中低碳物流金融支持框架体系的构建和对策建议，包括第九章。首先提出金融支持低碳物流的设计思路，然后构建了区域产业转移进程中低碳物流金融支持框架体系，最后从市场机制和行政机制方面提出了政策性金融支持的对策性建议及其他相关对策建议。

本书的逻辑思路及研究框架见图 1-1。

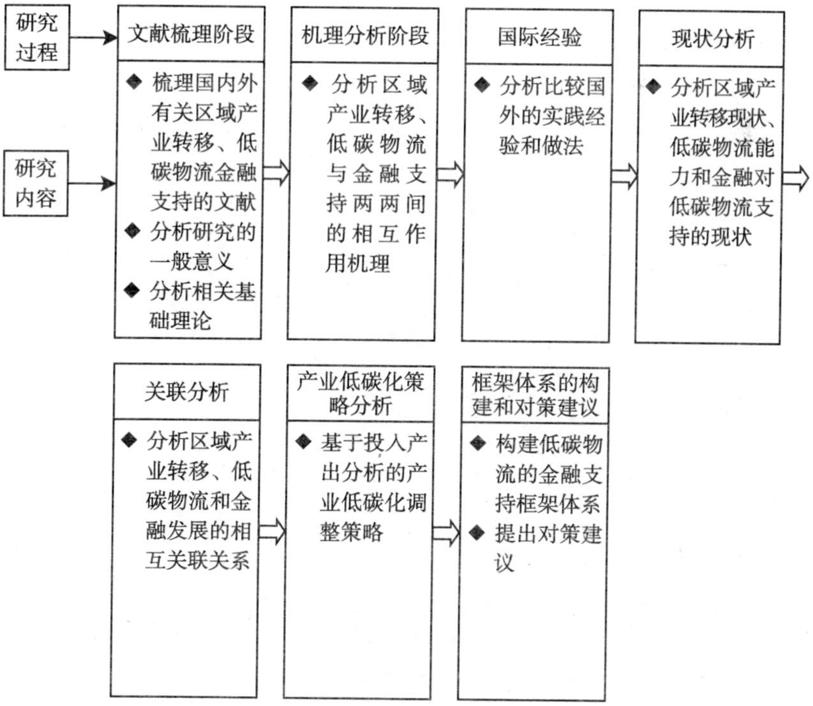

图 1-1 研究框架

三、研究方法

本书运用的研究方法主要有以下几种：

（1）文献研究法。对国内外产业转移、低碳物流和金融支持的相关研究文献分类汇总，并进行总结归纳。

（2）数理统计分析法。①选取相关变量，构建面板数据模型中的固定效应回归模型，以京津冀作为研究对象，分析低碳物流能力与金融发展、低碳物流能力与产业转移、金融发展与产业转移的相关关系。②构建低碳物流能力的评价指标体系，采用模糊物元分析方法评价一个地区的低碳物流能力；采用定量统计分析方法对6个金融指标的分析，用以衡量一个地区的金融发展水平。

（3）调研与访谈。制定调研与访谈方案，与相关主管部门、企业和专家等展开访谈，分析影响产业转移进程中低碳物流金融支持的因素。

第二章　相关基础理论研究

从古到今，国内外的专家学者对相关的内容已经做了大量的研究，为了更好地促进本书的研究，将前人的研究成果在此做一个归纳整理，以便于进行进一步的探讨。本章涉及的理论主要有：产业结构演进理论、产业转移理论、区域物流能力理论、金融发展理论和区域金融发展不平衡理论等。

第一节　产业结构演进理论

从经济发展历史看，产业结构的演进是有规律可循的。判断经济发展阶段的最主要指标是人均国民收入，产业结构的演进是随着人均国民收入的增加而从低级向高级演进的。产业结构是与经济发展阶段相对应而不断变动的，产业结构随着经济发展阶段的演进而演进的。

一、配第一克拉克定律

17 世纪，英国经济学家威廉·配第就第一次发现了世界各国国民收入水平的差异及其形成的不同的经济发展阶段，其关键在于产业结构的不同。他通过进一步考察得出结论：比起农业来，工业的收入多；而商业的收入又比工业多，即工业比农业、服务业比工业的附加值高，第一次揭示了产业转移的方向和机制。后来，克拉克第一次研究了产业结构的演进趋势，得出了产业结构演进的规律性结论，即当社会经济发展阶段处于第一次产业为主体时，人均国民收入低并占有绝大多数劳动力；随着经济的发展，第二次产业逐渐取代第一次产业成为主导，这时人均国民收入增加，劳动力从第一次产业向第二次产业转移，使第二次产业的劳动力比重迅速提高；随着经济的进一步发展，第三次产业成为主导时，人均国民收入进一步提高，劳动力从第一次产业主要向第三次产业转移，使第三次产业的劳动力比重迅速上升。这种由人均收入变化引起产业结构变化的规律为配第—克拉克定律。

二、库兹涅茨人均收入影响论

库兹涅茨在继承配第和克拉克二人研究成果的基础上，依据人均国内生产总值份额基准，考察了总产值变动和就业人口机构变动的规律，揭示了产业结构变动的总方向，从而进一步证明了配第—克拉克定律。他发现的这种变动规律，即产业结构的变动受人均国民收入变动的影响，被称为库兹涅茨人均收入影响论。

三、钱纳里工业化阶段理论

钱纳里从经济发展的长期过程中考察了制造业内部各产业部门的地位和作用的变动，揭示制造业内部结构转换的原因，即产业间存在着产业关联效应。为了解制造业内部的结构变动趋势奠定了基础，他通过深入考察，发现了制造发展受人均 GNP、需求规模和投资率的影响大，而受工业品和初级品输出率的影响小。他进而将制造业的发展分为三个发展时期：经济发展初期、中年期和后期；同时将制造业也按三种不同的时期划分为三种不同类型的产业，即初级产业、中期产业和后期产业。

四、霍夫曼工业化经验法则

霍夫曼对工业化问题进行了许多富有开创性的研究，提出了被称为“霍夫曼工业化经验法则”的问题阶段理论。他根据霍夫曼比例，即消费品工业净产值与资本工业净产值的比例，把工业化分为四个阶段：第一阶段：消费品工业占主导地位，霍夫曼比例为（5/–1）。第二阶段：资本品工业快于消费品工业的增长，消费品工业降到工业总产值的 50%左右或以下，霍夫曼比例为（2.5/–0.5）。第三阶段：资本品工业继续快速增长，并已达到和消费品工业相平衡状态，霍夫曼比例为（1 /– 0.5）。第四阶段：资本品工业占主导地位，这一阶段被认为实现了工业化，霍夫曼比例为 1 以下。在实际应用中，霍夫曼比例往往用轻工业品净产值与重工业品净产值的比例来表示。霍夫曼的工业阶段论阐述的主要是工业过程中重化工业阶段的演变情形。

五、产业结构演变趋势的衡量标准

现代经济增长过程中，不仅会发生三次产业间的结构变动，而且产业部门内部也存在一定的变动规律。早期的学者主要集中于第二次产业，即工业部门内部之间的结构变动，比较著名的有德国经济学家霍夫曼的工业化经验法则，按照霍夫曼比例的大小将工业化过程划分为四个阶段（霍夫曼比例=消费品工业净产值/资本品工业净产值）。后来日本经济学家盐古佑一提出了产业关联理论，对霍夫曼比例进行了修正，从而使其更具普遍意义。

产业结构的状态和演进过程的研究往往通过各产业占国民收入的比重指标以及社会劳动力在各产业的分布比重指标来反映和衡量。许多研究产业结构的经济学家对此进行了大量的比较和历史性研究，提出了不同但又有相似结论的理论模型，主要有库兹涅茨、钱纳里和塞尔奎因等人的理论成果。

第二节 产业转移的基本理论

一、产业转移的内涵

（一）区域产业转移

国内的产业转移叫做区域产业转移。所谓产业转移，是指由于资源供给或产品需求条件的变化，引起产业在一国内部以企业为主导的转移活动，是一个具有时间和空间维度的动态过程，是通过生产要素的流动从一个区域转移到另一个区域的经济行为和过程，是国家或地区产业结构调整和升级的重要途径。同时认为产业转移是广义上的，包括产业的生产环节以及产业的研发设计、服务、销售等环节发生的转移，也就是说同一产业内部的不同层次、不同方式、不同规模、不同阶段的生产、销售、服务、研发等发生的转移。[①] 它是经济发展过程中普遍存在的一种经济现象。由于交通运输、资源禀赋、市场需求以及政府政策等发展条件的差异，一些企业最初可能在某些有利于其发展的优势国家或地区设立并集聚起来，由此带来高速增长和繁荣。然而，随着经济的发展和科技的进步，交通运输、资源供给和产品需求等条件逐渐发生变化，由此可能引起某些产业从一个国家或地区转移到另一个国家或地区。

（二）国际产业转移

跨国的产业转移叫国际产业转移，是指某些产业从一个国家和地区通过国际贸易和国际投资等多种方式转移到另一个国家和地区的过程。

1. 发展历程

迄今为止，历史上发生了五次大规模的国际产业转移，其中最近的一次就是20世纪90年代以来全球制造业向中国转移，由此中国成为了名副其实的全球制造业基地。移出国制造业成本的不断上升和市场的国际性扩张需求是促使发达国家产业向外转移的内在动因，而移入国的成本优势和庞大市场则是产业转入的根本动力。这里的成本优势是多方面的，既包括劳动力成本，也包括土地等资源的成本，还包括税收等综合性的商务成本，等等。

长期以来，国际产业转移主要发生在制造业领域，但其内涵不断发生着变化。从资源密集度来看，产业转移从早期的劳动密集型产业逐步过渡到资本密集型产业，再到技术、知识密集型产业；从附加值来看，由低附加值产业（如纺织业）发展到高附加值产业（如集成电路制造业）。改革开放以来，我国的产业结构升级大体经历了四个阶段：从劳动密集型的纺织化纤业，到资本密集型的钢铁、造船、化炼行业，再到兼具资本、技术密集型的汽车、机械、电器制造业，直到目前的技术密集型的微电子和信息技术制造业。一直以来，外商直接投资是

① 陈建军. 区域产业转移与东扩西进战略［M］. 北京：中华书局，2002.

我国接收国际产业转移的最主要方式。与我国经济发展的不平衡状况相对应，我国吸收国际产业转移也主要集中在东部沿海地区，特别是长江三角洲地区、珠江三角洲地区和环渤海经济区，幅员辽阔的中西部地区只占外商直接投资的15%左右。这一发展状况客观上形成了东西部的产业梯度差，并给我国东西部的进一步产业升级带来了可能和机会。

2. 主要特点

（1）国际产业调整转移日益向高新科技化、服务化方向发展。以发达国家为主导、以信息技术和生物技术为核心的高新技术产业，成为产业结构调整转移的重心。同时，发达国家的金融、保险、房地产、商务服务业等为生产服务的知识密集型新兴服务业和发展中国家的商业、酒店业、交通业和通信业等传统服务业，成为各自服务业发展的主流。

（2）国际产业间分工、国际产业内分工日益向国际产品内分工延伸。国际产业结构调整转移日益体现为国际产品内工序环节的调整和转移。根据工序分工理论，可将价值链增值环节划分为技术环节、生产环节和营销环节。国际产品工序调整和转移表现为：在全球的价值链分工体系中，以发达国家为主体，由生产环节向研发设计和品牌营销环节转移；以发展中国家为主体，在生产环节中由下游生产环节（终端的加工组装）向上游生产环节（关键零部件的生产）转移。

（3）发达国家之间的相互投资与发展中国家之间的相互投资，日益成为国际资本流动的两大主要方向。发展中国家具备一定国际竞争力的跨国公司已然发起向发达国家的逆向产业转移《2006年世界投资报告》显示，2005年全球FDI流入为9160亿美元，其中流向发达国家为5420亿美元，占总量的59%，而且90%是发达国家间的相互投资，主要集中在高新技术产业和新兴服务业；南亚、东亚和东南亚地区流入FDI为1650亿美元，占总量的18%，其中65%属于发展中国家间的相互投资，主要集中在汽车、电子、钢铁和石化等制造业，发展中国家具备一定国际竞争力的跨国公司已然发起向发达国家进行产业转移；西亚地区流入FDI为340亿美元，占总量的3.7%，主要集中在石油行业；非洲流入FDI为310亿美元，占总量的3%，主要集中在自然资源；拉丁美洲和加勒比海地区流入FDI为1040亿美元，占总量的11.4%，其中制造业占流入FDI的40%，服务业占35%，农业和采掘业占25%。

（4）跨国公司的技术创新不断推动原有产业的整合升级。国际转移跨国公司的技术创新全球化加速了国际间的技术转移与扩散，促使各国的相对技术优势发生变化，强化了国际产业的集聚效应，并不断提升产业结构的高度和虚拟化程度，新的产业不断出现，并促使原有产业在结构升级中整合、转移。

（5）跨国证券投资和并购日益成为国际产业结构调整和转移的主要方式。服务业外包发展迅猛，证券投资和跨国并购方式日益成为国际产业转移的主要方式，目前已分别占全球资本流动的75%和跨国直接投资的60%。服务业外包发展迅猛，联合国贸发会《2005年世界投资报告》显示，服务外包最多的是美国，约占全球项目外包市场的2/3，欧、日约占1/3。承接最多的是亚洲，约占全球外包业务的45%。印度、墨西哥、东欧分别成为亚洲、北美和欧洲的服务业外包承接中心。

（6）发达国家进行调整和转移的产业领域重点分明。发达国家均根据自身经济发展需要，在不同产业领域进行新一轮产业结构调整和转移。

3. 国际产业转移的方式

（1）国际贸易方式。通过国际贸易方式进行的国际产业转移，主要有雁行形态发展模式和产品循环发展模式。雁行形态发展模式是后发工业国为了弥补与工业发达国家在产业结构上的差距而采取的一种模式，后进国家的产业发展应遵循“进口—国内生产—出口”的模式，使其产业相继更替发展。产品循环发展模式是欧美等工业发达国家产业结构的发展过程，当后发工业国雁行形态发展模式结束后，也会进入该模式。首先，工业发达国家率先进行新产品的开发生产，开拓国内市场。其次，该产品在国内销售上升的同时，开始向后发工业国出口并逐步扩大市场份额。随着该产品生产技术的普及和竞争者的增加，工业发达国为了维持国外市场份额，开始向后发工业国进行直接投资，就地进行生产。最后，发达国家逐步放弃该产品的生产转向开发研制更高级的技术，开始新一轮的产品循环。

（2）通过国际投资进行国际产业转移，主要载体是跨国公司。通过跨国公司的对外直接投资（FDI），一个国家可以向外转移本国的优势产业或边际产业。优势产业的国际转移，是将自己的新技术和优势产业应用到对外投资企业中，进行跨国公司内部的技术转移，同时要求对企业具有控股权。边际产业的国际转移被称为小岛清模式，认为对外直接投资应从投资国已经或即将陷入比较劣势即边际产业依次进行，投资国凭借资本、技术等优势将处于衰退的产业，利用东道国具有潜在比较优势向其进行产业转移，而新技术和高附加值的产业则予以保留。

4. 发展趋势

国际产业转移将在相当长的时期内存在，只是不同的时期在不同区域之间转移，不同的时期转移的内容不同。在未来一段时间内，国际产业转移将呈现如下的发展趋势：

（1）国际产业转移将延续结构高度化的趋势。这里的结构高度化指的是产业结构不断提升的意思。今后，向我国东部地区转移的制造业将主要集中在高技术密集型、高附加值、高加工度的“三高”行业，而不再像过去以传统制造业为主。这主要有两个方面的原因：一方面，东部地区本身产业结构升级的需要；另一方面，随着东部地区经济的发展，原有的传统制造业的成本优势逐渐丧失。因此，未来几年，我国将出现传统制造业由东部向中西部地区转移，从而带动中西部地区发展的有利景象。

（2）以服务业为代表的第三产业投资将成为国际产业转移的新热点。随着经济全球化和知识经济的发展，服务业在国民经济中的比重越来越大。同样，伴随着中国作为“世界工厂”地位的形成和发展，与国际贸易、国际金融和国际物流相关的服务业的外商投资也越来越多。以上海为例，2005 年，上海第三产业吸收外资合同金额 73.15 亿美元，比上年增长 60.2%，占全市外商直接投资合同金额的比重首次超过 50%，达到 52.9%。[①] 与需要耗费大量土地、能源的制造业相比，现代服务业具有智力要素密集度高、产出附加值高、资源消耗少、环境污染少等特点，因此，发展第三产业是我国经济发达地区下一轮经济增长的必然选择。上海“四个中心”（国际经济、金融、贸易和航运中心）的定位就反映了这样的发展趋势，也为上海承接服务业转移做出了总体的规划。

（3）国际产业转移出现了组团式或产业链整体转移的趋势。过去的国际产业转移往往只是发生在处于产业核心地位的跨国公司，以汽车行业为例，上海大众初创时，其零部件大量依靠进口，然后再逐步实现国产化。而近年来的发展趋势则有所不同，组团式或产业链整体转移的趋向很明显。如以上海—苏州为中心的长江三角洲地区形成台湾信息产业的投资集聚区，其中苏州已经形成以明碁电脑、全友电脑和华宇电脑为核心的 IT 产业群，建立起鼠标、彩显、液晶显示器、超微半导体等多个大规模生产基地。研发、制造、服务的一体化联动将是未来国

① http：//www.sina.com.cn 2006-8-16. 16：36 新浪财经.

际产业转移的发展趋势，会有越来越多的跨国公司基于降低成本、贴近市场等方面的考虑，将其研发、物流等非制造环节也转移到中国来。这一趋势对于我国各类开发区做好区域产业规划和招商工作具有非常重要的意义，值得认真研究。

(4) 跨国公司成为国际产业转移主体的趋势更加明显，投资方式多样化。2005 年，跨国公司占据了全世界 40%的生产和 90%的国际投资，国际技术贸易的 60%、国际技术转让的 80%、科研开发的 90%也是在跨国公司之间进行的。毋庸讳言，这一趋势是经济全球化的必然结果。在经济全球化的驱动下，跨国公司往往有着强烈的扩张欲望，而且跨国公司产业转移的投资方式呈现多样化的特点，直接投资已不再是唯一的投资方式，跨国并购等方式的比重将越来越大。根据这一特点，上海近年来大力发展总部经济并取得成效，至 2005 年底，上海集聚了跨国公司的地区总部 133 家、投资性公司 136 家和研发中心 177 家。① 上海的总部经济不仅促进了上海的发展，而且对全国其他地方吸收外商投资和承接国际产业转移产生了辐射作用。

二、梯度转移理论

从严格意义上来说，区域经济梯度是一个较大范围的整体性的概念，它包括技术梯度、要素禀赋梯度、产业梯度等。其中，产业梯度是区域经济梯度最直接、最集中、最本质的体现，也是对区域经济梯度起决定性作用的关键部分。产业梯度就是由于发展战略、生产要素禀赋、产业基础的不同，各国或地区之间在经济发展与产业结构水平上形成了一定的阶梯状差距，这种差距集中反映在国家或地区间产业层次的梯度差异上。

由于产业的梯度差异，当高梯度国家或地区在某一产业上不再具有优势时，会选择新的优势产业，淘汰劣势产业，对其产业结构进行调整，以继续保持其产业的整体优势，同时将其劣势产业转移到低梯度国家或地区。虽然这种产业梯度转移需要具备众多相应的条件，但其转移的根本基础和深层原因仍然是国家或地区间在产业上的梯度差异。

区域经济学者把产品生命周期理论引用到区域经济学中，从而建立起梯度转

① http：//www.chinavalue.net/Wiki/ShowContent.aspx？TitleID=397566.

移理论。与赤松要的雁行理论相对应，美国经济学家弗农在 20 世纪 60 年代中期以美国跨国公司生产与贸易的地理扩散为典型，提出产品生命周期理论。

20 世纪下半叶以来，区域经济学家克鲁默和海特等人以赫希曼和威廉姆斯的不平衡发展理论为依托，以弗农等人首创的工业生产生命周期为依据，创立了区域发展梯度推移理论。为适应我国经济建设实践的需要，许多学者在 80 年代中后期也提出了梯级产业转移的构想。

从当前国内外产业转移发展的现状看，产业转移主要是沿着两个方向展开的：一是发达国家或地区之间，以及发达国家或地区向欠发达国家或地区的扩张性转移，这类转移主要以获取资源、技术和市场为目标。二是发达国家或地区向落后国家或地区的衰退性转移，这类产业转移常表现出阶段性和梯度性的特征。所谓阶段性，就是产业转入与转出和区域产业结构的演进具有很强的一致性。随着区域产业结构沿着自然资源密集、简单劳动密集、技术密集、资本密集、技术和知识密集的方向升级，产业转移也从以普通劳动密集产业为内容，逐步向着以技能密集、资本密集、技术和知识密集为内容的方向演化。梯度性则是指产业转出区与产业转入区之间存在经济梯度，产业转移通常总是由经济梯度较高的地区指向经济梯度较低的地区。

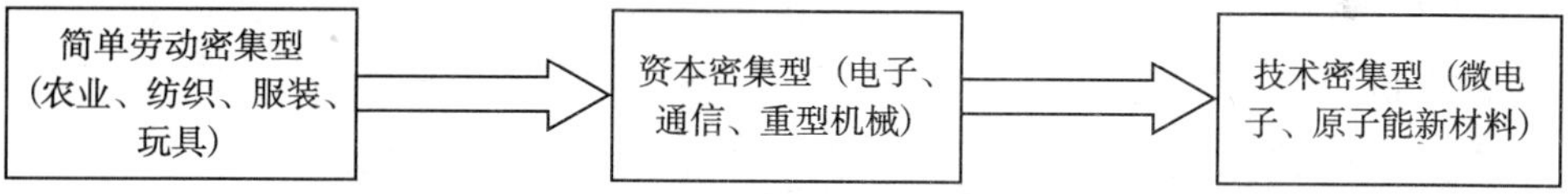

图 2-1　产业转移阶段

虽然上述两种类型的产业转移有所区别，但两者具有一些共同的特点：

（1）产业转移具有递进性。产业转移往往发生在长期的国际或区际贸易及投资活动之后，一般来说，产业转移是国际或区际贸易及投资活动的积累和延伸。

（2）产业转移具有综合性。产业转移是跨区域直接投资下资本、技术、劳动力及其他生产要素的集体流动，是生产方式的整体转移，具有单个生产要素流动所不具备的特征和功能。

（3）产业转移主要表现为跨国或跨区域的直接投资而非间接投资。

（4）在市场经济条件下，产业转移更多的是企业的战略转移或扩张行为。

（5）产业转移常能促使产业转出区与转入区之间形成垂直分工和水平分工关系。

(6) 产业转移总是伴随着转出区与转入区产业结构的变迁，特别是转出区，产业转移常常意味着该区域的产业升级或产业空洞化。总体而言，产业转移是一个综合的、动态的过程，是对产业构成要素在国际间或区际间移动的描述，是国际间或地区间产业分工形成的重要因素，也是转出国或地区与转入国或地区产业结构调整和产业升级的重要途径。

梯度理论的主要观点有两个：①客观上存在经济与技术发展的区域梯度差异；②客观上存在产业与技术由高梯度地区向低梯度地区扩散与转移的趋势。从梯度转移论中可以看出，产业发展在客观上存在的区域性梯度差异，使得产业转移成为可能。

三、产业转移的动因

(一) 市场扩张的需要

随着经济发展，沿海发达地区的市场需求结构会发生变化，市场总需求中，类似食品、纺织、一般机械等低加工型的劳动密集产业的产品需求的份额将会减少，而对家电设备、交通通信设备、电脑及其软件、医疗及保健产品、住房等的需求份额将会迅速增长。正是这种需求结构的变化带来了产业结构调整压力。这种压力是通过低技术的劳动密集型产业产品的市场竞争日趋激烈反映出来的。因此，本地企业会趋向于通过一定规模的对外投资，对外建立生产加工点，对外建立销售网点等多种形式，扩大市场空间，改善企业的经营状况，增强企业的市场竞争能力。在适应市场需求变化的过程中，那些市场需求萎缩的产品和产业会被逐步转移到落后地区，移出地的产业结构得到优化。

(二) 产业分工的需要

在近中期，产业转移的最大作用在于完善产业分工。在市场经济条件下，合理的产业分工的形成取决于贸易和要素流动，取决于产业转移。产业转移不仅可以促进和完善垂直分工，也可以促进和完善水平分工，包括同产业内部、企业内部的不同工序之间的分工。

（三）综合利用资源的需要

通过产业转移在全国和全世界范围内综合利用各种资源对区域产业结构升级具有关键的作用。例如，为了吸引人才，可以将企业的研究开发部门、发展企划部门转移到社会基础设施相对完善的大城市和中心城市，甚至是海外发达国家或地区；为了加强市场销售、拓展市场，可以将产品销售部门转移到商业中心城市或地区；为了降低劳动力成本，可以将劳动力使用密集的生产部门转移到生活费用相对较低档、劳动力较为丰富、成本较低而交通又比较便利的地区；部分污染性企业的转移是为了利用承接地的环境容量等等。通过产业转移，实行跨区域的要素资源的综合利用，对优化区域产业结构、增强企业竞争能力具有重要意义。

（四）企业重组的需要

以跨区域的企业兼并、重组等方式进行产业转移，实现产业结构优化。发达地区的资源优势主要是企业资源优势，充分利用这种优势，进行跨区域甚至跨国企业并购活动，实行低成本的扩张，是一种理想的产业转移方式。如杭州华立集团对重庆电表厂的兼并，主要就是利用华立集团在经营资源上的优势，进行了一次成功的企业重组。这种以产业转移为特征的企业重组对沿海发达地区产业结构优化起了积极的作用。

（五）政策性的产业转移

这种类型的产业转移往往是以政府为主导的，所涉及的也以国有企业为主。“十一五规划建议”中提出了健全合作机制，鼓励和支持各地区开展多种形式的区域经济协作和技术、人才合作，形成以东带西、东中西共同发展的格局。鼓励和支持各地区开展多种形式的区域经济协作和技术、人才合作，在区域范围内资源实现共享，赋予了产业转移更为丰富的内涵。

四、产业转移承接区域的特性

（一）对外直接投资（FDI）的区位选择

对外直接投资（Foreign Directlnvestment，FDI）是指一国或地区的投资者将资本用于他国或地区的生产或经营，并掌握一定经营控制权的投资行为。对欠发达地区来讲，考察本地区哪些区位可能成为产业转移承接区是非常有意义的。发达国家或地区一般通过下列因素对目标国或地区进行FDI区位考察，见表2-1。FDI区位分析体系也适用于国内区域吸引外国投资或国内产业转移。

表2-1 对外直接投资区位因素分析

目标类型	目标国（地区）因素
市场开发型	市场规模
	市场增长率
	关税、国民待遇条约
	产品当地化
	当地供应商和分销能力
资源开发型	原材料可获得性和成本
	劳动力成本
	技能
战略资产增加型	技术或战略资产
	当地能力（人力资源、基础设施）
	集聚（供应商、分销商等相关企业）
追求效率型	规模经济
	投入品成本
	基础设施
	运输成本
	通讯成本

1. 市场规模和市场增长

市场规模是决定发达国家的外来直接投资的重要因素之一。该领域学者发现在一个国家的GDP水平和外来直接投资之间存在显著的正相关性。

2. 基础设施的建设

若从广义上定义基础设施，它不仅包括实际的设施如交通运输，而且也包括如商业、法律和教育环境。研究表明，基础设施对发展中国家非采掘业的外来直接投资至关重要。高效率的基础设施有助于降低外来投资者的交易成本。

3. 劳动成本和生产率

新古典主义经济学家倾向于强调廉价劳动力在决定发展中国家外来直接投资增长上的作用，因为这符合这些国家的比较优势。必须注意到，成本不应当在脱离生产率的情况下去考虑。一旦考虑生产率，较低成本不一定和较高外来直接投资增长率相关联。

4. 开放程度

新古典主义经济理论很久以来就认为，能吸引大量外来直接投资的国家是那些实行外向型战略的国家。经济学家所进行的经验性研究证实了以上论断。因此，正如东亚和东南亚国家，特别是中国的经验所表明的，在实行对外开放政策后，外来直接投资就一直保持增长的势头。

5. 政府政策

在通过采取适当的商业、财政和货币政策来扩大一个国家的地点优势方面，政府可以起非常重要而积极的作用。一般来说，激励措施被看做吸引外来直接投资的有效手段。

6. 地理接近和文化、语言亲和性

简而言之，东道国的地点优势决定了是否会有外来直接投资流入和流向哪里，甚至还决定外来直接投资的形式。比如，东道国丰富的原料导致垂直分工的外来直接投资，廉价劳动力吸引海外生产型外来直接投资，一个拥有高度发达的人力资源的国家或具有高度技术能力的国家吸引高附加值产业的外来直接投资。

（二）产业转移承接区域的投资环境

1. 产业转移的硬环境

产业转移的硬环境主要是指一个地区的区位条件以及为企业发展所提供的硬性基础设施等方面的便利与服务。硬环境从大的方面讲应该包括一个地区的宏观区位，这对企业在产业转移中降低成本具有重要的影响，但当具体落实到某一区域时，微观区位因素及基础设施完善程度就成为重要的制约因素。基础设施建设可以由政府有计划、有目的的开发得到改善。宏观区位虽然难以改变，但通过政府的作用，如通过兴建交通运输设施、通信设施、生活设施等，使当地的经济活动区位条件得以改善。同时，政府可以通过税收优惠以及财政补贴等经济政策的实施，调节经济活动的区位。

2. 产业转移的软环境

产业转移软环境主要是指一个地区为企业发展所提供的社会文化、法规政策、市场环境等方面的便利与服务。社会文化发育程度与社会文化背景等对产业转移有较强的影响。其中语言的作用是非常大的，中国香港和新加坡之所以能发展成为区域性世界城市、世界金融及贸易中心，是与这两个城市普遍使用英语具有很大关系的。文化背景方面的差异有时候也是决定产业转移能否发生的因素，我国福建省由于与台湾地区特殊的历史渊源，不但成为台商投资大陆的桥头堡，而且投资总额在全国也一直名列前茅。法规政策可进入性主要是指法律的完备程度和产业政策导向作用对产业转移的影响。完善的法律体系是进行公平市场竞争的重要保证，而产业政策的导向作用对企业的意义在于可以获得政策的优惠和较大的市场预期，有利于企业降低交易成本。市场容量与市场潜力对于产业转移具有重要的指向引导作用，改革开放尤其是加入 WTO 后，中国之所以成为众多跨国公司的投资地，与中国庞大的市场容量是分不开的。

3. 产业转移的竞争环境

产业转移竞争环境主要是指一个地区能为企业竞争力的提高所提供的各方面的便利与服务，如技术创新平台、科技服务体系、融资渠道、产业配套服务等。在市场竞争日趋激烈的情况下，产业转移竞争环境的优劣几乎能决定投资者的投资去向。从发达国家近年来的产业转移趋势看，他们虽然对一些落后国家便宜的地价、更优惠的政策感兴趣，但最终选择在中国投资，就是看中了中国成为世界工厂的前景，有利于产业配套，实际上是看中了中国的竞争环境。

第三节 区域物流能力的基本理论

一、区域物流的概述

现代物流是一个包含范围广泛的概念，它包含生产领域的原材料采购、生产过程中的物料搬运、厂内物流以及流通过程中的销售物流，同时物流的过程就是服务提供和接受的过程。所谓物流是指物品从供应地向接收地的实体流动过程。

根据实际需要，可以将运输、储存、装卸、搬运、包装、流通加工、配送、信息处理等基本功能实施有机结合。

（一）区域物流的内涵

目前学术界对于区域物流尚无统一定义，但其“经济区域属性”已被普遍认同，并认为区域物流研究的是在特定经济区域空间范围内物流活动的规律。例如，董千里（1999）认为区域物流的空间范围是以城市、乡村为基本构成单位的，它侧重于城乡之间、城市之间和城市内部、各类开发区以及各个企业之间，①也有学者将此范围划分为区域经济带内部和外部。

区域物流应指在区域之间及区域内部的物流活动，其一般含义是指在一定的区域地理中，以大中城市为中心，以区域经济规模和范围为基础，结合物流辐射的有效范围，将区域内外的各类物品从供应地向接收地进行有效的实体流动，包括运输、保管、包装、装卸、流通加工和信息传递等功能实体性的流动以及物流过程中各环节的物品运动。根据区域物流基础设施条件，将多种运输方式及物流节点有机衔接，并将物流基本活动有机集成，以服务于本区域的经济发展，提高本区域物流活动的水平和效率，扩大物流活动的规模和范围，辐射其他区域，提

① 董千里，阎敏，董明. 关于区域物流理论在我国应用的研究［J］. 重庆交通学院学报，1998（6）：74-80.

高本区域的综合经济实力。它涵盖了区域之间以及区域内部的物流活动。

作为构成社会流通能力的物流产业，不仅对区域经济发展起着基础性的作用，而且影响和制约着整个区域经济运行的速度和效益。区域物流建设对区域经济的重要作用，体现在现代物流区域化能促进以城市为中心的区域经济形成，有利于区域经济体的内部分工及参与国际分工。

（二）区域物流的特征

1. 区域性区域物流

以区域为范围，以区域地理为前提。区域地理位置的差异是形成区域物流的地理条件，任何地区由于其地理位置的差异，造成了区域经济的差异。区域经济的发展是区域物流的基础，不同区域经济的水平、规模和产业形态，要求相应的区域物流的保障，也就影响了区域物流的规模和发展水平。

2. 中心性

区域经济的产生往往是区域地理位置差异的结果，因此，地理位置是区域经济的基础，同时也是区域物流的基础。区域的中心城市对区域物流的形成和发展具有主要影响。大中型城市是区域经济的核心，往往也是区域物流发展的中心，如华中的武汉、华南的广州和深圳、华东的上海，区域物流的发展须以中心城市为核心向区域内的周边地区进行辐射和蔓延。中心城市的物流发展政策会对区域物流发展内容、模式和趋势产生重要影响，这就促使区域物流的发展存在中心性。

3. 距离经济性

不同运输方式通常有最佳的距离范围，公路运输的最佳距离一般在 500 公里以内，尤其是 200 公里以内，长三角和珠三角的区域经济基本上分布在以上海和广州为核心的 200 公里以内。这也要求物流企业在最佳距离范围内实施有效的物流组织活动，既能为顾客提供高水准的物流服务，又可获得最佳的企业经济效益，实际上最佳运输距离就确定了区域物流的辐射范围。运输的距离经济性对区域物流的划分具有重要的影响。不论在哪一个区域，在发达、健康的物流市场环境下，区域内的物流企业必然是区域物流组织的主体。因此，从物流企业运作的角度来看，物流企业必然要遵循距离经济性的原理，这就使得物流企业运作的范围有一个距离的限制，即如何在最佳的距离范围内实施有效的物流运作，使得物流企业既能向顾客提供优质、满意的物流服务，又尽可能地获得更多的利润。

4. 适应性

区域物流与区域经济发展的水平、规模和产业结构、特征密切相关。区域经济的发展是区域物流的基础，没有区域经济，也就没有区域物流，不同区域经济的水平、规模和产业形态要求与之相适应的区域物流的服务保障，这样才能使得区域经济持续、健康地发展。

区域物流在区域经济和社会发展中发挥着重要作用，已成为我国各级政府和企业广为关注的热点问题，它已经上升到体现国家和地区综合竞争力的高度。

二、区域物流能力的内涵

在现今市场经济环境下，物流产业已经成为国民经济的重要组成部分，是整个经济系统快速健康运行的关键支撑。物流产业已经成为影响某地区投资环境和经济发展的重要因素，直接决定着某地区进入成本的差别和企业竞争力的强弱。

物流产业作为一种生产性服务业，对区域经济的发展起着明显的带动作用，被喻为经济发展的加速器。从整体上看，区域经济与区域物流是一个相互依存、相互促进的统一体。一方面，区域经济的发展对物流需求有明显的刺激作用，促进了物流产业的发展；另一方面，区域物流系统的不断发展和完善，为区域经济提供了良好的发展环境，提升了地区经济的吸引力。

物流能力是衡量一个物流系统输出的物流服务水平的重要概念，物流产业的发展是以物流能力的提高为特征的。区域物流能力是衡量某地区区域物流水平高低的重要概念。根据以上分析，结合前人对物流能力的定义，并参照生产能力的定义，本书将区域物流能力（Regional Logisties Capability，RLC）定义为：在一定时期内，区域内物流供给主体通过有效、合理地组织和运用其物流系统内部的各种资源，向区域内物流需求主体提供所需物流服务的综合体现。区域物流能力的供给主体是区域物流组织（包括企业、政府机构等），其任务是满足社会经济发展的需要。

三、区域物流能力的关键构成要素

按照系统论的观点，系统是由众多要素组成的。区域物流以及物流能力本身是一个复杂的系统，物流能力系统也是由诸多要素构成的，这些诸多要素还应该是多层次的，其中基本要素起着决定性的作用。依据区域物流能力的概念和内涵，本书将其分解为基础设施支撑能力、信息系统保障能力、经营管理运作能力、发展环境支持能力四个基本要素来综合反映区域物流能力构成。

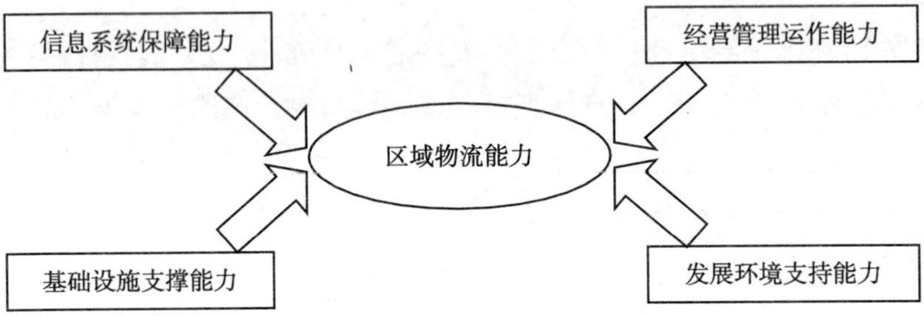

图 2–2　区域物流能力构成要素

（一）基础设施支撑能力

这里的基础设施支撑能力指的是完成各项物流活动所依赖的物质基础，包括各种物流设施、物流设备等物流资源。这些物流资源作为整个物流系统的生产要素投入，广泛分布在诸如包装、装卸、运输、仓储、分拣、配载、订单处理等物流活动中。现代物流的飞速发展，在很大程度上是因为这些物流要素在整个物流系统中的合理布局以及各自生产力水平的不断提高。物流基础设施支撑能力主要可以分为三类：

1. 物流设施

物流设施是所有物流能力的基础，包括该区域内的公路、铁路、港口、码头、仓库、物流中心、配送中心、中转站等基础设施。对于企业而言，物流设施主要是以物流节点的形态存在，包括物流仓库、集配中心、物流中心、配送中心等。物流设施在空间上的布局形成了整个物流系统的网络结构，从而也决定了整个物流系统的活动范围。同时，每一个物流节点的规模和内部设计也决定了该节点的物流流通能力。

2. 物流设备

物流设备是指进行各项物流活动所涉及的各种物流机械、运输工具、包装工具、仓储设备、电子计算机、通信设备、信息系统等，是完成物流各项活动的工具与手段。物流设备领域中许多新的设备不断涌现，如高架库、叉车、自动分拣机、自动引导搬运车（AGV）、条码识别、电子扫描设备、集装箱、自动化包装设备以及各种物流信息技术如EDI、盯（射频识别技术）、Gls（地理信息系统）、GPS（全球定位系统）、rrs（智能交通系统）等，极大地减轻了人们的劳动强度，提高了物流运作效率和服务质量。

3. 物流人员

如果说物流设施和物流设备表现出来的是一种静态能力，那么物流人员的运作能力表现出来的则是一种动态能力，只有经过良好教育和培训的物流人员才能保证物流设备和设施的高效率和高可靠性。当然，这主要是指物流操作人员的能力，对于物流管理者，他们的物流运作能力才是整个物流能力的重要组成部分。

（二）信息系统保障能力

物流系统是由多个子系统组成的复杂系统。它们通过物资实体的运动联系在一起，一个子系统的输出是另一个子系统的输入。合理组织物流活动，就是要使物流各个环节相互协调，根据总目标的需要适时、适量地调度系统内的基本资源。

物流系统中的相互衔接是通过信息予以沟通，而且基本资源的调度也是通过信息的传递来实现的。因此，物流信息对物流活动具有整合、支持、保障的功能。

此外，把现代信息技术（如EDI、EOS、POS、Internet、电子商务等）应用于物流活动中，能大大提高物流活动的效率。具体地说，就是利用物流信息对供应链上各个企业的计划、协调、客户服务和控制活动进行更有效的管理，使之衔接更紧密，物流、信息流更畅通。特别是基于网络的物流信息系统，可以实现信息在整个物流链上的实时传递与共享，从而减轻了“牛鞭效应”，增加了物流运作的整体协调，最终效果是降低了整个供应链上的库存（包括原材料、在制以及成品库存）成本，同时通过信息的快速传递，能够提高对客户的反应速度，从而提高客户服务水平。因此，物流信息设备的发展在物流作业中起着重要作用，极大地提高了企业的物流效率，提升了区域物流能力。

（三）经营管理运作能力

物流经营管理运作能力是以物流基础设施支撑能力为基础，利用物流管理者的经验、物流管理技术与方法、先进的管理思想，对整个物流活动进行计划、组织、协调和控制，最终提高物流服务水平，不断降低物流成本。

高水平的管理运作能够使物流资源有效利用，提升物流服务实效，优化各项资源配置，提高物流系统提供物流服务的能力。物流管理和经营水平的高低直接影响到物流运作的成败以及各项物流资源能否合理利用，影响到物流各子系统的相互协作与能力匹配，从而影响区域整体物流系统的物流能力。在物流管理中，提高物流服务水平和降低物流成本是一对矛盾。因为物流成本是随着客户服务水平的提高而增加的。尽管在不同的行业、不同类型的市场环境中，物流战略有可能不一样，客户服务水平与物流成本的重要性都有所不同，但对于物流运作层而言，如何在保证既定的服务目标的前提下不遗余力地降低系统物流成本，是物流管理者永恒的话题。而且在目前我国物流发展水平相对落后的情况下，从物流成本中“挖掘”利润大有可为。因此，物流成本的控制能力是物流运作能力很重要的一个方面。

综合来讲，物流经营管理运作能力包含物流服务能力和物流成本控制能力方面。其中，物流服务能力的提升有利于为制造企业提供物料需求的物流服务，有利于为客户提供产品分销的物流服务，有助于提高区域内企业的整体效益，进而促进区域经济发展。物流成本控制能力的提升则能降低区域物流成本，提高区域企业的竞争力以及招商引资的吸引力，为地区发展提供优势条件。

（四）发展环境支持能力

区域物流的形成、发展和壮大，离不开政府的积极参与和必要的政策支持，这在发达国家物流产业的发展实践过程中已得到了很好的验证。综合欧、美、日发达国家的物流产业政策和运作实践，政府在推动物流产业发展的过程中主要起到如下作用：一是协调政府的管理职能，为物流产业发展提供良好的制度环境；二是打破垄断，减少政府干预，创造充分竞争的市场环境；三是加强基础设施的投入，为物流产业健康发展提供运行平台；四是推进物流产业的标准化进程；五是支持物流知识和技术的创新与推广，加快物流产业的现代化进程；六是制定必要的导向性政策，引导和鼓励物流产业发展。其中，物流发展政策与物流法律制度环境构建是极其重要的，这包括物流基础设施建设的政策与法规、与物流服务有关的政策与法规，以及有关产品的生产加工与流通的政策与法规。

四、区域物流能力的特征

（一）独特性

区域物流能力是区域物流系统在一定时期内所特有的能力，对于不同的区域物流系统，它们的物流能力一定存在着不同程度上的质与量的差别。

区域物流能力的这种独特性是由区域的经济、地理、人口、资源、科技、教育、政策和基础设施等多种因素综合决定的，是在区域的长期发展中逐步形成的，因此不同区域的物流能力是异质的，是不能复制或模仿的。优异的区域物流能力可以为区域发展带来强大的竞争优势。

（二）整体性

区域物流能力是区域物流系统整体能力的综合反映，并不是系统内部各个物流资源产生的能力的简单叠加。通过有效、合理地组织和运用系统内部的各种资源，区域物流系统可以产生更加强大的整体物流能力。

（三）时效性

随着区域不断的演化与发展，区域物流系统中的各种软、硬件资源的状况都在随之不断地调整与变化，从而会导致区域物流能力相应变化，因此区域物流能力不是固定不变的，而是动态变化的，而这一变化表现为区域物流能力的适时与有效性。区域物流能力的动态变化的特性，使得同一区域在不同时间里，其物流能力是迥异不同的。

（四）相对稳定性

由于区域物流系统的软、硬件资源在一定时期内是相对保持不变的，从而致使区域物流能力在相应的时期也不会发生剧烈的、跳跃式的变化，即使发生变化，也是在一个较小的范围内波动。因此，区域物流能力具有相对稳定的特性。也正因为区域物流能力具有相对稳定性，对它的相关研究也才具有意义。

第四节　金融发展理论

金融因素是可以通过多种途径影响经济和产业结构调整的，因为金融因素本身就涵盖了许多方面，随着经济的发展，往往成为经济发展中最重要的因素，有关于金融因素对于经济增长和产业结构调整的影响，在历史上经济学家有不同的看法，其中很多具有代表性意义，现介绍如下：

一、古典看法

传统上，人们对货币与经济的分析采取"两分法"，认为货币是笼罩在实物经济层面的一层面纱，投资、储蓄及经济增长均由经济中的实质因素决定，忽视了金融因素对实际经济的影响。因此，金融对经济增长的作用被归结到投资或资本积累对经济增长的长期作用上，金融被狭隘地理解为"资本"，从储蓄到投资产业结构调整中金融支持研究的动员、转换和配置的金融制度及其效率本身被忽视。金融体系不是被假定为完全高效的，就是被认为是中性的而不产生实质影响。

二、金融发展理论

20 世纪 60 年代后，以戈德史密斯（Goldsmith）、麦金农（Mckinnon）、肖和格利（E.S.Shaw & J.G.Gurley）为代表的金融发展理论逐步兴起。戈德史密斯的《金融结构和金融发展》、格利和肖的《金融理论中的货币》、肖的《经济发展中的金融深化》以及麦金农的《经济发展中的资本与货币》都在学术界引起了很大的反响。

戈德史密斯认为，金融与以产业结构变动为特征的经济增长之间是互为因果的关系。从动态上看，金融发展与经济增长、产业结构间存在着相互推进的过程，金融发展水平越高，金融制度越完善，则金融机构和金融工具所提供的选择机会越多，人们从事金融活动的欲望越强烈，社会资金积累的速度也越快；在资金总量已定的前提下，金融活动越活跃，金融机构间的竞争越激烈，资金会流向投资风险小、回收期短、盈利水平高的产业和地区，从而提高资金的使用效率，提高经济的增长速度，改善产业间的结构。格利和肖认为，一个有效率的金融制度是通过金融资产的多样化和金融中介机构的发展促进储蓄与投资的形成、提高投资效率的。金融可为经济增长中的资源配置和结构调整提供有力的手段。肖和麦金农分别提出了“金融深化”和“金融抑制”理论，针对发展中国家的发展现状，强调金融在经济发展中的中介作用，指出金融政策对于一国投资者获取本国储蓄以及对出于竞争性投资目的配置这些储蓄的效率具有重要意义。

三、内生增长理论

20 世纪 90 年代，金融发展理论研究进入以内生增长模型为核心的新阶段。在对金融与经济增长间的关系上，强调将金融因素视为产业结构调整的必要手段及内生增长的重要推动力。一是麦金农—肖假说有关金融发展和经济增长关系的观点得到了具体化和规范化，许多学者将金融发展置于内生增长模型中，并通过实证分析试图对理论模型的结果加以检验。二是一些学者不再满足对麦金农—肖学派理论的修补，而是将内生增长及内生金融中介引入金融发展模型中，以解释金融中介体和金融市场如何内生形成并提出政策建议。此外，人们还将不完全信息理论应用于金融领域，证明了在经济增长过程中，金融中介可以降低监督（Diamond，1984）、减少信息收集成本（Fama，1985；Greenwood & Fovanovic 1990）、提高选择项目的质量（J.H.Boyd & B.C Smith，1991）、减少企业的非生产性占用而相对增加了生产性投入（W.R Bencivenga & B.C Smith，1991）、促进了创新活动等。总之，金融因素被逐步融入内生经济增长理论之中。

第五节　区域金融发展不平衡理论

区域金融发展理论是将金融因素引入区域经济发展的理论之中。关于区域金融发展的研究在欧洲和美国由来已久，原因在于美国各州和一体化后的欧洲各成员国对于金融发展与本区域经济增长的关注，有关区域金融发展的研究主要集中在区域金融的相关要素和区域金融市场建设等方面，而从区域金融发展和区域经济增长关系的角度研究较少。国外一些学者从统一的金融市场出发，在区域经济层面对金融发展与经济增长之间的关系进行了研究后提出，区域金融以服务中小企业为主，而对大企业提供金融支持的作用并不明显。

目前，我国学者在这方面的研究方向主要集中在如下几个方面：一是从区域经济增长与金融发展相关性角度研究区域金融。区域金融是指一个国家金融结构与运行在空间上的分布状态。它在外延上表现为具有不同形态、不同层次和金融活动相对集中的金融若干区域。这些区域的金融结构差异、差异互补和相互关联构成一国的区域金融体系。经济发展的区域性在很大程度上要借助于金融的区域化运行得以实现。区域金融的基本构成要素包括空间差异、吸纳与辐射功能差异、金融结构和发展水平差异等。区域金融理论是探索金融结构空间运动规律的理论。张军洲在 1995 年首次对区域金融问题进行了比较系统的分析，他对区域金融概念的要素进行了界定，包括空间差异要素、金融结构和发展水平差异、吸纳与辐射功能差异要素、环境差异要素等。同时，他总结了界定区域金融的不同分类方式，包括按金融机构密集程度划分的区域金融、按借贷资金运行的区域化联系程度划分的区域金融、与经济区相关的区域金融、按金融现代化程度划分的现代金融区和传统金融区、按金融功能划分的综合化金融区和专业化金融区等。他提出在不同经济体制下区域融资体制具有不同特征，区域融资体制必然由双轨制转向市场融资体制。二是研究区域资金流动与配置。代表人物为唐旭。他对区域资金流动的原因、途径、趋势和效果进行了理论和实证上的分析。他认为，随着管制程度的降低，区域资金的流动将加剧，统一的金融政策实际上隐含着较大的不平等，故不应采取“一刀切”的金融政策来解决日益严重的区域间资金配置和流动的非均衡，而应采取“差别金融政策”来解决该问题。三是从融资制度角度研究区域金融。代表人物为江其务。他认为，区域经济增长差距与国家统一的投融资制度安排存在着矛盾。这种不切合实际的“国家统一的投融资制度安排”以及西部区域低效的金融市场必然导致该区域资本积累和资本配置效率的低下。他同时提出了如何提高西部区域资本积累和资本配置、改革西部区域融资体制原则、西部区域融资体制运作的特点以及促进西部区域融资的相应配套措施。2003 年民生证券研究所在比较了各省市资本市场发展水平后，提出应该以上市公司为主体进行资本运作。特别提到了中小企业融资问题在区域经济发展中的重要性，指出应大力发展区域性资本市场来为中小企业的融资服务。四是从金融可持续发展的角度来研究区域金融。代表人物为刘仁伍。他把研究的出发点放在区域金融制度和金融制度与环境的关系上。他指出，为了金融与经济的协调发展及金融质量的提高，应促进金融的可持续发展。1995 年，武胜利提出制度、政策和环境是造成金融差异的主要因素，金融区域差异固然与自然环境、资源状况、自我发展能力、技术进步以及产业结构差异有关，但从根本上讲，区域间金融发展的不平衡主要是政策方面的原因造成的。2003 年，周立比较分析了各区域金融发展的差距及其原因，并从政治经济学角度对目前我国金融数量型的发展模式进行了分析。他指出，只有改变政府治理模式，才能真正启动中国的金融市场化改革。五是体制转轨中的区域金融研究。代表人物为殷德生和肖顺喜。他们以新的视角（分工、货币与金融发展）分析了体制转轨中金融主体行为及金融客体——货币资金的区域流动机制，并在此分析的基础上，提出了东部区域在压缩国有银行的同时，应积极发展区域性商业银行；而中西部区域要进行国有商业银行的疏导，形成金融增长极，要对西部区域的金融发展进行实质性扶持，同时提出了建立与区域分工水平相适应的、具有不同层次和功能的区域金融市场和区域金融组织的建议。

第三章　区域产业转移进程中低碳物流与金融支持的机理分析

产业转移分为国际产业转移和国内产业转移。本书中所研究的产业转移都是指本国内地区之间的产业转移。

第一节　区域产业转移与物流能力的机理分析①

一、区域产业转移对物流能力的影响

（一）产业聚集推动物流产业带的形成

根据法国经济学家佩鲁在1950年首次提出的“增长极”理论，经济增长一般是基于物流、人流、信息流、资金流等从增长中心不断向外围地区扩射传导的。一个地区如果成为增长极就会促使物流经济的空间聚集。从产业集聚角度，区域物流的演化可划分为以下三个阶段：①区域物流的点状聚集阶段。城市首先成为区域经济的“增长极”，物流活动点状聚集，带动了该地区的经济发展。②区域物流线性聚集阶段。③区域物流网络化发展阶段。区域内物流资源通过点—线—面的连接形成网络体系，加剧了企业间的经济活动往来，物流资源不断聚

① 李丽，黄超，刘椅杰. 产业转移与区域物流能力的相互作用机理分析［J］. 北京工商大学学报（社科版），2011（6）：41-47.

集，使区域经济呈现生产集聚与物流集聚的双重特征。

（二）物流业服务能力不断提高

经济落后地区的大多数物流企业是由运输公司或仓储公司转化而来，功能主要停留在储存、运输和城市配送等环节，而相关的包装、加工、配货等增值服务不多，不能形成完整的物流供应链，无法提供完备的物流服务。中小物流企业的专用性物流服务千差万别，企业也不能通过第三方物流将该类物流需求外包，企业间的物流服务不能共享，造成了资产的闲置和浪费。在发达地区产业转移过程中，同类企业在空间上更加集中，物流需求相同的制造企业通过将相关物流业务外包，提高了物流效率，降低了各个流通环节的成本。随着产业转移进程的加快，物流业大量涌现，不断向集聚区集中，从而形成物流园区。物流园区整合了物流资源，实行专业化和规模化经营，共享相关设施，减少物流基础设施的重复建设，降低运营成本，提高规模效益，促进了物流技术和服务水平的提高。

（三）有利于提高承接地区的物流业竞争力，更快实现低碳物流

美国学者波特指出产业竞争力是国家竞争力的核心，保持竞争力的关键是产业要转型升级。随着发达地区产业转移规模的不断扩大，劳动密集型、资本密集型和低技术密集型行业不断向落后地区转移，使落后地区对物流需求呈不断上升趋势。产业转移加速了全社会商品、信息和服务的流通，为物流发展提供了广阔的市场空间，为我国现代物流业供给总量的快速增长提供了物质基础。随着产业转移规模的不断扩大，物流活动实现量增加。在物流企业竞争和市场需要的推动力下，物流企业逐渐改善物流服务水平，实现质的提高。产业转移的新地区，物流企业发展壮大形成物流园区，物流信息化平台得以构建，物流新技术得以发展，物流资源得以整合，物流管理水平获得提高，提升了物流业的竞争力。最终规模效应显现，实现物流的低碳目标。

（四）物流环境不断改善，物流信息化水平不断提高

一方面，各地政府为了吸引发达地区的产业向本地区转移，会提高对外服务水平，加大对本地物流基础设施的建设，改善物流环境；另一方面，产业在转移的过程中也会带动周围地区的经济发展，地方财力不断增加，加大地方政府对物

流基础设施的投入力度。

信息化是实现业务流程最优化的基础，可以简化流程，减少作业时间。作为现代物流管理的基本特征和客观要求，物流信息化受到了空前的重视。我国物流信息化建设呈现整个物流运行环境全面推进的发展势头。企业特别是外商投资企业在选择投资地时，通常会考虑当地的物流环境，物流的专业化服务水平和信息化服务水平是非常重要的投资因素。

（五）制造业与物流业合作加强，改变了两者之间的物流衔接模式

过去制造业与物流业间的合作大部分仅限于运输、仓储等业务，缺乏深度的沟通与合作，导致信息不对称、物流成本增加等降低整条供应链价值的行为。区域内产业转移过程中，每家制造业都要面对大量的销售商和供应商。制造业希望自己的库存降到最低，每次订货量少，频率高，制造业与物流业间的交易次数增加，区域内大量制造业开始转向专业物流服务，物流业的发展经历了从壮大到形成物流园区的过程。物流业与制造业间的合作不再局限于运输、仓储等业务，物流交接模式由“多对多”变为“多对一”，节省了交易双方的时间和成本，推动了区域物流的持续发展。

二、物流能力对区域产业转移的影响

（一）物流能力的强弱直接制约着产业转移的效率

当前我国的产业转移主要是将东部沿海的部分第二产业向西部欠发达的地区转移。如可以利用西部地区丰富的资源优势的劳动密集型产业，包括家电生产企业、农产品加工企业、制造业零部件生产企业等。伴随着这类企业向西部转移，物流需求量也随之增加。低成本、高效率物流必将促进产业转移进程，企业在原材料运入及产品输出过程中大大节约交易成本，将吸引更多的企业主动转移到该地区。

（二）现代物流管理加快了产业转移的进程

现代物流管理指的是将信息、运输、仓储、库存、装卸搬运以及包装等物流

活动综合起来的一种新型的集成式管理，其任务是尽可能降低物流的总成本，为顾客提供最好的服务。现代物流着重于对物流与供应链的其他环节进行集成，包括物流渠道与商流渠道的集成、物流渠道之间的集成、物流功能的集成、物流环节与制造环节的集成等，通过优化产业生态链，衔接产业生态链的各个环节，加速发达地区的产业转移进程。

（三）承接地区通过加快区域物流信息化建设，顺利承接发达地区的产业转移

现代物流的发展呈现出全球化、系统化和信息化的特征，其中信息化是现代物流的主要特征。

现代物流通过现代信息技术降低了成本。在发达地区加工制造业向承接地转移的过程中，物流业信息化水平的提高为承接地承接发达地区产业转移提供了技术支持和保障。物流业作为制造业产业链中关键的一环，其发展水平直接影响到承接地是否能成功承接发达地区转移的制造业。随着信息化建设步伐的加快，现代物流的信息化建设速度也在不断加快，信息共享是制造业产业链一体化运作的前提。

（四）物流推动产业聚集

区域内的物流节点能够带动区域内各产业发展，形成产业聚集。由聚集点向线状基础设施方向延伸，辐射一定范围的物流产业带，随着聚集规模的不断扩大和现代物流技术、设备等重要设施的不断发展，形成现代化的物流圈。区域内物流节点、物流带、物流圈逐步形成区域物流网络空间，合理规划物流空间布局能够带动区域内产业聚集。

（五）物流业发展改善了投资环境，降低了成本，吸引了产业转移

区域物流环境在吸引外商投资中的作用日益突出，经济发达地区的投资商把区域物流发展水平作为选择投资区域的重要参考依据。在产业转移的过程中，希望借助于承接地的物流资源来降低转移过程中各个环节的流通成本。物流业的发展促进了承接地各行各业的大发展，服务水平不断提高，区域内的人力、物力、财力等资源要素得以整合和自由流动，在产业转移后增强了持续发展的动力，并

不断地吸引其他地区的产业转移到区域内部。区域物流的发展通过改善投资环境吸引外来投资从而优化区域内产业发展的路径，加速了产业转移进程。

（六）发展现代物流业有利于区域产业结构的升级

产业结构升级的趋势有两个：一是在工业化不断推进的过程中，主导产业由第一产业转变为第二产业，再由第二产业向第三产业转变；二是第二产业内部由劳动密集型向资本技术密集型转变。

由于承接地经济发展往往比较落后，主要以第一、二产业为主，第三产业所占比重较低，现代物流业属于第三产业，在第三产业中的地位和作用非常突出，因而，现代物流业的快速发展增加了该区域第三产业的增加值，使第三产业在三次产业结构中的比例不断提高，区域产业结构得到不断升级。

第二节 低碳物流与金融支持机理分析

伴随着低碳物流必然还存在资金流，低碳物流与资金流是密不可分的。随着低碳物流在中国的不断发展，低碳物流与金融共同发展的作用越来越凸显出来。低碳物流与金融的共同发展是经济环境变化的必然产物，也是物流业与金融业发展的必然要求。

一、金融支持对低碳物流的推动作用

金融对低碳物流的推动作用表现在金融对低碳物流的保障作用、支持作用、监督作用和协同创新上。

（一）金融对低碳物流的保障作用

低碳物流作为即时性的物流，要实现对消费者或需求方做到零距离的运输，必须提高货物配送效率，同时低碳物流又是规模化和高效率的物流模式，如果没有金融资金服务的保障，很难发挥低碳物流业高效灵活的特点。从低碳物流业发展的现状来看，目前，对于低碳物流基础设施的建设需要投入大量资金。根据不完全统计，我国目前至少有 60 多个地方政府制定了低碳物流发展规划和政策。其中，在《北京市商业物流发展规划（2002~2010 年）》中曾提到建设 3 个大型物流基地、17 个配送中心。2011 年，河北省现代物流业“十二五”发展规划中指出要大力发展港口物流、大宗商品物流、装备制造物流、商贸物流等。建设一个中等装备水平的 10 万平方米的物流中心，不算征地费用需要投资 1 亿~1.5 亿元，而要建设和维护一家大型的物流企业的正常营运也需要耗费大量的资金。面对各地对于低碳物流发展急需大量资金的状况，金融业对于低碳物流发展的支持还远远没有达到所期望的要求，因此，必须在以各个金融机构为代表的金融业充分发展，金融机构在资本金充裕的情况下，为低碳物流企业和低碳物流设施建设提供充足的资金支持才能保障低碳物流的高速发展。

（二）金融对低碳物流的支持作用

金融对低碳物流的支持作用表现在资金支持、结算支持和个性化服务支持等方面。

从宏观角度分析，低碳物流作为生产地到终端市场的系统化、整体化物流过程，各个物流环节之间的联系随着低碳物流技术的不断发展而越来越紧密。因此，低碳物流对基础设施的网络覆盖密度面提出了很高的要求，仅仅依靠单个物流企业对低碳物流基础的投入难以形成规模经济，必须借助政府财政和金融机构的大量资金支持。

从微观角度分析，金融对于低碳物流的支持作用具体表现在结算支持和金融服务支持方面。随着低碳物流网络覆盖面的不断扩大，相应的金融服务范围也必须不断延伸。如果在低碳物流辐射的区域中相应的金融结算手段较为落后，不仅对于当地小型的低碳物流企业的发展造成影响，而且对于大型的低碳物流企业配送网络的覆盖造成阻碍。在相同的物流条件和客户需求情况下，低碳物流企业出于对结算成本和结算周期的考虑，会主动放弃金融配套服务相对落后地区的订单，这样，低碳物流的及时性、灵活性的特点将无法发挥，规模效应也无法体现，进而导致整个地区物流企业的成本上升和碳排放量的增加，低碳物流的发展必然受到阻碍。

（三）金融对低碳物流的监督作用

良好高效的金融市场应该是成本低廉、资金透明度高、管理规范、运行稳健的市场。要实现资金的高效运作，必须实现资金安全。为了保证资金安全，金融行业必须加大对资金运作的监督，防范低碳物流企业风险，监督低碳物流企业加强内部核算，科学而合理地组织资金资源的分配与使用。这种监督体现在低碳物流企业的筹资过程中，低碳物流企业应有效利用货币市场和资本市场筹集资本，合理安排资金组织货源和生产。在经营管理过程中，应加强内部核算，突出成本与效率的关系，降低物流材料耗费及库存配送物资占压时间。在销售环节，应加快资金货币回笼，减少资金占压款或应收账款，实现“零”资金运营的科学营销。

金融行业对低碳物流的监督机制是与其激励机制相辅相成的，金融体系在要求低碳物流企业完善内部核算机制的同时，也激励低碳物流业不断创新企业内部机制，通过减少库存和物资占压等手段加速企业资金周转，降低占压资本成本，提高企业的财务管理水平，增强市场竞争力，使低碳物流企业领导者及员工的素质都得以极大提升。

（四）金融对低碳物流的创新作用

现代金融行业的不断发展主要集中体现在金融创新方面，金融创新对社会经济的发展起到了巨大的推动作用。金融业通过对各种金融要素，如金融工具、金融技术、金融机构和金融市场等方面不断地进行重组创新，以实现行业利润最大化。低碳物流业与金融业共同发展作为金融创新的重要组成部分，不仅对金融业的发展产生重大影响，同时对低碳物流业的进一步发展也有极大的推动作用。具体体现在金融工具创新推动了低碳物流的现代化进程，使低碳物流业朝着专业化、规模化和精细化的方向发展。同时，金融业与低碳物流业的结合，使金融制度管理模式得到不断创新，带动低碳物流企业整体管理水平的提高，从而达到发展低碳物流业的最终目的。

二、低碳物流对金融的推动作用

在金融为低碳物流提供保障的同时，低碳物流业也为金融发展创造了新的发展空间。低碳物流业与金融发展的结合，开拓了一个跨行业、相互交叉发展的新业务空间，为各自走出同质化经营，转向差异化经营提供了可能。

（一）低碳物流对金融发展的风险控制作用

金融机构普遍面临着道德风险和信息不对称风险，如我国的银行大量贷款逾期，成为呆账、死账，不良贷款比率远高于跨国银行。呆坏账比例偏高、融资能力及抵抗风险能力较差的中小银行，容易陷入流动性不足的困境。金融机构的金融创新普遍不足，银行业运行机制僵化、缺乏活力，业务范围过窄、服务体系滞后。面对具有丰富市场和资本运作经验的外国金融机构进入，我国金融行业在内部管理、竞争机制和服务体系等方面存在着相当大的差距，因此国内的金融行业压力很大。

在金融业为低碳物流业提供保障的同时，可以降低金融机构因为信息不对称产生的风险，资金的利用率会有所改善。从目前的发展来看，低碳物流与金融行业在理论与实践两个方面共同发展，为金融行业提供了新的销售平台，增强了金融机构的主动性。低碳物流的壮大发展，为金融行业创造了新的业务拓展空间，低碳物流企业成为银行等金融机构的理财对象。对于金融行业，低碳物流与金融行业的共同发展既满足了银行经营发展的需要，又有利于控制信贷风险。

（二）低碳物流对金融发展的拓展作用

低碳物流对金融发展的支持作用表现在为金融业创造新的利润来源，开拓新的业务种类，拓展新的客户群。低碳物流为金融行业发展现代结算支付工具创造了新的机遇。由于低碳物流管理与金融的结合，产生出许多跨行业的服务产品，相应地也就产生了对许多新金融工具的需求，如国内信用证、网上支付等，为银行增加中间业务收入创造了机会。结合低碳物流的运营特点，金融行业可以创新出许多金融产品，通过物流市场推向客户，其下线可以是以动产票据化的管理进行质押融资，开发相应的融资产品，也可以是以低碳物流相应的资金流及应收款为下线，开发相应的融资产品，同时，低碳物流业也为银行开发了新的客户群体，尤其是培育了金融行业的优质客户。低碳物流服务涉及第一、二、三产业的众多企业，是多产业、多领域的有机融合体，而这对金融业来说，可以从中选择优质的目标客户群体。通过低碳物流与金融行业的合作，使得低碳物流企业的客户转变为银行客户。并且，低碳物流企业长期为客户提供配送、仓储等服务，有利于了解和掌握客户企业的经营状况。通过低碳物流的发展，实现对客户企业信用信息的共享，可以降低银行获取企业信用信息的成本，加强对服务企业的掌控。

（三）低碳物流对金融发展的结构优化作用

低碳物流对于金融发展的结构优化主要体现在信贷结构优化方面。低碳物流作为新兴的朝阳产业，是为国家调整产业结构、转变经济发展方式而大力扶植的行业。

通过与低碳物流业的合作，使金融业的发展方向符合国家的宏观经济政策，可以有效地解决我国金融业目前所存在的信贷失衡问题。低碳物流行业的发展正处在规模经济阶段，对于低碳物流行业的资金支持可以为金融业创造更高的利润，在信贷规模控制和利差降低的情况下，选择高回报的低碳物流业有助于金融行业资本金的回笼和规模的不断扩大，通过建立良好的信息共享平台，降低信贷风险，减少不良贷款的产生，形成高效的资金管理机制，从根本上改变信贷失衡状况，进而带动金融业整体结构的优化。

综上所述，金融发展对低碳物流的发展具有推动作用、支持作用和创新作用，低碳物流也可以帮助金融业进行风险控制，扩展新的业务类型并优化信贷结构。因此，低碳物流与金融行业发展合作是两个行业的必然选择，两者的共同发展不仅有利于低碳物流和金融行业各自的发展，也能够促使地区经济突破物流瓶颈，实现地区可持续发展。

第三节 金融支持与低碳物流的一般关系分析及宏观作用机理

一、金融支持与低碳物流的一般关系分析

金融是推动经济发展的主要因素，现代经济的良性运行和发展在一定程度上

取决于虚拟范畴的金融与实体经济发展的适度匹配。随着我国市场经济的发展，物流业已由过去的末端行业上升为引导生产、促进消费的先导行业，物流业在国际上被喻为经济发展的“加速器”，并对中国经济的健康发展产生积极的影响。低碳物流的兴起，归功于低碳革命和哥本哈根环境大会对绿色环保官方倡导。随着气候问题日益严重，全球化的“低碳革命”正在兴起，人类也将因此进入低碳新纪元，即以“低能耗、低污染、低排放”为基础的全新时代。而物流作为高端服务业的发展，也必须走低碳化道路，着力发展绿色物流服务、低碳物流和智能信息化。金融发展理论以及大量的实证研究成果已经论证了金融发展对经济增长的正相关关系，关于现代物流与经济增长的关系也有研究，[①] 但是，对于金融如何作用于低碳物流的机理分析尚有待于进一步深入。本书按照图 3–1 的框架从金融与推行低碳物流的角度阐释金融与物流的关系，同时揭示金融支持在推行低碳物流中的作用。

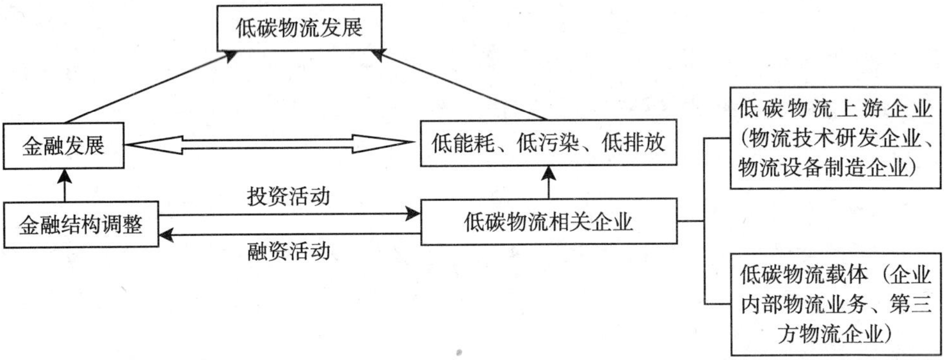

图 3–1　金融支持与低碳物流发展的关系

按照图 3–1 的框架，首先，金融与低碳物流相关企业具有相互依存、相互支撑的关系，金融依存于低碳物流相关企业这些实体经济而存在，并为这些实体经济服务，这些实体经济的发展成为金融发展的基础；反过来，金融的发展又对这些实体经济实现低能耗、低污染、低排放起资金保障作用。金融与这些实体经济的良性匹配关系推动低碳物流的发展，由此可见，低碳物流发展取决于金融发展和低能耗、低污染、低排放。粗放和低效率的物流运作模式，造成了能耗的增加和能源的浪费。我国物流业存在的问题主要表现为空驶率高、重复运输、交错运

① 朱帮助，王平，张秋菊. 现代物流与经济增长［M］. 科学出版社，2009.

输、无效运输等不合理运输现象较为普遍，各种运输方式衔接不畅，库存积压过大，仓储利用率低，物流设施重复建设现象严重，物流信息化程度低等，要想改变这些现状离不开资金和金融体系的支持。

目前，物流企业通过开展物流金融业务，与金融机构建立起了密切的联系。从物流金融业务开展的全过程来看，它实际上是一系列委托与被委托、代理与被代理的关系，是完全以信用体系为基础的。其成功运作在很大程度上依赖于物流金融业务参与方之间信用的建立和保持。信用是物流金融业务运作的基础，是建立伙伴关系和战略联盟的一个重要因素。更重要的是，它是吸引客户的主要资本之一。开展物流金融服务之后，物流企业作为联结中小企业与金融机构的综合性服务平台，具有整合和再造会员企业信用的重要功能。物流企业与金融机构不断巩固和加强合作关系，依托融通仓设立中小企业信用担保体系，金融机构授予融通仓相当的信贷额度，以便于金融机构、融通仓和企业更加灵活地开展质押贷款业务，同时充分发挥融通仓对中小企业信用的整合和再造，帮助中小企业更好地解决融资问题。合作伙伴关系可降低供应链成员交易成本和机会成本，合作伙伴关系的建立可使供应链成员相互协作，提高供应链的动态响应性和稳健性，使各成员得到共赢。为了提高竞争优势，物流企业与供应链各成员建立合作伙伴关系成为当务之急。因此，通过物流金融服务整合，在供应链上的委托人和代理人的管理中，需要各参与方的共同合作，以降低整体的交易总成本和风险，在合作共赢中实现稳定的发展。①

发展低碳物流既需要增量资本，也需要存量资本的调整，资金成为发展低碳物流的直接推动力，无论是提高物流技术，还是提高企业内部物流业务、第三方物流企业的服务质量，都离不开资金，而资金的筹措和运用通过投融资活动来实现。任何现有的企业都是由过去的投资形成的，而未来的企业物流运作模式的改善又是由现在的投资结构所决定的，物流运作模式的改善离不开金融结构的优化和调整。

综合来看，发展低碳物流需要金融的支持，投融资活动是金融对低碳物流上游企业、低碳物流载体实施影响的具体方式和传递渠道。

① 李严锋，厦露. 物流金融［M］. 北京：科学出版社，2008.

二、金融支持对低碳物流的宏观作用机理

投融资是以金融市场为背景，以金融理论为指导的投融资的决策过程及实践，投资是资金供给行为，融资是资金需求行为，借助于金融市场，投资和融资两种行为对接，统一为一种金融活动。对低碳物流相关企业的投融资活动是通过金融市场进行的。如图 3-2 所示，资金供给者根据国家产业政策、物流业规划、金融市场的资金需求信息以及各产业发展的前景预测等进行产业投资活动，投资包括直接投资和间接投资，在现代信用经济条件下，无论直接投资还是间接投资，都离不开金融中介的支持，都需要通过金融市场的运行机制动员储蓄并将其转化为产业投资，要么通过银行等金融中介完成储蓄动员向产业投资转化，要么通过资本市场中介组织完成资金筹措和投资转化活动。金融市场多种金融工具的存在为产业投资提供了多种投资方式，投资主体可以根据需要选择不同的产业投资方式。借助于金融市场，物流企业的投资结构、投资总量发生变化，从而推动物流的上游企业投入大量资金提高物流技术，研制低能耗、低排放的物流设备，物流载体（企业内部物流业务、第三方物流企业）采用低碳物流技术提高物流水平。同样从发展低碳物流、物流业调整的资金需求角度看，物流相关企业根据国家产业政策、物流业规划、金融政策、金融制度安排和金融市场发达情况，以及

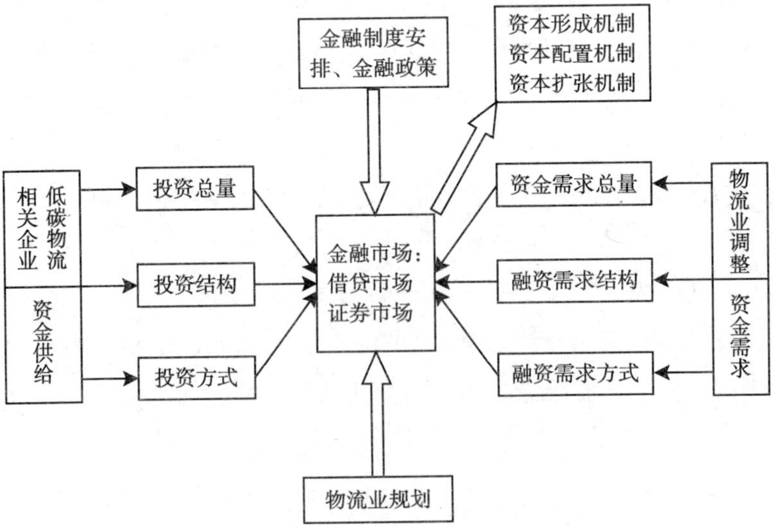

图 3-2　金融支持与低碳物流发展的宏观作用机理

企业自身的融资成本、融资结构和资本安排策略等因素，选择不同的融资方式，借助于金融市场实现物流相关企业发展的资金需求，在物流业层面反映物流业发展的资金需求结构和需求总量的调整，通过金融市场将资金需求的信息传递给投资者，实现投融资信息的匹配和投融资活动的统一。

三、金融支持对低碳物流的宏观作用模式

按照传统经济学的观点，供给以满足需求为目的，供给追随需求，投融资活动以资金的需求为导向。根据制度经济学理论，政府政策和制度安排有利于弥补市场机制调节的缺陷，投资受制于政策，在投融资活动中，投资发挥主导作用，投资决定资金流向，金融市场是投资导向。金融支持与低碳物流发展之间的关系也演化为两种模式：一种是金融支持追随型，即低碳物流发展的融资需求带动物流相关产业投资，投融资活动以市场需求为导向。在这种模式下，物流业内部结构基于物流业运行中的内在因素，如经济条件、市场环境、资源禀赋等内在因素发生变化而进行调整，在低碳物流发展的过程中产生增量资金需求或资金需求结构变动，投资调整根据资金需求被动进行，在追随物流业调整资金需要的变动中调整投资量或投资结构，金融支持对物流发展的作用是适应性的和被动的，金融支持是市场选择的结果，相应的金融制度由市场自动生成。另一种是供给主导型，即物流业投资推动物流业调整，进而影响物流相关企业的融资行为。在发展低碳物流的过程中，往往通过制定物流业规划，确定物流业调整目标，进而通过投资政策实施对物流业调整的影响，通过投资引导资金和资源的流向。

（一）金融支持追随型

金融支持追随型主要是通过市场机制发挥作用，随着低碳物流发展的需要，一般来说，会引起物流业人员流动、资金的转移和资源的重新配置，现代低碳物流强调要以最佳的配送方式、最短的配送时间、最高的配送效率、最安全的配送保障和最低的配送成本来实现商品的流通。这就要求金融机构能及时适应物流业的经营管理模式，根据物流业的资金特点提供与之相匹配的资金服务，于是，资金需求的总量、结构和方式都随之改变。在现代低碳物流的发展过程中，物流业在价格信号的引导下，金融支持追随物流业资金需求的变化，投资总量、投资结

构、投资方式以适应物流业需求为导向发生调整，通过各种投资活动使生产资源实现流动和重组，金融支持带动产品结构尽可能同需求结构相吻合，从而形成新的现代物流格局，如图 3-3 所示。

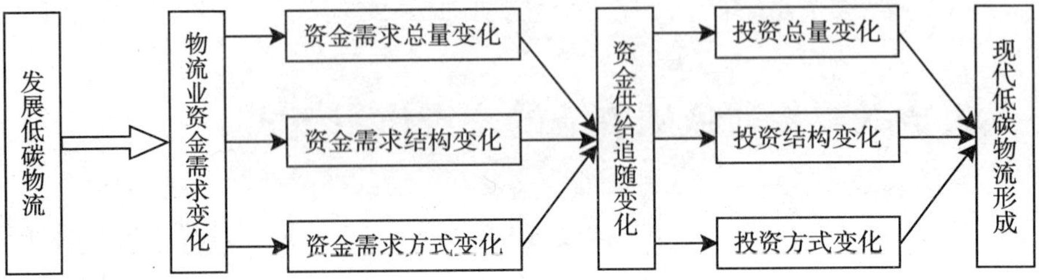

图 3-3 金融支持追随型：金融支持与低碳物流发展机理

（二）金融支持主导型

金融支持主导型主要是通过计划机制发挥作用。根据物流业发展规划制定各区域物流业调整的目标和物流业调整政策。而物流业发展规划目标的实现很大程度上依赖于各区域金融支持物流业的政策，按照既定的物流业发展规划目标和计划制定投资政策，利用投资政策引导资金投向，通过调整投资总量、投资结构和投资方式作用于不同的物流相关企业，从而导致低碳物流上游企业和低碳物流载体资金需求的变化，进而带动物流业低碳化发展。

第四节　区域产业转移进程中低碳物流的资金需求特征

一、区域产业转移的融资需求特征

在区域产业结构合理化调整过程中，总是伴随着产业转移。产业转移可以分为区域产业转移和国际产业转移，区域产业转移又可以分为区域内产业的转移和区域之间的产业转移。站在国内的视角，区域产业转移成为关注的重点。产业转移意味着产业扩张或收缩在不同产业之间发生，同时也就伴随着资金在不同产业部门之间的调配和流动。影响产业转移的因素有很多，如劳动力、交易成本和市场因素等，不同因素主导的产业转移对资金需求的特点不同，以下就从区域内和区域之间产业转移的角度分析资金需求的特点。

（一）区域内产业转移投融资需求特征分析

区域内产业转移主要是指在一定的区域之内，三次产业的比重发生变化，具体包括第一产业向第二、第三产业转移和第二产业向第三产业转移两种情况。

首先，第一产业向第二产业和第三产业转移的资金需求特征。按照配第—克拉克定理，随着经济的发展，人均国民收入水平的提高，劳动力首先由第一产业向第二产业转移；当人均收入水平进一步提高时，劳动力就向第三产业转移。克拉克认为，劳动力从第一产业向第二、第三产业转移的原因是经济发展中各个产业间出现收入的相对差异造成的，人们总是从低收入产业向高收入产业移动。这不仅可以从一个国家经济发展的时间序列分析中得到印证，而且还可以从处于不同发展水平上的国家在同一时点的横截面比较中得到类似的结论，劳动力的这种流动反映着生产要素和资源在三个产业之间的重新配置，推动产业结构的转换和升级。在这个过程中，对投融资的需求主要体现在资金的流动要满足这种产业转移的需要，具体而言，第一产业对资金的需求具有数量大、长期性、周转慢、效率低等特点，从投融资的来源看，这部分资金需要政府长期投资或对民间资本投资实施扶持和优惠政策；第二产业由于具有规模经济的特点，对资金的存量要求比较高，第二产业的发展需要借助于银行信贷和资本市场的双重支持。

其次，第二产业向第三产业转移的资金需求特征。当国民收入达到一定程度的时候，区域内劳动力的重心就会转移到第三产业，从而促使第三产业得到发展。第三产业分为两大部分：流通部门和服务部门。第二产业主要包括采掘业、制造业、电力及建筑业等，这些部门主要具有规模经济的特点，进入门槛高，资金投入量大，固定资产投资比例高，资金回报率相对低，产业调整和转换成本高。从投融资角度看，资本市场对推动第二产业向第三产业转移具有独特功能，通过公开的资本市场，一方面分散产业发展和转移的投资风险，另一方面，资本市场投资具有资源配置功能和产业选择功能，通过市场投资选择实现产业的优胜劣汰，从而实现产业转移和升级。一般来看，第二产业发展与升级资金需求更适宜通过资本市场来实现，资本市场越发达，越能促进第二产业的发展。但是第三产业就不同了，第三产业既包括金融、保险、房地产等资金密集型行业，也包括流通、批发、饮食、文化、教育等行业，这些行业对资金的需求不能一概而论。金融行业的发展需要大量的存量资金，资金高度密集，资本市场是其投融资的重要途径；房地产行业对资金的流量要求比较高，既需要间接的银行信贷支持，也离不开资本市场的支持；流通部门对投资要求不高，但却是社会资金回流的主要部门；文化和教育属于非营利的公共部门，发展主要依靠政府和社会的支持。

三次产业的相互结合构成了整个国民经济的发展。在产业转移的过程中，企业的重组、并购和兼并等活动都需要完善的金融体系支持，金融体系通过投融资活动参与微观主体的产权变迁活动，通过更多的流动资产处置，提升资金的运作和配置功能，促进产业结构的调整与优化。

（二）区域之间产业转移融资需求特征分析

区域之间具有不同的资源禀赋，各个产业为了追逐利润，节约成本，从而使得产业在各个区域之间流动。

1. 区域间第一产业相互转移的资金需求特征

一个区域在确定农业发展方向的前提下，再根据区域内部的地理分布特点，因地制宜调整农业结构，合理安排农业生产布局，使区域的农业发展与区域内特定的自然条件、社会经济条件有机地结合起来，形成具有特色的生态与经济良性循环系统，实现区域内经济、社会和生态效益的统一。农业主要是资源依赖型的产业，由于第一产业一般具有回收资金慢、效率比较低的特点，所以第一产业在区域之间转移的资金需要主要靠政府来推动。

2. 区域间第二产业相互转移的资金需求特征

由于第二产业一般具有规模经济的特点，所以区域之间第二产业转移对资金的需求比较多，需要有大量的资金，并且在第二产业内有很多行业是基础性的行业，如电力，这一部分的行业资金回报率比较低，需要政府的帮助，所以政府的作用对电力等基础行业的影响比较大，但是在第二产业有很多资本密集型或者劳动密集型的行业如建筑业和制造业，对于资本密集型的行业，由于对资本存在规模经济，需要大量的资金作支撑。

3. 区域间第三产业相互转移的资金需求特征

在区域之间第三产业由于经济发展或者文化等因素，影响了第三产业在区域之间的转移。第三产业可以分为流通部门和服务部门，在流通部门包括通信、商业和饮食等，这一类行业的企业一般规模比较小，流动性比较强，回报率比较高，风险较小，且对资金的需求比较频繁，所以适合通过市场机制来调接资金。

产业在区域之间的转移带动了投融资机制的形成，现在的投融资情况是过去时间内产业转移累计所产生的结果，所以可以反过来从现有的投融资情况来分析产业的流动情况。由于产业的转移是在区域之间进行的，所以可以以区域为划分单位来描述区域的投融资情况，以我国为例，由于第一产业大部分分布在我国中部，第二产业主要分布在西部，第三产业主要分布在东部，可以从东、中、西的角度来划分区域结构。东部地区具有良好的区位优势和雄厚的经济基础，创造了优越的投资环境，成为各类资金投资的首选之地，所以东部地区的企业在利用资金方面具有得天独厚的优势；而中西部地区由于地理环境和交通、通信条件等欠佳，企业生产效率不高，法律、法规和投资政策等软环境也不十分理想，使得该地区的企业通过融资吸收外部资金进行生产经营无论在数量上，还是在质量上都与东部地区企业存在巨大的差距。

二、低碳物流的资金需求特征

科学技术是推动低碳物流发展的主要动因，增加科技投入，发展高新技术能够有效促进低碳物流的发展。发展低碳物流需要对低碳物流的上游企业（物流技术研发企业、物流设备制造企业）增加资金投入，使低碳物流的上游企业增加开发低碳物流技术的力度、物流设备制造企业生产出更高质量的物流设备。另外，科技是由人才来掌握，人才培养靠教育，必须增加教育投资，按照发展经济学理论，在发展中国家尤其要搞好义务教育。综合起来，教育投资多导致培养人才多、科技水平高，从而促进低碳物流的发展、经济发展速度快且效益高，最终导致再投资教育科技的资金也多，从此进入良性循环，反之亦然。

低碳物流主要是通过提高能源的利用效率，控制污染物的排放。这需要增强各种节能技术及节能管理手段在物流活动中的运用。

从物流环节角度来看，低碳物流包括低碳运输、低碳仓储、低碳包装、低碳流通加工、物流网络信息化的内容。要从传统物流转向低碳物流无疑需要更多资金的投入。例如，低碳运输包括运输路线的科学设计和运输工具的低碳化。运输线路的合理规划需要大量的资金投入，不是个别企业之力所能达到的，并且作为轻资产行业的物流企业要抛弃其原有高排放的机动车而采购“绿标车”，没有一定的金融支持和政策补贴是不可能实现的；仓储企业通过一定的金融手段得到贷款后可以合理地布局和设计仓库的位置规模，提高仓库管理信息化，提高周转速率，达到节能目标；包装过程中采用的可回收利用材料相对成本较高，企业很难自主采取低碳包装材料；网络化和信息化在物流业中的普及也可以大大降低交易成本、提高物流效率最终达到节能减排的目的。由于目前大部分物流企业的贷款已很艰难，若想转变发展模式大走低碳之路则面临着更大的资金缺口。①

低碳物流的发展需要金融的大力支持，发展低碳物流具有正的外部经济性，采取低碳物流方式，需要一定的资金投入，原有运输方式和路线的调整需要较大的支出，单个企业难以完成，而且企业为追求利益最大化也不一定会主动进行物流创新，实现低碳物流。因此，低碳物流的发展离不开低碳金融（Low Carbon Finance）的支持，商业银行应将低碳物流项目作为贷款支持的重点，扩大直接融资规模，提高对低碳物流的支持力度，包括银行低碳项目贷款、直接投融资、碳指标交易等。低碳物流可以拓宽银行贷款产品范围与金融服务内容，促进商业银行金融创新，加大对低碳物流的金融支持力度。②

低碳物流发展的主要障碍在于金融方面缺乏必要的政府支持和政策基础，低碳物流基础设施需要国家大力投入，以更好地改善物流设施条件。政府应鼓励金融机构把低碳物流项目作为贷款支持的重点，积极进行低碳物流贷款管理机制创新。

由此可以得出影响低碳物流发展的因素有四个：金融发展、教育、科技和外资，其相互关系如下：

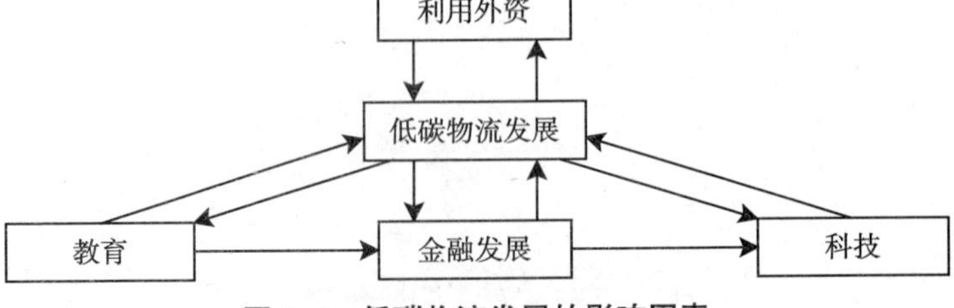

图 3–4　低碳物流发展的影响因素

① 李丽，陈君. 基于产业转移的低碳物流金融支持研究［J］. 商业研究，2012（10）.

② 李蜀湘，陆小成. 中国低碳物流金融支持模型研究［J］. 中国流通经济，2010（2）：27–30.

如果从一个物流企业的成长来看的话，可以用表 3-1 来表示一个物流企业在不同的成长阶段对融资的需求特征：

表 3-1　物流企业融资需求的特征

物流企业规模	主要融资方式
起步阶段科技型小企业	风险投资、内源融资
中小规模企业	银行贷款、二板市场
大型企业	资本市场、银行贷款

三、影响区域产业转移进程中低碳物流融资选择的因素

区域产业转移过程始于区域内企业投融资行为的转变，企业投融资的方向、数量规模、投融资方式等发生变化，将带动企业生产经营方式、企业规模发生变动，进而发生企业经营形态变化，出现企业转型、产品转型、市场转型甚至行业转型，最终带动产业转移变迁。随着产业转移规模的不断扩大，物流活动随之增加。从物流企业融资行为转变角度看，区域内物流企业融资行为选择在区域产业政策的指引下，除了受企业自身的财务因素影响外，主要取决于区域金融政策、金融市场、金融组织以及金融产品等因素的发达和完善程度。区域产业转移过程中低碳物流对金融的需求如图 3-5 所示。

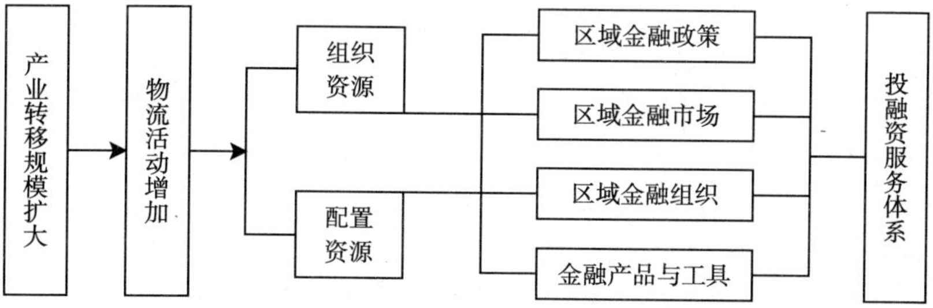

图 3-5　区域产业转移过程中低碳物流的金融需求

（一）区域金融政策

有效的金融政策可以为低碳物流发展提供稳定的金融和经济环境，也是区域金融体系完善、金融组织健全、金融市场发达、金融工具不断创新的前提和保证，为低碳物流发展提供融资和风险管理的工具。区域金融政策取决于国家整体金融政策导向以及金融制度安排，不同区域经济环境和金融基础不同，区域金融

政策或政策效果有所差异。金融政策一般分为一般性金融政策和选择性金融政策，一般性金融政策主要指货币政策的三大法宝——法定存款准备率、再贴现率以及公开市场业务，一般性金融政策从实施的角度看，区域性特征不明显，一般具有普遍性和全局性调整作用。

选择性金融政策本身意旨针对不同行业、不同领域、不同区域实施不同的金融政策，如差别利率、不同行业的信用管理、市场准入限制等政策。此类金融政策具有明显的区域性特征，是区域金融政策的主体，是国家贯彻区域经济发展战略的主要政策体现，因此，对低碳物流的发展产生直接影响。经济的货币化水平（M2/GDP）主要由货币政策决定，选择性货币政策的实施有利于保持一定区域的总供求的基本平衡和需求的适度增长。一方面，选择性货币政策的实施可以防止区域经济过热、需求扩张；另一方面，也可以防止经济的过度紧缩、影响经济增长。

（二）区域金融市场

一切投融资活动都需要借助于金融市场来完成，金融市场是企业筹措资金、满足产业结构调整资金需求的平台，金融市场是否发达和健全决定着物流企业的融资效率以及资金满足程度，同时也决定着低碳物流发展的水平和程度。金融市场有很多划分方法，从交易的范围划分，金融市场分为全国（或世界）性金融市场和区域性（地方性）金融市场；从融资期限上划分，金融市场分为货币市场、资本市场；从交易的内容上分，金融市场分为产权交易市场、证券交易市场等。从有形市场的角度看，一定区域内金融市场的建设和存在，会大大方便本地物流企业融资，特别是符合本地物流产业规划政策的企业更容易获得资金的支持，促进低碳物流发展。从金融市场的内涵上看，金融市场结构越合理，提供交易的金融产品品种越多，越能为物流企业提供多元化的融资工具，也就越能提高融资效率，加速低碳物流发展。

（三）区域金融组织体系

投融资活动不同于一般的商品交易活动，无论是直接的投融资，还是间接的投融资活动通常都需要借助于一定的金融中介组织来完成交易。因此，区域金融组织体系是否健全、高效直接影响低碳物流发展资金需求的满足程度。金融组织体系也称金融机构体系，承担着创造金融工具、发行金融产品、媒介金融交易、解决资金供需双方信息不对称以及财务顾问、风险防范等职责，对投融资双方都具有十分重要的意义。区域内金融机构数量越多，分布越广，提供的金融服务越全面，物流企业融资效率越高，越有利于促进低碳物流发展。

（四）区域金融产品

金融产品是企业融资的工具，金融产品越丰富，企业融资可选择的工具就越多，企业融资越便利。区域金融产品的发行与交易取决于区域金融市场的发达程度以及金融机构的创新能力。金融产品的设计与发行和商品生产一样，也要以市场需求为导向，不仅要满足资金需求者融资的需要，还要满足资金供应者投资获利的要求，因此，一定区域金融产品的研发和供应需要结合该地区低碳物流发展的需要以及物流企业转型的要求，不同物流企业在风险、收益回报形式以及权益的实现方式上具有不同的要求，具有行业针对性的金融产品才能更好地为企业服务，为实现区域低碳物流发展服务。

第五节 金融支持推动低碳物流的微观影响机制

综上分析，归根结底，低碳物流发展是在区域产业投融资活动的具体推动下实现的。从微观层面看，区域产业投融资活动对低碳物流发展的影响机理可以通过下图的结构关系反映出来，具体概括为两种机制、三种途径。

一、金融支持推动低碳物流的两种机制

金融支持通过投融资活动推动低碳物流发展。金融支持对低碳物流发展的微观影响机理如图 3-6 所示。

投融资对低碳物流合理性的调节在市场竞争机制和行政计划机制下的作用途径不同：在市场竞争机制下，间接融资中最具代表的银行信贷通过市场化的利率来引导资源流向高效行业，从而优化资源配置，影响低碳物流的发展；同时，资

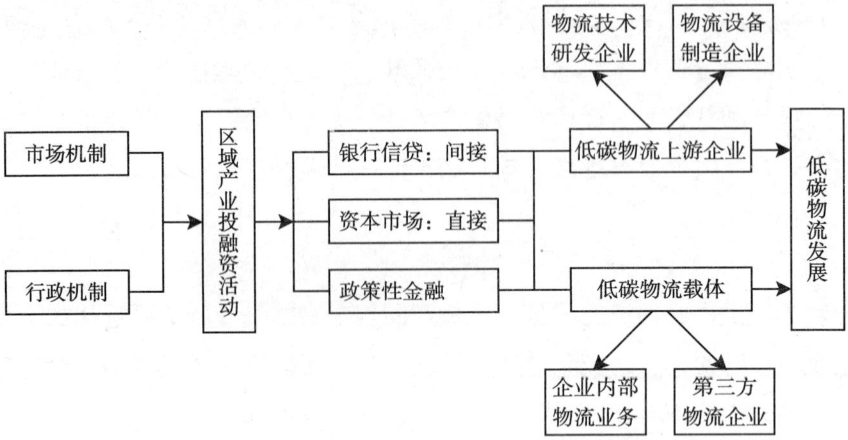

图 3-6 金融支持对低碳物流发展的微观影响机理

本市场通过信息的揭示和披露以及资本市场的流动性，来影响资金在物流产业间的优化配置，从而影响物流业的发展。在行政计划机制下，物流业的变化是通过政府对物流业的选择来体现的，政府通过政策性金融、信贷倾斜、差别利率以及资本市场准入等来影响资金在物流业间的流动。

（一）市场竞争机制对低碳物流发展的作用机理

市场竞争机制是指以市场力量作为配置资源的手段，通过价格信号反映市场供需的变动，引导资源的合理流向。同时，追求超额利润的竞争促使各种市场主体不断进行技术和组织创新，由此推动物流技术和物流信息化水平的提高。市场机制中的竞争、优胜劣汰影响资金在物流产业间的配置，最终影响物流业的发展。

对于市场竞争机制而言，能发挥作用的假定条件有两个：①完全竞争，即假定企业数量足够多，以至于各个企业能自由进出市场，不存在垄断。②价格灵敏性，即假定价格变动充分灵活，能即时反映资源配置的供需状况和相对稀缺程度。虽然在现实的市场经济条件下，这两个假定不可能完全具备，但却有可能在一定程度上近似地满足。例如，虽然现实中不存在完全竞争的市场，但大多是垄断竞争市场；虽然价格不能对供求状况做出即时的反应，但在竞争性的市场上，也能大体反映各种资源的相对稀缺程度。因此，在市场经济条件下，市场机制在物流发展中基本上能正常发挥效用。

因此，市场机制影响低碳物流发展的基本过程为：随着收入水平的提高和收入分配格局的改变以及技术的不断进步，最终需求结构与中间需求结构相继发生变化；变化了的需求结构破坏了原有的供求格局，使一些产品供过于求，而另一些产品供不应求，从而导致这些产品的价格也发生相应的变动（前一类产品的价格下降，而后一类产品的价格上升）；最初的价格变动只是影响该部门已有企业的生产，但如果价格波动幅度过大，即超过部门间生产资源转移的临界点（转移后收益=转移成本+机会成本），产品价格下降的部门的资源就会转移到产品价格上涨的部门，直到形成供给结构与需求结构之间新的平衡，然后在新的需求结构拉动下进行下一轮的产业结构调整，进而影响对物流的需求和物流的供给，使物流发生变化。

（二）行政计划机制对区域产业结构调整的作用机理

行政计划机制是指以行政手段配置经济资源。这是一个自上而下的作用过程：中央的各项计划指令被层层分解、下达、执行，达到资源的优化配置。

行政计划机制的作用过程表现为：政府投资和干预—产业选择—产业结构—物流需求—物流发展。行政计划机制有效运作的假定条件是：①完全信息，即假定中央计划机关必须对全社会的一切经济活动，包括物质资源和人力资源状况、技术可能性、需求结构变动等拥有全部信息。②单一主体，即假定社会利益一体化，不存在相互分离的利益主体和不同的价值判断。若这两个条件不能具备，计划的制订将出现偏差，也无法得到严格的执行。在现实中，一方面，经济社会的发展瞬息万变，要把社会各个角落分散的大量信息收集、传递到中央计划机关，经过计算、分析、处理，制订出一个统一的、各部分衔接的计划，再将之层层分解、下达到基层执行，显然是极端低效的，并且也不可能真正得到施行；另一方面，在高度集中的计划机制作用下，经济决策由代表全体社会成员整体利益的中央计划机关做出，并通过按层级制原则组织起来的“整个社会”去执行，这就要求社会中一切组织和个体都不折不扣地完成所规定的任务，而没有自己的任何特殊利益和要求。这显然与事实不符。实际上，无论是计划的制订者还是执行者，每一个经济活动的当事人都有其自身的利益，并且这种利益还时常会同社会整体利益发生矛盾。这样，他们在提供信息、编制计划和执行计划的过程中，就难免为了局部利益而牺牲社会整体利益。由此可见，行政计划机制在通常情况下不可能具备有效运作的基本条件。

因此，在行政计划机制下，政府调整物流业发展是通过其产业政策实现的，其基本过程表现为：政府根据现有物流业的发展状况对物流业的变动进行预测，从经济发展的总目标出发，通过纵向等级层次向经济主体（企业）发布调整信号，以调整部门间的供求格局。

通常，政府通过两类途径实现调整目标：一类是非价格调控，这是指政府通过国家财政体系的投融资对资源进行直接配置，或者政府通过计划审批和法律制约对资源配置进行导向。另一类是价格调控，是指国家通过定价或限价对价格进行直接干预，或者国家通过税率、利率、汇率等工具，对价格进行间接干预，以改变各产业间的比较收益和比较成本，从而调节资源流向、协调供给结构与需求结构的偏差。当这些信号发挥了作用，其结果反馈到政府机关时，便开始了新一轮调整。

二、金融支持推动低碳物流发展的三种传递途径

在市场竞争的环境下，资金的获得渠道可以分为直接融资和间接融资，以银行信贷为代表的间接融资一方面通过市场化的利率来进行贷款，引导资金从低效企业和行业向高效企业和行业流动，通过优胜劣汰机制优化资源配置，从而促进物流发展；另一方面，通过消费贷款影响市场需求的变化，从而影响物流的变化。直接融资中资本市场一方面通过信息的充分披露和揭示来影响资源的配置，从而影响物流的变化；另一方面，通过资本市场的流动性来重新配置和整合资源，影响物流业的发展。

（一）银行信贷对低碳物流的影响

物流行业资金占用量大。一是网点建设，运输、装卸设备以及企业信息化建设，需要大量投入；二是日常运营流动资金的需求压力；三是客户应收款账期压力；四是业务保证金和押金所占压的流动资金压力。

我国目前从事物流服务的企业，除了少数几家如中储股份、中远航运等国资背景的大型上市公司和近两年进入中国的外资物流企业外，大部分是民营性质的从事传统运输和储运的企业，还有一些各种经营方式的仓库以及个体、私营车队，只是挂上“物流”的名称，其产业规模偏小，资金实力弱，抗风险能力较低。

物流行业的市场集中度低，行业中的龙头企业不明显，市场竞争激烈。随着物流产业的发展和物流市场的竞争加剧，物流市场将进行新一轮的整合，规模较大、市场占有率较高的物流企业将进一步扩展其在物流市场的份额，部分小型企业可能会被淘汰出局。

银行信用活动促使资金从低效率部门向高效率部门流动。银行通过市场化的资金价格——利率和市场化的资金分配机制合理高效配置金融资源。市场化利率可使企业根据趋理性和对利润最大化的追求，按照资金运用的风险和收益的均衡原则确定融资的数量和使用方向，引导资金从低效率企业和行业向高效率企业和行业流动，通过优胜劣汰机制优化资源配置。信用是有条件的，只有经常盈利的优势企业、优势产业才能不断地获得信用支持；经营不善、发展前景不佳的企业难以获得信用支持。以偿还性为基本特征的信用活动通过市场化的利率和资金分配机制影响着生产要素之间的分配比例，从而决定着物流企业的发展和物流技术水平的提高，从而影响低碳物流的发展。

（二）资本市场对低碳物流发展的影响

1. 资本市场的信息揭示功能促进物流业发展

资源在产业间的有效配置是建立在微观经济主体明知的投资决策基础上的，而这需要大量的相关信息作为支持。资本市场是一个信息集散地，其一系列的制度安排能超越时空的限制，将企业经营、行业发展和宏观经济状况在内的相关信息，在资本市场上以股票价格和各类研究分析报告的形式进行发布。资本市场上各种证券的价格能够充分反映所有可能获得的信息。证券市场通过发行证券、公布证券的价格和收益、披露相关的信息等手段帮助资金需求者选择合适的融资工具和方式，从而在资本市场上形成合理的证券价格。在有效的资本市场上，在严格的信息披露和监管制度下，这些权威、准确、及时的信息会降低交易的成本，提高交易效率，增加交易的透明度和竞争性，引导社会资本流向资本收益高的产业和企业，有力地促进物流业的发展，尤其是大型物流企业的发展。

2. 资本市场的流动性促进企业产权转化和重组，推进物流业发展

现代资本市场不仅是一个实现资金供求平衡的交易场所，也是一个调节资本存量和资产存量的交易市场。资本市场和股份制的发展，规范了企业产权制度，同时，资本市场作为金融资产的供给场所，可以满足物流业发展的要求，促进企业的产权转化和资产重组。在资本市场上，资产不再以实物形态出现，而是实现了资产的价值化、货币化和证券化，把物质上不可分割、位移上受时空限制的经营财产实体，裂变为可进行代数加总和可不断交易流通的财产单位，克服了受时空限制的实物资产流动的障碍，为物流业的存量调整创造了有利条件，为企业的产权流动提供了高效率、低成本的转换机制和途径，即通过资本市场上证券工具的流动来实现企业的产权转换重组。资本市场的并购重组，实质上是行业、企业和产品的优胜劣汰，使资本向优势行业、企业集中，是物流业素质提高的过程。

（三）政策性金融对低碳物流的影响

行政计划机制影响低碳物流的途径主要是通过政策性金融来实现的。政策性金融的产业选择主要是对于那些符合国家产业政策要求，但因投资数量大、回收期长、微利甚至不盈利，商业性资本不愿意介入的产业进行资金支持。因而，政策金融可以先行对国家确定的重点产业、战略产业进行长期、低利投资，并诱导民间资金支持相关产业的发展。从各国政策支持产业选择的实践来看，支持农业发展、基础设施建设、出口产业发展一般是各国政策性金融的主要内容。因而，随着政策性投融资的引入，这些产业也随之被选择，进而发展。具体政策措施一般包括：

1. 信贷倾斜

这是指政府通过繁育商业银行的信贷方向来贯彻产业选择的意图，这在政府主导型的、以间接融资为主的金融体系中尤为明显。信贷倾斜在原计划经济体制国家和政府指导金融体制下的市场经济国家和地区是实现产业选择的重要方式。以信贷倾斜来实现产业选择主要依靠两种途径：一是投资信贷倾斜，由于投资信贷中贷款的投放体现政府的产业政策意图，使得贷款资金在一定时期内流向国家确定重点发展的产业和部门。商业银行通过采取限制性的信贷政策措施对投资过热的行业的信贷进行合理控制，对符合国家产业政策和市场准入条件的项目予以支持，积极扶持和鼓励符合国家产业选择要求的产业的发展。二是消费信贷，消费信贷影响居民今日消费与明日消费的比例关系，鼓励信贷资金和居民消费向国家重点支持的产业转移。为实现以消费带动产业升级，支持国家的产业选择政策，可以通过发展消费信贷，调整消费结构，带动相关产业的快速发展。

2. 差别利率

差别利率是政府主导金融体制下国家或地区实行的一种产业选择政策，但并非是指政策性金融与市场性金融的利率差别，而是指在市场性金融活动中政府对利率的繁育而形成的利率差异，利率形成机制具有非市场化的因素。实际信贷利率差别并不是资金利率供求的作用结果，而是国家为影响企业资金成本，进而影响投资方向，鼓励或抑制某些行业或产业的发展的利率政策。

差别利率主要表现为两种形式：一是认为规定低于市场均衡水平的利率，形成官定利率与市场利率并存的利率差异。官定利率主要适用于执行国家产业政策的部门，在发展中国家主要是国有的经济部门，这些部门将获得低利率的资金，投向符合产业政策要求的产业。利率差除了使得大量的信贷资金流向国家重点发展的产业外，相对于市场利率来说，这些部门还实际上获得了用于实施产业政策的金融租金，因为官定利率在这里实际上是属于优惠利率。二是不同官定利率之间的差异，国家对不同的产业贷款规定了不同的官方利率，官定利率较低者属于优惠利率，适用鼓励发展的产业或行业。差别利率有效地支持了国家产业发展政策中的产业选择意图。

3. 资本市场准入

以资本市场准入政策来支持产业选择，主要是指在证券发行市场上通过规定上市标准和配股政策来支持符合国家产业政策要求的企业融资。政府根据产业政策要求制定上市标准，合理确定上市公司的行业，优先保证符合产业政策要求的企业上市融资，并在配股再筹资方面给予政策倾斜，而对不符合产业政策要求的产业或行业则进行融资限制。显然，实行资本市场准入限制来支持产业选择，是以政府对资本市场的必要干预为前提的，这有利于在金融资源有限的情况下有选择地支持主导产业和支柱产业的发展。

4. 组建政策性物流银行

除上述措施外，针对物流行业的发展特点，郝建彤（2010）提出组建政策性物流银行。由于物流企业在提供物流服务过程中要给客户垫付大量资金，且账款回收周期较长，存在较大的流动资金压力和风险。物流企业和许多大型制造商贸企业在基础设施建设、生产设备更新改造、信息系统建设和运营网络构建等方面，自有资金不足，银行贷款又缺乏抵押物，资金短缺问题突出。[①] 在西方国家，一般都有政策性金融机构来支持政策扶持的行业，促进其快速增长。我国为支持农业经济、进出口业务的发展和重大项目开发，在 1994 年设立了中国农业发展银行、中国进出口银行和国家开发银行，专业从事政策性金融业务，并根据国家政策，对特定行业、企业发放低息贷款。政策性物流银行是物流业特殊资金运作方式的重要载体。许多物流项目社会效益高，而经济效益低，商业金融机构不愿意介入，只能依靠政策性金融。因此，组建政策性银行是国家扶持物流业发展的形式之一，是构建物流金融体系的一项重要内容。

① 郝建彤. 组建物流银行：我国政策性金融的客观选择［J］. 物流技术，2010（z2）：78–79.

第四章　国外低碳物流发展的经验

第一节　美国低碳物流发展的经验

一、低碳物流政策支持

美国是最早提出物流管理的国家和世界物流业发展最先进的国家。美国的物流业务数量巨大且异常频繁，因此美国政府对低碳物流给予了更大的关注和支持。美国物流产业规模为 9000 亿美元，占到美国国内生产总值的 10%以上，并以年均 20%以上的速度增长。[①]

首先，美国政府通过政策进行宏观引导。美国政府推行的是自由经济政策。美国出台一系列宽松的促进物流发展的措施政策，把放松政府管制、提高市场活力作为主要的政策取向。美国政府用了将近 20 年的时间才逐步完成对运输业的解除管制。美国政府对运输管制的解除始于 1977 年对联邦航空法（Federal Aviation Act）的修订。如果说 1976 年的铁路复兴和管制改革法案（4-R Act）还只是拉开了放松运输管制序幕的话，那么，1978 年的空运航线管制解除法（Airline Deregulation Act）、1980 年的汽车承运人法（Motor Carrier Act of 1980）和 1980 年的斯塔格斯铁路法（Stag-gers Rail Act of 1980）则对美国政府解除运输管制以及整个国民经济的发展具有里程碑式的意义。

① 新华网. 从物流业发展看我国物流会展的走势. 2003-02-24.

美国在其到 2025 年的《国家运输科技发展战略》中，规定交通产业结构或交通科技进步的总目标是：建立安全、高效、充足和可靠的运输系统，其范围是国际性的，形式是综合性的，特点是智能性的，性质是环境友善的。

其次，美国政府制定相关低碳环保法规。如自 2003 年年初以来，加利福尼亚州出台了港口“低碳”环保法规及新补充措施，对集装箱车和其他货运汽车在港口码头出入口外的等候时间进行严格控制。

二、物流管理的理念先进　物流企业高度重视信息化建设

1963 年美国建立了世界上第一个物流专业组织——美国物流管理协会，① 至此物流管理的理念已为大部分企业所广泛接受，物流业在该时期的发展远远高于其他产业。美国在这个时期特别重视物流配送的合理化。美国企业采取了以下措施：将老式的仓库改为配送中心；引进电脑管理网络，对装卸、搬运、保管实行标准化操作，提高作业效率；连锁企业共同组建配送中心，促进连锁企业效益的增长。美国连锁企业的配送中心主要有批发型、零售型和仓储型三种类型，配送中心一般布局及管理合理，使繁忙的业务互不影响，其主要经验是得益于独特的运作流程。

在仓储、运输管理和基于互联网的通讯方面的技术与实施能力，已成为进入第三方物流行业的门槛。因此物流企业非常重视信息化建设，特点如下：①物流信息服务包括预先发货通知、送达签收反馈、订单跟踪查询，库存状态查询、货物在途跟踪、运行绩效（KPI）监测、管理报告等，成为第三方物流服务的基本内容。②物流企业在客户的财务、库存、技术和数据管理方面承担越来越大的责任，从而在客户供应链管理中发挥战略性作用。物流外包影响供应链管理的最大因素是数据管理，因为用企业及其供应链伙伴广泛接受的格式维护与提取数据以实现供应链的可视化是一个巨大的挑战，物流企业不仅需要在技术方面进行较大投入，而且还需要具备持续改进、例外管理和流程再造能力。所以对技术、人才和信息基础设施的投入已成为物流企业区别竞争对手的重要手段。③随着客户一体化物流服务需求的提高和物流企业信息服务能力的增强，出现了基于物流信息

① 丁立言，张铎. 国际物流学［M］. 北京：清华大学出版社，2000：186-190.

平台通过整合和管理自身以及其他服务提供商补充的资源、能力和技术，提供全面的供应链解决方案的第四方物流服务（4PL）。④物流企业大都采用面向客户自主开发物流信息系统的方式来实现物流信息化。

三、低碳供应链管理成为供应链发展的潮流和趋势

低碳供应链是对产品从原材料的供应、购买、生产、使用、消费一直到废弃物的再回收、再利用的整个过程的环保、生态设计。其管理的核心就是要在整个供应链设计过程中引进全新的设计思想和设计理念。

供应链的核心企业加强了对于供应链全过程的监控，通过管理创新建立起有效降低多余物流环节和成本的供应链管理战略，通过利用现代信息技术，实现物流过程的可视化追踪管理。更多的美国企业摆脱了从供应链设计到库存、分销等各个环节的后勤职能，将之外包出去并从中获益。自 2009 年起，越来越多的美国企业转向外包，外包使企业在节约流动资本的同时，可以更加关注创造销售利润的核心能力。较晚接受这一理念的美国行业，如健保行业，如今也已经发展到能够熟练运用外包方式。外包将会成为关键的供应链战略，在帮助企业集中内部资源于核心业务领域的同时，有效提升企业的市场适应能力，带给企业更多的竞争优势。

美国的联合包裹服务公司（UPS）积极地与政府部门协会合作，共同研究如何减少环境污染及打造低碳环境的计划。UPS 在加州 Palm Springs 的服务设施是通过 145 片的太阳能镜板，来提供该服务中心的相关电力，而公司在加州也有 14 个中心，使用植物如玉米等产生的低碳能源。UPS 推动低碳供应链的方式，是先由其内部做起，建立良好的制度及环保章程，然后再往外推广至合作伙伴端，提供合作伙伴相关的服务。

四、重视绿色港口的建设

绿色港口主要是建设环境健康、低能耗、低污染的新型港口，将“港、人、自然”和谐相处的绿色环境理念渗透到港区建设发展和作业相关的各项行为中，最大限度地提高港口经济活动的资源使用率，提高港区的环境管理水平，改善港

区的生态环境质量，使港口发展与环境保护协调发展。

美国港口率先展开了绿色港口行动，港口环境力争实现三“洁”一“静”，即港区水域、地面和空气清洁，环境安静，并推出了港口绿色法规。美国政府还制定了相关低碳环保法规。如自2003年年初以来，加利福尼亚州出台了港口“低碳”环保法规及新补充措施，对集装箱车和其他货运汽车在港口码头出入口外的等候时间进行严格控制。

五、大力发展第三方物流

近20年来，美国的第三方物流发展呈现迅猛态势。市场规模由1996年的308亿美元上升到2002年的650亿美元，但仍只占物流服务支出6900亿美元的9.3%，增长潜力巨大。[①] 根据最近的抽样调查，在过去两年里，第三方物流企业的客户物流成本平均下降11.8%，物流资产下降24.6%，订货周期从7.1天下降到3.9天，库存总量下降8.2%，[②] 美国第三方物流的作用已从单纯的降低客户物流成本转变为多方面提升客户价值的作用，即从提供运输、仓储等功能性服务向提供咨询、信息和管理服务延伸，致力于为客户提供一体化解决方案，与客户结成双赢的战略合作伙伴关系。在综合物流服务发展的同时，美国一些功能性物流服务提供商也在市场细分中培育自身的核心竞争力，逐步形成了综合的第三方物流服务商、专业的运输、仓储服务商和区域性配送服务商分工合作的产业形态。客户可以选择功能性物流服务商，也可以通过第三方物流服务商来整合功能性服务商，提供一体化物流解决方案。

近年来，美国及其他一些发达国家出现了一种被称为3PL的新的物流服务方式。所谓3PL（Third Party Lo-gistics），是指一种被称为“第三方货站”的新兴物流企业，它既不是一般的货物运输企业，也不是货主，因此被称为“第三方”。3PL企业在提供全过程服务中是本着为货主着想的原则，具有与货主平等和一体的意识，从货主的立场上来设计最佳物流路线和方式，帮助货主提高物流效益和降低物流成本，当然，3PL企业在经营思想上发生了很大变化，在服务功能上也

① 成都日报. 美国第三方物流发展迅速. 2005-2-24.

② 中华硕博网. 美国物流与信息化状况及其启示. www.china-b.com，2009-3-27.

将咨询、管理与传统的物流功能结合起来，开拓了一种新型的物流服务方式。

虽然3PL产业自身还处于不断整合的过程中，即使是美国这样的发达国家，其3PL产业集中度也还相当低，但随着客户服务要求的升级和国际政治经济环境的变化，3PL产业正在不断地发生结构性变化也是一个不争的事实。可是，当我国的物流产业基本上还处于由传统的运输、仓储和货代企业向现代物流企业转型阶段的时候，发达国家的物流产业已经开始了从传统的3PL向新一代3PL转型的发展进程。这种转型不仅为3PL公司拓展更广阔的市场和保持行业领先地位提供了契机，而且为客户企业的全球供应链运作和强化核心竞争力提供了有力的支持。事实上，以美国为代表的发达国家的物流服务业已经开始进入向供应链管理服务业转型的新时代。

六、金融支持发展逆向物流

美国的环境分析专家一直以“使环境影响最小化”作为制定环境政策的目标，为此他们非常推崇诸如资源消耗最小化、废弃物减量化、改善环境质量等方面的政策和策略，以保证能够同时实现多个环境目标。越来越多的企业建立了逆向物流管理体系，针对产品的退货、维修和废弃回收，主动延伸自己的责任，从而增强竞争能力。

美国积极运用财政补贴、贷款融资、税收优惠等方式鼓励和支持逆向物流企业发展。尽管废旧产品回收是盈利的、劳动密集型产业，但前期投入成本很高。美国采取措施如下：①财政补贴。美国环保局从1978年开始对设置资源回收系统的企业根据不同情况提供费用为10%~90%的财政补贴。②税收优惠。美国对公共事业建设和公共投资项目，包括城市废物储存设施、危险废弃物处理设施、市政污水处理厂等，给予免税的优惠待遇，而企业单一的污染控制设施难以享受这一优惠待遇。③贷款融资。对能减轻环境污染的环保设施给予贷款，这种贷款利率低于市场利率，而偿还条件又优于市场条件，且借贷周期长，利率固定，前几年不需偿还，必要时可给予补助。

七、通过政策性金融支持大型物流中心的建设

如美国得克萨斯州圣安东尼奥市利用即将关闭的空军基地兴建大型物流中心，以使该市尽快成为北美自由贸易区中的贸易走廊。为此，该市制定了前10年免征财产税、销售税返回、对从事转货运的企业免征财产税等一系列税收优惠政策以吸引投资和物流企业的进驻。

第二节　日本低碳物流发展的经验

一、法律法规政策支持

日本是国际上较早通过立法鼓励低碳物流发展的国家。与日本物流发展相关的法律主要包括以下几类：

（1）综合性物流发展法规：全面指导日本物流发展的专门法律。如《物流法》、《物流二法》、《物流效率化法》、《综合物流施政大纲》、《新综合物流施政大纲》等。

（2）物流节点规划与建设类法规。包括物流中心、物流园区、配送中心、物流基地等规划和投资的法规与政策。如《汽车终端战场法》、《流通业务城市街道整备法》、《大规模物流基地的合理配置构想》、《物流据点整体状态的规划设计》、《物流基地的整备目标》等。

（3）陆海空交通运输基础设施建设与经营类法规。包括铁路、公路、港口、机场建设与经营，铁路运输、公路运输、海运、空运的有关法律，如《运输法》、《铁路建设法》、《铁路事业法》、《民航法》等。1966年制定了《流通业务城市街道整备法》，提出将集中在大城市中心的流通设施向已经整备好的外围地区集中搬迁，以提高大城市流通机能并使道路交通流畅，维持与提高城市机能。

（4）信息技术与标准化类法规。包括信息技术推广与标准化推广的相关法

规。如《日本高度信息网络社会形成基本法》、《E-Japan 战略》、《E-Japan 重点计划概要》、《信息技术基本法》、《信息公开法》、《电子签名法》等。

（5）资源利用与环境保护类法规。1992 年，日本政府公布了《汽车氮氧化物限制法》，并规定了允许企业使用的五种货车车型，同时在大都市特定区域内强制推行排放量较低货车允许行使的规制，如《环境污染控制基本法》、《能源保护和促进回收法》、《实用电器再循环法》、《容器包装再生利用法》、《建筑材料再生利用法》、《食品再生利用法》、《汽车再生利用法》。1993 年，日本以立法的形式要求除了部分货车外，企业必须承担更新旧车辆、使用新式符合环境标准货车的义务。1997 年，为应对地球温室效应、大气污染等各种环境问题，《关于气候变化国际联合框架条约》第三次缔约国会议通过了《京都议定书》，根据该议定书规定的标准，日本今后需要解决汽车二氧化碳排放超量问题。2001 年 1 月，为鼓励提高资源利用效率并减少浪费，日本政府实施了《实用电器再循环法》。该法规委托家电生产商回收空调、电视机、电冰箱、洗衣机四种家用电器。

日本政府正是通过相关法规的制定与执行来推动和保障物流改革与发展的。

二、通过发补助金的方式金融支持低碳物流

20 世纪 60 年代，日本从美国引进了物流概念，从此就将物流业放在了国民经济发展的重要战略位置。日本政府对于低碳化物流活动也制定了一系列的政策法规。政府制定了构筑低碳物流体系的相关规定。如在 2001 年出台了《新综合物流实施大纲》，规定从 2002 年起在海运、铁路等运输业，通过货主、物流企业等各方的合作，来实施降低环境负荷的相关举措。在确认取得一定成效后，由政府发给补助金。

三、中央和地方财政大力支持金融物流基地建设

日本政府为了从宏观上加强对资源的合理配置，对物流基地建设进行严格管理。在政府机构中，由通产省、运输省、农林水产省、建设省和经济企划厅五省大臣负责制定全国统一的总体构想并决定究竟具体有哪些城市可以获准建设物流基地。物流基地项目建设投入资金大、回收期长，日本政府往往对物流基地的建

设加以扶持。通常日本物流基地建设资金由三部分组成：中央财政、地方财政和企业自身投资。以日本最新的综合物流中心和平岛货物中心建设为例，该中心建设总投资572亿日元，其中70%由中央财政出资，20%由东京地方财政出资，剩下的10%则由企业投资。[①]

四、倡导低碳运输

日本首先通过技术创新和技术进步降低各种运输方式的环境影响。SHARP公司用电力驱动的叉车代替燃料驱动的叉车，不仅能减少二氧化碳的排放量，而且能够降低功率消耗。其次，选择环境更友好的运输模式。与公路运输相比，铁路、水运、海运具有更低的噪声和能源消耗，企业在物流系统中，尽可能利用铁路、海运、水路运输或这几种运输方式与公路运输相结合的运输模式。最后，在企业内宣传低碳物流理念，鼓励员工从细节做起。如SHARP公司在认识到发动机空转等待时排出的一氧化碳、铅化合物等废气量是正常行驶的若干倍时，就在货车上粘贴一些标语和海报，并对驾驶员进行环境保护知识宣传，鼓励司机们在等待装货、卸货的时候，关掉汽车发动机引擎。

在铁路货运方面，增强主要铁路干线的货运能力，缩短运输时间，提高装卸作业效率，铁路货运企业不断提供让客户满意的服务。为调动铁路货运企业积极性，改变传统经营方式，实现日本铁路货运株式会社的完全民营化。在沿海航运方面，充分运用日本运输设施整备事业部所制定的船舶共建制度，大量建造可以转换运输方式的船舶，加强内外贸货物中转站建设，适应多式联运发展的需要。另外，为提高市内运输效率，减轻环境负荷，避免过路卡车进入市区，能利用轮船和铁路运输的货物就不再使用卡车运输。同时，充分发挥城市外围港口的作用。

五、重视物流产业信息化建设

日本政府1997年专门由运输省和通产省出面共同筹建了物流电子信息交换促进委员会。负责电子信息交换标准化工作，并颁布了日本物流电子信息交换标

① http：//baike.baidu.com/view/1024206.htm.

准。在政府的积极支持下，日本物流产业信息化程度获得了极大的提高。据1998年日本政府颁布的《运输白皮书》报告，80%的运输业者不同程度地利用了计算机，特别是路线卡车的使用率达到了91%，航空运输业达到91%，外航海运业为85%，仓库业为77%，路线卡车货运业的联网率达到63.5%，与其他公司的联网率达到50%，仓库业的联网率也超过50%。依托现代信息技术和先进的物流设施，日本传统的仓储企业通过拓展服务加速向现代物流企业转变。

六、拥有世界最发达的物流配送体系

在日本，零售业是首先建立先进物流系统的行业之一，24小时便利店、“宅急便”等新的零售业态在20世纪末就迅速成长。在地域狭小、人口密集的日本，这些新的业态对配送的要求比美国更高，从而其配送也体现出新的特色和模式：

第一，分销渠道发达。为每个门店有效率地供应商品是对配送商的要求，配送商首先要从批发商或制造商那里购进各种商品，然后按需求配送到每个门店。为了保证有效率地供应商品，许多配送商不得不对旧有分销渠道进行合理化改造。过去批发商常常把自己定性为某特定制造商的专门代理商，只允许经营一家制造商的产品，在新的分销系统下，一个受委托的批发商被指定负责若干销售活动区域，授权经营来自不同制造商的产品。通过和批发商、制造商签署销售协议，能够开发有效率的分销渠道与所有门店连接。日本配送领域的成功，很大程度上归功于更好地做到与上游或下游公司的分销一体化。

第二，频繁、小批量进货。日本配送企业的大部分服务需求来自便利店，便利店依靠的是小批量的频繁进货，所有商品必须能通过配送中心得到及时补充。这就从信息技术和物流技术等方面对配送提供商提出了更高的要求，JIT随之从制造业移植到了配送领域中。JIT不完全体现在交货时间上，它也包含以最快的方式通过信息网络从各个门店收到订货信息，并按照每张特定的订单最有效率地收集商品。

第三，配送过程体现出共同化、混载化和集约化趋势。共同化、混载化的商品配送使原来按照不同生产厂、不同商品种类划分开来的分散的商品物流转变为将不同厂家的和不同种类的商品混合起来运送的聚合的商品物流，从而得以发挥商品物流的批量效益，大大提高了运货车辆的装载率。

七、物流服务和物流设施具有准公共产品的倾向

在日本，物流中心、大型运输设备等物流资源更多的具有准公共产品的属性。由于中小企业自建物流系统具有较高的成本，所以通过共同配送的方式，可以使物流资源的使用效率提高，物流成本降低。因此，日本的第三方物流非常发达，从一定程度上来说，物流服务和物流资源已经成为社会的准公共产品。日本普遍存在的由整个供应链成员来分担物流建设成本的做法就体现了这一点。

第三节　印度低碳物流发展的经验

一、政府的政策支持

各国物流成本不同，表 4–1 是几个国家物流成本的比较，可以看出，印度物流成本居高不下，印度政府为了降低物流成本，正在积极寻找节省物流成本的解决方案。

表 4–1　各国物流成本比较①

国　别	物流成本/GDP	第三方物流/所有物流服务
中国、印度	16%~20%	<10%
美国	9.90%	57%
欧洲	10%	30%~40%
日本	11.37%	80%

据印度信用等级评估机构 ICRA 预测，2016~2025 年，印度将在沿海 6 个行政区新建 24 个港口项目，将港口货物的吞吐量提高到每年 835 万吨。

印度政府宣布成立 FTWZ（自由贸易仓储区），这表明印度政府正大力推动

① Intermodal India——印度物流的新扉页［J］. 机电设备，2012（2）.

FTWZ 成为该国主要的物流枢纽。印度政府大力支持 37 个现有机场的升级及机场（Green field airport）的扩容搬迁，从而提高货物的吞吐量和创造更多仓储空间。政府已投入 170 亿美元升级高速公路网及北—南—东—西（NSEW）干线。

二、政府金融支持交通运输基础设施建设

早在几年前印度政府就已意识到基础建设的不足，美国《麦肯锡经济研究》评论中谈到，印度政府正在根据当前的全球形势不断修正其政策，加紧改善与美国政府的关系，积极争取来自美国、日本和欧洲等发达国家在科学技术资本等方面的援助和强有力的配合，快速发展港口、机场、内陆运输网络等基础设施。在 2005 年末美国财政部部长斯诺访问印度的时候，印度政府表示未来十年将投资 1500 亿美元用于基础设施的改造。其中一个重点是借助世界银行的财务支持来实现其南—北—东—西轴线的建设。

从 1995 年以来，印度港口集装箱吞吐量以年均 13.4%的增长率持续提高，2004 年达到 439 万 TEU，2005 年达到 840 万 TEU，预计到 2012 年底将达到 1080 万 TEU。①

2003 年，在韩国举行的一次招商引资项目情况说明介绍会上，印度政府有关部门和企业人士透露，印度政府已将物流基础设施建设列入了今后国家经济发展的最优先地位，仅高速公路、主要港口和国际空港的建设项目就需要投资 300 多亿美元。印度工商部部长札伊特里会表示，印度政府已决定扩建国内的高速公路网系统，全面提升公路的运输物流能力，该领域今后 3~5 年内的投资规模约为 120 亿美元。另外，印度是一个海洋国家，要大力发展海运业，首先要重点投资实现主要港口的现代化，这需要改建和扩建，并增添港口区内的相关设施设备，今后几年几个主要港口的建设需要投资 200 亿美元。②

印度政府将在 2015 年以前投资 90 亿美元建设 111 个航运项目。

① 亚洲第二大物流热点在印度 [J]. 中国大物流网，2008-6-25.
② 印度 300 多亿美元投资物流基础建设 [J]. 中国交通报，2003-12-11.

三、重视港口建设

印度政府的国家海事发展计划包括政府与私营机构合作投资 217 亿美元的港口基建发展项目。印度与巴基斯坦同意重新修订 1975 年海运协定，新内容包括允许第三国船舶在两国港口之间的海运活动，及容许挂印度旗和巴基斯坦旗的船舶在两国港口装卸和运载第三国货物，这有助于增加两国船舶的海运货量。印度海关还宣布引入集装箱扫描仪，海关不用开箱就能对货物实现电子检查，加快集装箱的通关速度。

据印度 2005 年 1 月 20 日《金融快报》报道，印度在 2005~2006 财年预算中将 14 种集装箱搬运设备的关税峰值由目前的 20%削减为 5%，这是印度政府发展基础设施建设的多项举措之一，意图促使印度各港口加速搬运设备的更新换代，从而从整体上增强印度港口的货运能力。此外，2006 年，印度批准和黄港口公司参与印度清奈及孟买码头项目的竞投，向外国公司开放了之前因安全问题而拒绝开放的印度港口行业。

第五章　区域产业转移进程中低碳物流金融支持的现状分析

第一节　区域产业转移现状分析

当前中国面临着各种困局，国际资本大量涌入中国，国内供需不平衡，贸易顺差过大，出口导向型经济发展到一定地步的不良影响开始体现，国家的4万亿元刺激计划产生了一定的副作用，导致国内物价不断攀升，流动性泛滥逐渐形成。中国要从这种困境中解脱出来，其核心在于尽快改变资本流向，改善中国的国际收支，减少贸易顺差。

从国际金融形势看，美国引发了世界范围的通胀的同时，也在向中国输入通胀。通胀的本质是货币过多导致的货币贬值，究其源头在于美元的滥发。美国不断发行新的美元，通过发达的世界贸易链条流向全球，而这些美元没有相应的实体经济作为支撑。流动性过剩的情形逐渐显现，而流动性过剩与通货膨胀只有一步之遥。当新增的美元注入到诸如中国这样的对美贸易顺差国的银行系统时，这些国家就开始了一个制造泡沫的过程。

一、国际产业转移的现状

（一）产业链整体转移趋势明显

如今跨国公司从原料的开采开发到零部件的组装再到最终产品的销售都趋向

于本土化。产业转移已由原来的单个项目、单个企业、单个产业的转移发展成为整体产业链的转移，结果提高了跨国公司在全球范围内的资源配置能力和配置效率，使国际产业转移达到了一个高的层次。

（二）服务业成为国际产业转移的新亮点

国际产业转移在90年代以前主要集中在原料采集和加工制造业，90年代以后外商直接投资把注意力转向服务业。随着全球化进程的加快，发展中国家的外商直接投资资金有一半以上流入到了服务行业。

（三）研发机构伴随国际产业转移

为了在转入国扎根，根据转入国当地需求的改变与提高，生产符合转入国国情特色的多样化产品，研发机构随着相关产业的转移而转移。从长远看来，研发机构的本土化建设，有利于跨国公司开展更多的前沿技术研究，增强公司产品的核心竞争力，建设有当地特色的研发销售一体化产业，持续获取高额利润。

二、国内区域产业转移的现状

在第三次国际产业转移浪潮的推动下，我国产业结构发生了巨大变化。我国东部沿海地区的劳动密集型、能源密集型产业正在向中西部地区转移，主要呈现以下特点：

（一）产业转移领域不断拓展

由于沿海地区土地、劳动力等基本生产要素供给缩减，价格不断上升，传统的制造业和纺织业正逐步向中西部地区转移。由于西部地区自然资源比较丰富，一些对资源能源依赖较强的上游地区产业向西部转移的情况进一步显现。另外，随着我国经济的飞速发展，我国越来越重视中西部地区的高技术产业开发，中西部地区迎来了高技术产业飞速发展的大好时机。

（二）产业转移规模不断扩大

东部地区向中西部地区的产业转移不再是局部的小规模转移，而是呈现出集群化规模化转移势头，如纺织、服装、皮鞋等劳动密集型行业，不断迁往中西部地区。在民间资本雄厚的浙江、江苏等省份，大量的民间企业开始向外扩张，寻找新的发展商机。

（三）市场在产业转移中的主导作用不断增强

在产业转移初期，由于市场主体对产业发展格局并没有清晰的认识，不可能站在区域产业升级的高度去规划未来的发展，因此政府需要突出其主导作用。但随着国际资本、技术和人才的涌入，传统产业转移成为不可逆转之势时，市场的主导作用凸显出来。政府一方面通过基础设施建设促进产业集聚发展，另一方面防止落后生产能力的转移，成为产业转移的引导者。

第二节 区域产业转移对区域经济发展的影响

一、缓解区域贸易摩擦

从某种程度上讲，区域经济发展的过程同时也是区域间矛盾不断消除的过程。由于地区间的竞争日益激烈，贸易保护主义随之滋长，地区间争夺市场的矛盾和斗争日趋激烈和尖锐。而产业转移采取迂回战略，由直接贸易转为当地生产销售，在一定程度上缓解了区域贸易摩擦，促使地区间的开放协作，促进了区域经济发展。

二、促进区域分工演进

从深层次看，区域分工演进是区域经济发展的根本动力之一。区域分工是各种生产要素和产业在区域里的优化配置和合理布局。产业转移将产品生产不同阶段安排在不同地区，深化和细化了区域分工，在区域内优化了资源配置，促进了区域经济贸易增长，推动了区域经济一体化。通过产业转移，区域产业部门不断被分解，衍生出越来越多新产业，促进了区域产业多样化。

三、优化区域要素配置

由于各国（或地区）自然条件和经济发展水平不同，各国（或地区）所拥有的生产要素存在一定差异。通过产业转移，各国（或地区）可以直接利用其他国家（或地区）的生产要素，弥补本国生产要素的不足。通过生产要素在不同国家（或地区）之间的相互转移，将不同国家（或地区）的优势生产要素结合起来，使一种生产要素从具有优势的国家（或地区）流向这种要素方面不具优势的国家（或地区），与当地具有优势的其他生产要素重新组合与配置，提高生产要素使用效率，实现资源优化配置。

四、升级区域产业结构

产业转移可以带来区域内产业结构调整，加快区域内产业的优化升级。移出地将不具备优势产业转移到承接地，自身发展新兴产业；承接地吸收转移产业，增强自身的产业基础和实力。具体表现为发达国家（或地区）大力发展信息产业、新材料产业、生物工程产业等，对于普通制造业、家用电子产业，则保留研究开发部分，将生产装配部分向发展中国家（或地区）转移。发展中国家（或地区）则选择某些领域加大投资，选择吸收发达国家（或地区）对外转移的产业，增强自己产业实力。

五、改善区域运行机制

在产业转移过程中，各地资本跨越行政区划，进行联合重组、兼并收购、组建集团公司、参股控股等产权交易活动层出不穷，生产要素在产业间及地区间优化组合加剧。这在无形中能促进区域产权结构调整，搞活存量资产，使现有大量闲置或利用率很低的资产流动起来，提高了资源配置效率。此外，产业转移产生的企业间接联系效应有利于打破部门、地区封锁和垄断，突破生产要素流动的行政性障碍，促进区域经济发展。

第三节　京津冀经济发展现状分析

北京市是中国四个中央直辖市之一，是全国第二大城市及政治、交通和文化中心。它位于华北平原北端，东南局部地区与天津相连，其余为河北省所环绕。天津市是中国四个直辖市之一和著名的国际港口城市和生态城市。它位于环渤海经济圈的中心，是中国北方最大的沿海开放城市、近代工业的发源地、近代北方最早对外开放的沿海城市之一、我国北方的海运与工业中心。它作为拥有中国第四大工业基地和第三大外贸港口的大都市，自从 2006 年滨海新区发展上升为国家政策后，重新走上了高速发展的道路。河北省地处华北，东临渤海，南部衔山东、河南两省，西为太行山地，北为燕山山地，西倚太行山与山西省为邻，西北部、北部与内蒙古自治区交界，东北部与辽宁接壤。

京津冀地区作为我国北方经济的快速发展中心，它的发展引起了国家政府乃至全世界的关注。通过表 5–1 我们可以看出京津冀地区的综合经济实力以及其在全国的地位。

表 5–1　2006~2010 年京津冀地区国内生产总值统计

年份	全国 GDP（亿元）	京津冀地区 GDP（亿元）				占全国 GDP 的比重（%）
		北京	天津	河北	总计	
2006	216314.43	8117.78	4462.74	11467.60	24048.12	11.12
2007	265810.31	9846.81	5252.76	13607.32	28706.89	10.80
2008	314045.43	11115.00	6719.01	16011.97	33845.98	10.78
2009	340902.80	12153.03	7521.85	17235.48	36910.36	10.83
2010	397983.30	13777.90	9108.83	20197.09	43083.82	10.83

资料来源：根据《中国统计年鉴》（2007~2011）相关数据整理。

2006 年京津冀地区 GDP 达到 24048.12 亿元，占全国 GDP 的 11.12%，其中北京、天津、河北分别为 8117.78 亿元、4462.74 亿元、11467.60 亿元（详见表 5–1）。

至 2010 年京津冀地区 GDP 达到 43083.82 亿元，占全国的 10.83%，其中北京、天津、河北分别为 13777.90 亿元、9108.83 亿元、20197.09 亿元。同时，我们可以由表 5–1 分析可知，虽然京津冀地区的 GDP 总计占全国 GDP 的比重在 2006 年开始不是逐年增加，但是从 2006 年开始的 GDP 总计却是每年都在增加（详见表 5–1）。

下面是对京津冀三次产业结构的分析。在京津冀地区现有的产业体系中，第三产业在经济发展中占据首要地位，所占比重最大，第二产业次之，第一产业最少，只占很小的一部分。

通过表 5–2 可知 2010 年京津冀地区三次产业的比重。2010 年，北京的第三产业比重为 75%，超出第二产业比重 51 个百分点，第一产业比重只占到 1%；天津和河北的第二产业比重均为 53%，比第一产业和第三产业的产业比重都大。天津的第一产业比重仅为 2%；河北的第一产业比重为 13%。

表 5–2　2010 年京津冀地区三次产业比重对比

地　区	GDP（亿元）	第一产业比重	第二产业比重	第三产业比重
北京市	13777.90	0.01	0.24	0.75
天津市	9108.83	0.02	0.53	0.45
河北省	20197.09	0.13	0.53	0.34

资料来源：根据《中国统计年鉴》（2011）整理计算所得。

从产业结构来看，京津冀地区对于第三产业的依赖度比较大，尤其在北京，它的第三产业比重占到了 75%。第二产业相对比重也不小，尤其是在天津和河北，它们的比重也超过了一半。因此，京津冀地区第三产业占有绝对的发展优势，第二产业次之，第一产业最差，仅占京津冀地区总比重的 15%。

（一）北京市三次产业结构分析

由表 5–3 和图 5–1 所示，2006~2010 年北京市三次产业结构发展趋势中，北京市的第三产业处于绝对优势地位，第一、二产业的总值虽每年都在增加，但是它们的比重在逐步缩小，而第三产业的比重却在逐步扩大。因此，整体来看，北京市产业结构的表现是第三产业比重最大，占有绝对优势，第二产业次之，第一产业最小，形成了“三、二、一”型产业结构。

表 5-3 北京市产业结构变化情况

单位：亿元

类别\年份	2006	2007	2008	2009	2010
GDP	8117.78	9846.81	11115.00	12153.03	13777.90
第一产业	98.04	101.26	112.83	118.29	124.4
第二产业	2191.43	2509.40	2693.15	2855.55	3323.10
第三产业	5580.81	6742.66	7682.07	9179.19	10330.50

资料来源：根据《中国统计年鉴》（2007~2011）数据计算整理。

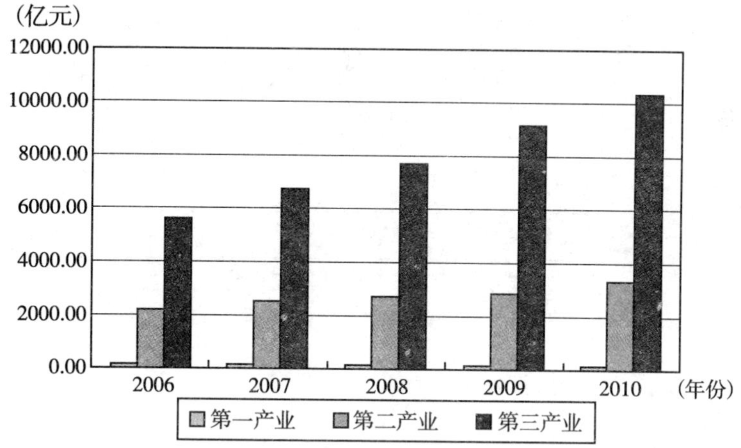

图 5-1 北京市产业结构变化情况

资料来源：根据《中国统计年鉴》（2007~2011）数据计算整理。

（二）天津市三次产业结构分析

如表 5-4 和图 5-2 所示，2006~2010 年天津市三次产业结构发展趋势中，天津市的第二产业处于相对优势地位，第一、三产业的总值虽每年都在增加，但是它们的比重在逐步缩小，尤其是第一产业的比重相对很小，而第二产业的比重却

表 5-4 天津市产业结构变化

单位：亿元

类别\年份	2006	2007	2008	2009	2010
GDP	4462.74	5252.76	6719.01	7521.85	9108.83
第一产业	118.23	110.19	122.58	128.85	149.50
第二产业	2488.29	2892.53	3821.07	3987.84	4837.60
第三产业	1752.63	2047.68	2410.73	3405.16	4121.80

资料来源：根据《中国统计年鉴》（2007~2011）数据计算整理。

在逐步扩大，天津市是一个以工业发展为主的城市。因此，整体来看，天津市产业结构的表现是第二产业比重最大，占有绝对优势，第三产业次之，第一产业最小，形成了“二、三、一”型产业结构。

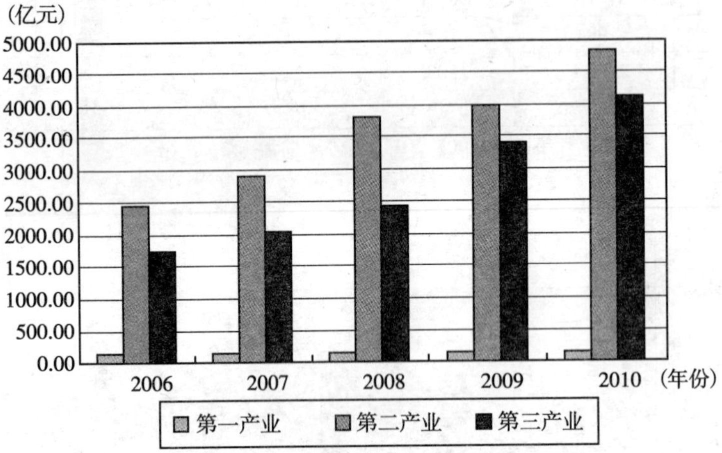

图 5-2 天津市产业结构变化情况

资料来源：根据《中国统计年鉴》(2007~2011) 数据计算整理。

(三) 河北省三次产业结构分析

如表 5-5 和图 5-3 所示，2006~2010 年河北省三次产业结构发展趋势中，河北省的第二产业处于绝对优势地位，第一、三产业的总值虽每年都在增加，但是它们的比重在逐步缩小，尤其是第一产业的比重相对很小，而第二产业的比重却在逐步扩大，河北省是一个以工业发展为主的大省，尤其是钢铁的生产在全国都占有很强的地位。因此，整体来看，河北省产业结构的表现是第二产业比重最大，占有绝对优势，第三产业次之，第一产业最小，形成了“二、三、一”型产业结构。

表 5-5 河北省产业结构变化

单位：亿元

类别 \ 年份	2006	2007	2008	2009	2010
GDP	11467.60	13607.32	16011.97	17235.48	20197.09
第一产业	1606.48	1804.72	2034.60	2207.34	2562.80
第二产业	6115.01	7241.80	8777.42	8959.83	10705.70
第三产业	3938.94	4662.98	5376.59	6068.31	6928.60

资料来源：根据《中国统计年鉴》(2007~2011) 数据计算整理。

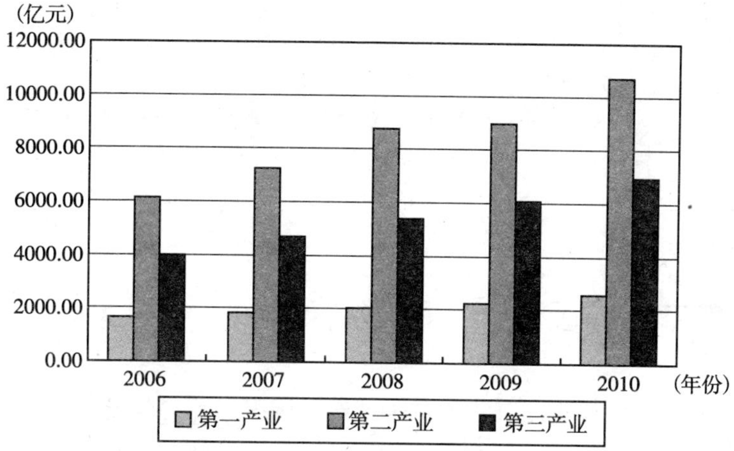

图 5-3 河北省产业结构变化情况

资料来源：根据《中国统计年鉴》(2007~2011) 数据计算整理。

综合以上分析可知，北京市第一产业处于劣势，第二产业对于北京的支撑作用正在相对弱化，而北京第三产业的比例及对 GDP 的贡献度却稳步上升。

对于天津而言，天津是以第二产业发展为主，因为它有优厚的地理和环境优势，天津市滨海新区的建立和发展为天津发展第二产业创立了丰厚的条件。随着现在全球化趋势的影响，以及本身的地理位置优势，使得第三产业也占有很高的优势，但是第一产业的发展却处于弱势，发展第一产业和第二产业已成为天津市的发展目标。

而河北在第一产业方面具有明显的优势，第二产业对于河北的 GDP 增长起着关键作用，第三产业发展方兴未艾，但无论是第二产业还是第三产业在产业技术层次上都与北京存在明显差距。

总之，河北与京津相比，在传统产业方面有比较明显的优势，北京、天津则在新兴第三产业方面具有明显的优势。京津在第一产业上与河北相比处于劣势，同时，第二产业对于京津经济发展的支撑作用正在相对弱化，第三产业对 GDP 的贡献度却是稳步上升，这与经济发展规律及京津城市的经济地位相符合。因而，北京的第三产业以现代服务业为主，处于绝对优势地位；河北省以传统的服务员为主，尤其是第二产业的工业生产和第一产业农业的发展；天津则依赖于其地理位置及第二产业和第三产业的发展。

第四节　京津冀产业转移分析

一、京津冀跨区域产业转移的回顾

早在20世纪90年代，京津冀跨区域产业梯度转移已经开始。北京市在经济结构调整过程中，将一些丧失比较优势的产业（如钢铁业、制造业）进行梯度转移。“十五”期间，有一大批企业或整体或将部分生产环节迁移到河北省环京津的周边地区，如北京第一机床厂铸造车间、首都钢铁公司冶炼厂、北京新建建材集团粒状棉生产线就分别搬迁到河北省保定市、唐山市和张家口市。

北京自提出发展“绿色奥运、人文奥运、科技奥运”口号以来，迄今为止已有500多家企业从首都迁往周边河北省各市。其中包括号称河北省“一号工程”——首钢搬迁唐山曹妃甸港，这是该区域到目前为止规模最大、实施力度空前的一次跨区域产业转移。随着经济的发展，该区域成员之间的经济合作意识不断加强，并且合作形式多元化，最典型的是成员联合建立产业基地。如宣化工程集团有限公司和北汽福田签署生产汽车构件项目；河北四海实业集团与北京燕京啤酒集团合资建立啤酒生产线等。[①] 投资1亿元的清华运达信息研发基地和总投资20亿元的中国农大涿州科技园区项目均设立在河北省廊坊经济技术开发区。[②] 成员之间深刻地意识到彼此的优势所在，河北省一些国营企业（如海湾科技集团有限公司、石家庄制药集团公司等）甚至是民营企业（如恒利药业、建龙钢铁集团等）相继把总部或研发中心设立在北京。河北省为打造成为京津地区的产业转移承接地，不断加强产业园区建设，先后建立起83家开发区、48个省级以上开发区和32个产业集聚区。廊坊市在京津资本向河北转移的过程中受益匪浅，仅占廊坊市土地面积1%的13个园区创造了全市50%以上的财富。

① 刘晓，杨洁，张慈. 京津冀区域经济合作中产业协调发展［J］. 河北理工大学学报（社会科学版），2009（2）：42-44.

② 北京淡化经济中心取向　跨行政区产业链浮出水面［J］. 中国经营报，2005-02-05.

自国家发改委主持在河北廊坊达成京津冀三省市政府“廊坊共识”以来，京津冀之间互动频繁，经济联系日益紧密。如京津冀两省一市联合签署的《北方地区大通关建设协议备忘录》，为加强区域间科技合作京津冀高速公路沿线的九个科技园区联合签订的《泰达宣言》，城市商业主管部门联合发布的《京津冀都市圈城市发展报告》以期建立区域间统一的质量认证体系和市场应急保障互动机制，北京市建设委员会、天津市城乡建设和交通委员会及河北省住房和城乡建设厅在承德签署了《京津冀地区共同建筑市场合作协议》，从而实现京津冀三地企业建筑市场要素的自由流动，真正实现建筑市场一体化。在基础设施方面，京津冀地区政府联合签署的《关于加强经济与社会发展合作备忘录》，意在加快沿海高速公路建设和承德与天津滨海新区高速公路建设，京津塘三线、京津—石家庄高速公路项目，共同推进唐山港—天津港—黄骅港沿海铁路前期工作。津冀两地还将与铁道部协商，共同加快津沧城际轨道交通项目前期工作。京津冀三省市政府间合作机制的启动为三省市间产业转移奠定了良好的基础。

二、京津冀地区工业产业梯度分析

（一）评级指标的选取原则①

由戴宏伟教授最先提出的区域产业梯度水平测算方法，就是用区位商和比较劳动生产率的乘积来衡量，并称之为产业梯度系数。区位商是指一个地区特定部门的产值在该地区总产值中所占的比重与全国该部门产值在全国总产值中所占比重方面的比率，它表明了某地区某行业生产专业化水平；比较劳动生产率，即一个部门的产值比重同在此部门就业的劳动力比重的比率，它反映该部门1%的劳动力所生产的产值在整个国民总产值中的比重，反映了一个地区相对于整个国家来说，其技术、劳动者素质等方面高低的一个综合指标。

产业梯度系数方法在国内区域产业梯度转移研究中得到了比较广泛的使用，它不仅弥补了区位商方法无法准确地表示区域间劳动生产率差异引起的偏差。同

① 戴宏伟，田学斌，陈永国. 区域产业转移研究——以“大北京”经济圈为例［M］. 北京：中国物价出版社，2003：87-98.

时，产业梯度系数中的比较劳动生产率数据较易获取，系数计算方法比较简便。

上述方法使劳动力、技术两个生产要素在产业转移过程中得到了充分的体现，但它遗漏了很重要的一个要素——资本。一般来说，作为互为替代关系的资本和劳动力这两个要素来说，在产业梯度系数方法无法准确地反映资本与劳动力组合差异而引起的偏差。因此，从产业转移的动因出发，对现有梯度系数方法进行改进是十分重要而迫切的任务。在一定区域范围内，产业转移是劳动力流动的一个重要的制约因素，而伴随产业转移发生的另一个因素就是资本流动。资本总是向着能够实现最佳经济效率和技术效率的地方转移，这样，在总体技术水平不变的情况下，产业就有可能在新的区域保持原有生产函数，实现低成本、高利润的目标。

资本盈利能力可以表示经济效率；全员劳动生产率可以表示技术效率。这样，区域产业的资源配置能力就可以从资本和劳动力（包括技术）两方面反映出来，有力地保障了产业的向上发展动力。考虑到产业统计数据的可得性，在实际应用中，区域产业技术的相对水平通过区域产业的比较劳动生产率反映出来；区域产业的盈利能力通过比较资本产出率反映出来。因此，以区位商、比较劳动生产率和比较资本产出率三者乘积作为衡量产业梯度大小的取值。[①]

（二）评价指标的构建方法

产业梯度系数=区位商×比较劳动生产率×比较资本产出率

1. 区位商

区位商是指一个地区特定部门的产值在该地区总产值中所占的比重与全国该部门产值在全国总产值中所占比重方面的比率，它是表明某地区某行业的生产专业化水平的指标。

$$区位商=\frac{地区某行业总产值占本地区工业总产值比重}{全国相应行业总产值占全国工业总产值比重}$$

如果该产业区位商大于1，表示该行业为该地区的生产专业化部门，在竞争中具有一定优势，是输出地区；该产业区位商小于1，则是非专业化部门，在全国同行业竞争中不具备优势，是输入地区。

① 陈蕊，熊必琳. 基于改进产业梯度系数的中国区域产业转移战略构想［J］. 中国科技论坛，2007（8）：8-12.

2. 比较劳动生产率

比较劳动生产率即一个部门的产值比重同在此部门就业的劳动力比重的比率，它反映该部门1%的劳动力所生产的产值在整个国民总产值中的比重，反映一个地区相对于整个国家来说，其技术、劳动者素质等方面高低的一个综合指标。

$$地区比较劳动生产率=\frac{地区某行业总产值在全国工业总产值中的比重}{地区某行业从业人员在全国同行业总从业人员中的比重}$$

如果该产业比较劳动生产率大于1，则说明其劳动生产率高于全国平均水平；该产业比较劳动生产率小于1，则说明其劳动生产率低于全国平均水平。比较劳动生产率低的产业的各种要素在市场利润引导下，一般会向比较劳动生产率高的行业进行转移。

3. 比较资本产出率

比较资本产出率反映了一个地区在某产业的区域产业盈利能力。

$$比较资本产出率=\frac{地区某行业总产值在全国工业总产值中的比重}{地区某产业总资产在全国同行业总资产的比重}$$

如果该产业比较资本产出率大于1，说明该产业的资本盈利能力高于全国平均水平；产业比较资本产出率小于1，则说明该产业的资本盈利能力低于全国水平。在资本逐利的本质下，会引导资本向着能够实现最佳经济效率和技术效率的地方转移，实现低成本、高利润的目标。①

（三）北京市产业梯度现状分析

利用北京市和全国工业所属的37个工业产业的工业总产值和平均从业人员数以及平均资本，运用产业梯度系数的公式，用Excel软件计算得到北京市2010年的产业梯度系数，结果如下：

1. 区位商

北京市区位商大于1的工业产业有水的生产和供应业，燃气生产和供应业，电力、热力的生产和供应业，仪器仪表及文化、办公用机械制造业，通信设备、计算机及其他电子设备制造，交通运输设备制造业，专用设备制造业，医药制造业，石油加工、炼焦及核燃料加工业，印刷业和记录媒介的复制，黑色金属矿采

① 王军. 北京市工业产业转移与京津冀地区经济发展研究［D］. 首都经济贸易大学博士学位论文，2008.

选业，煤炭开采和洗选业，共有 12 个。

2. 比较劳动生产率

北京市比较劳动生产率大于 1 的工业产业有水的生产和供应业，燃气生产和供应业，电力、热力的生产和供应业，工艺品及其他制造业，电器机械及器材制造业，仪器仪表及文化、办公用机械制造业，通信设备、计算机及其他电子设备制造，交通运输设备制造业，通用设备制造业，医药制造业，黑色金属冶炼及压延加工业，非金属矿物制品业，石油加工、炼焦及核燃料加工业，皮革、毛皮、羽毛（绒）及其制品业，烟草制造业，黑色金属矿采选业，煤炭开采和洗选业，共有 17 个。

3. 比较资本产出率

北京市比较资本产出率大于 1 的工业产业有交通运输设备制造业，石油加工、炼焦及核燃料加工业，烟草制品业，煤炭开采和洗选业，共有 4 个。

4. 梯度系数

北京市梯度系数大于 1 的工业产业有医药制造业，交通运输设备制造业，通信设备、计算机及其他电子设备制造，仪器仪表及文化、办公用机械制造业，电力、热力的生产和供应业，燃气生产和供应业，水的生产和供应业，煤炭开采和洗选业，共有 8 个，见表 5–6。

表 5–6　北京市 2010 年工业分行业梯度系数

行　业	区位商	比较劳动生产率	比较资本产出率	产业梯度系数
06 煤炭开采和洗选业	1.32	8.13	5.18	55.48
07 石油和天然气开采业	0.86	0.54	0.68	0.31
08 黑色金属矿采选业	1.61	1.12	0.11	0.20
10 非金属矿采选业	0.06	0.56	0.14	0.00
13 农副食品加工业	0.41	0.80	0.60	0.20
14 食品制造业	0.86	0.66	0.49	0.28
15 饮料制造业	0.92	0.82	0.46	0.35
16 烟草制品业	0.32	1.58	1.11	0.56
17 纺织业	0.13	0.63	0.47	0.04
18 纺织服装、鞋、帽制造业	0.44	0.66	0.61	0.18
19 皮革、毛皮、羽毛（绒）及其制品业	0.06	1.07	0.52	0.03
20 木材加工及木、竹、藤、棕、草制品业	0.12	0.74	0.32	0.03
21 家具制造业	0.67	0.74	0.44	0.22
22 造纸及纸制品业	0.33	0.98	0.77	0.25

续表

行　　业	区位商	比较劳动生产率	比较资本产出率	产业梯度系数
23 印刷业和记录媒介的复制	1.88	0.71	0.56	0.75
24 文教体育用品制造业	0.24	0.84	0.40	0.08
25 石油加工、炼焦及核燃料加工业	1.43	1.56	1.67	3.73
26 化学原料及化学制品制造业	0.38	0.83	0.63	0.20
27 医药制造业	1.61	1.01	0.72	1.17
28 化学纤维制造业	0.03	0.25	0.37	0.00
29 橡胶制品业	0.23	0.51	0.79	0.09
30 塑料制品业	0.34	0.87	0.60	0.18
31 非金属矿物制品业	0.62	1.00	0.56	0.35
32 黑色金属冶炼及压延加工业	0.42	1.32	0.97	0.54
33 有色金属冶炼及压延加工业	0.13	0.63	0.94	0.08
34 金属制品业	0.59	0.83	0.52	0.25
35 通用设备制造业	0.79	1.13	0.61	0.54
36 专用设备制造业	1.18	0.98	0.54	0.62
37 交通运输设备制造业	1.99	1.74	1.24	4.32
39 电气机械及器材制造业	0.82	1.50	0.57	0.70
40 通信设备、计算机及其他电子设备制造	2.06	2.47	0.81	4.14
41 仪器仪表及文化、办公用机械制造业	1.81	1.21	0.54	1.17
42 工艺品及其他制造业	0.90	1.68	0.39	0.59
43 废弃资源和废旧材料回收加工业	0.24	0.45	0.28	0.03
44 电力、热力的生产和供应业	2.65	2.96	0.43	3.38
45 燃气生产和供应业	3.11	1.28	0.65	2.59
46 水的生产和供应业	1.61	1.80	0.44	1.27

资料来源：根据《中国工业经济统计年鉴》(2011) 数据计算整理。

（四）天津市产业梯度现状分析

利用天津市和全国工业所属的 37 个工业产业的工业总产值和平均从业人员数以及平均资本，运用产业梯度系数的公式，用 Excel 软件计算得到天津市 2010 年的产业梯度系数，结果如下：

1. 区位商

天津市区位商大于 1 的工业产业有废弃资源和废旧材料回收加工业，通信设备、计算机及其他电子设备制造，交通运输设备制造业，金属制品业，黑色金属冶炼及压延加工业，医药制造业，石油加工、炼焦及核燃料加工业，食品制造业，石油和天然气开采业，煤炭开采和洗选业，共有 10 个。

2. 比较劳动生产率

天津市比较劳动生产率大于1的工业产业有水的生产和供应业，电力、热力的生产和供应业，废弃资源和废旧材料回收加工业，仪器仪表及文化、办公用机械制造业，通信设备、计算机及其他电子设备制造，电器机械及器材制造业，交通运输器材制造业，通用设备制造业，金属制品业，有色金属冶炼及压延加工业，黑色金属冶炼及压延加工业，非金属矿物制品业，塑料制品业，化学原料及化学制品制造业，石油加工、炼焦及核燃料加工业，文教体育用品制造业，烟草制造品业，食品制造业，黑色金属矿采选业，石油和天然气开采业，煤炭开采和洗选业，共有22个。

3. 比较资本产出率

天津市比较资本产出率大于1的工业产业有石油和天然气开采业，食品制造业，烟草制品业，石油加工、炼焦及核燃料加工业，化学纤维制造业，黑色金属冶炼及压延加工业，有色金属冶炼及压延加工业，交通运输设备制造业，通信设备、计算机及其他电子设备制造，仪器仪表及文化、办公用机械制造业，电力、热力的生产和供应业，煤炭开采和洗选业，共有12个。

4. 梯度系数

天津市梯度系数大于1的工业产业有水的生产和供应业，废弃资源和废旧材料回收加工业，仪器仪表及文化、办公用机械制造业，通信设备、计算机及其他电子设备制造，交通运输设备制造业，金属制品业，有色金属冶炼及压延加工业，黑色金属冶炼及压延加工业，石油加工、炼焦及核燃料加工业，烟草制品业，食品制造业，石油和天然气开采业，煤炭开采和洗选业，共有13个。详见表5-7。

表5-7　天津市2010年工业分行业梯度系数

行　　业	区位商	比较劳动生产率	比较资本产出率	产业梯度系数
06 煤炭开采和洗选业	1.21	16.17	2.03	39.52
07 石油和天然气开采业	5.99	2.16	1.58	20.46
08 黑色金属矿采选业	0.33	1.61	0.61	0.32
10 非金属矿采选业	0.16	0.25	0.09	0.00
13 农副食品加工业	0.45	2.03	0.73	0.68
14 食品制造业	1.22	1.61	1.07	2.10
15 饮料制造业	0.49	0.97	0.89	0.42
16 烟草制品业	0.19	1.08	11.88	2.41

续表

行　　业	区位商	比较劳动生产率	比较资本产出率	产业梯度系数
17 纺织业	0.12	0.72	0.51	0.04
18 纺织服装、鞋、帽制造业	0.62	0.68	0.89	0.37
19 皮革、毛皮、羽毛（绒）及其制品业	0.12	0.79	0.54	0.05
20 木材加工及木、竹、藤、棕、草制品业	0.09	0.68	0.58	0.04
21 家具制造业	0.47	0.65	0.64	0.20
22 造纸及纸制品业	0.51	0.88	0.91	0.41
23 印刷业和记录媒介的复制	0.45	0.78	0.69	0.24
24 文教体育用品制造业	0.65	1.22	0.88	0.69
25 石油加工、炼焦及核燃料加工业	1.34	1.83	1.11	2.72
26 化学原料及化学制品制造业	0.79	1.30	0.83	0.84
27 医药制造业	1.04	0.97	0.51	0.51
28 化学纤维制造业	0.06	0.42	1.07	0.02
29 橡胶制品业	0.91	0.82	0.75	0.56
30 塑料制品业	0.81	1.06	0.76	0.66
31 非金属矿物制品业	0.33	1.26	0.76	0.32
32 黑色金属冶炼及压延加工业	2.19	1.75	1.01	3.86
33 有色金属冶炼及压延加工业	0.67	2.43	1.82	2.96
34 金属制品业	1.40	1.29	0.89	1.60
35 通用设备制造业	0.86	1.10	0.76	0.72
36 专用设备制造业	0.97	0.97	0.71	0.67
37 交通运输设备制造业	1.44	1.24	1.33	2.38
39 电气机械及器材制造业	0.64	1.29	0.79	0.64
40 通信设备、计算机及其他电子设备制造	1.30	1.44	1.29	2.42
41 仪器仪表及文化、办公用机械制造业	0.98	1.51	1.11	1.63
42 工艺品及其他制造业	0.54	0.83	0.90	0.40
43 废弃资源和废旧材料回收加工业	1.36	1.17	0.65	1.03
44 电力、热力的生产和供应业	0.61	1.38	1.04	0.87
45 燃气生产和供应业	0.84	0.69	0.52	0.30
46 水的生产和供应业	0.97	2.42	0.66	1.55

资料来源：根据《中国工业经济统计年鉴》（2011）数据计算整理。

（五）河北省产业梯度现状分析

利用河北省和全国工业所属的 38 个工业产业的工业总产值和平均从业人员数以及平均资本，运用产业梯度系数的公式，用 Excel 软件计算得到河北省 2006~2010 年的产业梯度系数，结果如下：

1. 区位商

河北省区位商大于 1 的工业产业有黑色金属矿采选业，皮革、毛皮、羽毛

（绒）及其制品业，石油加工、炼焦及核燃料加工业，橡胶制品业，黑色金属冶炼及压延加工业，金属制品业，电力、热力的生产和供应业，煤炭开采和洗选业，共有 8 个。

2. 比较劳动生产率

河北省比较劳动生产率大于 1 的工业产业有黑色金属矿采选业，农副食品加工业，饮料制造业，纺织业，纺织服装、鞋、帽制造业，皮革、毛皮、羽毛（绒）及其制品业，木材加工及木、竹、藤、棕、草制品业，家具制造业，造纸及纸制品业，印刷业和记录媒介的复制，文教体育用品制造业，橡胶制品业，塑料制品业，黑色金属冶炼及压延加工业，金属制品业，电气机械及器材制造业，仪器仪表及文化、办公用机械制造业，工艺品及其他制造业，电力、热力的生产和供应业，煤炭开采和洗选业，共有 20 个。

3. 比较资本产出率

河北省比较资本产出率大于 1 的工业产业有黑色金属矿采选业，农副食品加工业，食品制造业，烟草制品业，纺织业，纺织服装、鞋、帽制造业，皮革、毛皮、羽毛（绒）及其制品业，木材加工及木、竹、藤、棕、草制品业，家具制造业，造纸及纸制品业，印刷业和记录媒介的复制，文教体育用品制造业，石油加工、炼焦及核燃料加工业，化学原料及化学制品制造业，化学纤维制造业，橡胶制品业，塑料制品业，黑色金属冶炼及压延加工业，有色金属冶炼及压延加工业，金属制品业，通用设备制造业，专用设备制造业，交通运输设备制造业，工艺品及其他制造业，电力、热力的生产和供应业，水的生产和供应业，煤炭开采和洗选业，共有 27 个。

4. 梯度系数

河北省梯度系数大于 1 的工业产业有煤炭开采和洗选业，电力、热力的生产和供应业，金属制品业，黑色金属冶炼及压延加工业，塑料制品业，橡胶制品业，印刷业和记录媒介复印业，造纸及纸制品业，皮革、毛皮、羽毛（绒）及其制品业，纺织业，农副食品加工业，黑色金属矿采选业，共有 12 个。

（六）京津冀地区工业梯度综合分析

根据上述京津冀工业分行业梯度系数的计算比较，我们将某地区梯度系数大于 1 且大于另两个地区的行业，称为有明显优势行业，用▲表示，是已达到较高

表 5-8 河北省 2010 年工业分行业梯度系数

行 业	区位商	比较劳动生产率	比较资本产出率	产业梯度系数
06 煤炭开采和洗选业	1.12	1.22	1.16	1.58
07 石油和天然气开采业	0.51	0.94	0.62	0.30
08 黑色金属矿采选业	6.12	1.28	1.59	12.46
09 有色金属矿采选业	0.24	0.96	0.96	0.22
10 非金属矿采选业	0.50	0.64	0.76	0.24
13 农副食品加工业	0.88	1.31	1.14	1.31
14 食品制造业	0.85	0.92	1.15	0.90
15 饮料制造业	0.67	1.01	0.99	0.67
16 烟草制品业	0.45	0.64	1.21	0.35
17 纺织业	0.76	1.05	1.51	1.21
18 纺织服装、鞋、帽制造业	0.41	1.22	1.27	0.63
19 皮革、毛皮、羽毛（绒）及其制品业	1.76	2.58	2.08	9.46
20 木材加工及木、竹、藤、棕、草制品业	0.46	1.69	1.04	0.82
21 家具制造业	0.58	1.31	1.07	0.81
22 造纸及纸制品业	0.75	1.05	1.81	1.42
23 印刷业和记录媒介的复制	0.81	1.28	1.32	1.37
24 文教体育用品制造业	0.25	1.38	1.25	0.43
25 石油加工、炼焦及核燃料加工业	1.17	0.77	1.05	0.95
26 化学原料及化学制品制造业	0.70	0.83	1.06	0.61
27 医药制造业	0.89	0.85	0.82	0.63
28 化学纤维制造业	0.25	0.36	1.24	0.11
29 橡胶制品业	1.14	1.09	1.31	1.62
30 塑料制品业	0.67	1.54	1.34	1.39
31 非金属矿物制品业	0.90	0.86	0.80	0.62
32 黑色金属冶炼及压延加工业	3.89	1.10	1.01	4.30
33 有色金属冶炼及压延加工业	0.30	0.91	1.21	0.33
34 金属制品业	1.22	1.33	1.30	2.10
35 通用设备制造业	0.75	0.88	1.31	0.87
36 专用设备制造业	0.77	0.93	1.08	0.78
37 交通运输设备制造业	0.53	0.77	1.05	0.43
39 电气机械及器材制造业	0.64	1.44	0.77	0.72
40 通信设备、计算机及其他电子设备制造	0.11	0.58	0.77	0.05
41 仪器仪表及文化、办公用机械制造业	0.26	1.00	0.79	0.20
42 工艺品及其他制造业	0.35	1.08	1.17	0.44
43 废弃资源和废旧材料回收加工业	0.31	0.85	0.85	0.22
44 电力、热力的生产和供应业	1.17	1.04	1.55	1.89
45 燃气生产和供应业	0.37	0.30	0.73	0.08
46 水的生产和供应业	0.59	0.60	1.39	0.49

资料来源：根据《根据中国工业经济统计年鉴》（2011）数据计算整理。

发展水平、符合区域产业发展方向的优势产业，竞争力将继续不断得以增强；将某地区梯度系数大于0.5且大于另两个地区的行业，称为有一定优势行业，用■表示，这类产业能进一步加强，面临调整或转移；梯度系数小于0.5且小于另两个地区的行业的，是不具备优势的产业，用▼表示，这类产业需要进行淘汰转移。①

北京市工业具有明显优势的行业有医药制造业，石油加工、炼焦及核燃料加工业，交通运输设备制造业，通信设备、计算机及其他电子设备制造，电力、热力的生产和供应业，燃气生产和供应业，煤炭开采和洗选业，共计7个行业；具有一定优势的行业有文教体育用品制造业，造纸及纸制品业，工艺品及其他制造业，共计3个行业；不具备优势产业主要是黑色金属矿采选业，农副食品加工业，食品制造业，饮料制造业，烟草制品业，纺织服装、鞋、帽制造业，皮革、毛皮、羽毛（绒）及其制品业，木材加工及木、竹、藤、棕、草制品业，化学原料及化学制品制造业，橡胶制品业，塑料制品业，有色金属冶炼及压延加工业金属制品业，废弃资源和废旧材料回收加工业，共计13个行业。

天津市工业具有明显优势的行业有石油和天然气开采业，食品制造业，烟草制品业，有色金属冶炼及压延加工业，仪器仪表及文化、办公用机械制造业，废弃资源和废旧材料回收加工业，水的生产和供应业，共计7个行业；具有一定优势的行业有文教体育用品制造业，化学原料及化学制品制造业，共计2个行业；不具备优势行业主要是家具制造业，印刷业和记录媒介的复制，共计2个行业。

河北省工业具有明显优势的行业有黑色金属矿采选业，农副食品加工业，纺织业，造纸及纸制品业，印刷业和记录媒介的复制，橡胶制品业，塑料制品业，黑色金属冶炼及压延加工业，金属制品业，共计9个行业；具有一定优势的行业有饮料制造业，纺织服装、鞋、帽制造业，皮革、毛皮、羽毛（绒）及其制品业，木材加工及木、竹、藤、棕、草制品业，家具制造业，非金属矿物制品业，通用设备制造业，专用设备制造业，电气机械及器材制造业，共计9个行业；不具备优势行业主要是石油和天然气开采业，烟草制品业，交通运输设备制造业，通信设备、计算机及其他电子设备制造，仪器仪表及文化、办公用机械制造业，

① 王军. 北京市工业产业转移与京津冀地区经济发展研究［D］. 首都经济贸易大学博士学位论文，2008.

燃气生产和供应业，水的生产和供应业，煤炭开采和洗选业，共计 8 个行业。

表 5-9　京津冀地区 2010 年工业分行业梯度系数

行　业	梯度系数比较			工业分行业比较		
	北京	天津	河北	北京	天津	河北
06 煤炭开采和洗选业	55.48	39.52	1.58	▲		▼
07 石油和天然气开采业	0.31	20.46	0.30		▲	▼
08 黑色金属矿采选业	0.20	0.32	12.46	▼		▲
10 非金属矿采选业	0.00	0.00	0.24			
13 农副食品加工业	0.20	0.68	1.31	▼		▲
14 食品制造业	0.28	2.10	0.90	▼	▲	
15 饮料制造业	0.35	0.42	0.67	▼		■
16 烟草制品业	0.56	2.41	0.35		▲	▼
17 纺织业	0.04	0.04	1.21			▲
18 纺织服装、鞋、帽制造业	0.18	0.37	0.63	▼		■
19 皮革、毛皮、羽毛（绒）及其制品业	0.03	0.05	9.46	▼		■
20 木材加工及木、竹、藤、棕、草制品业	0.03	0.04	0.82	▼		■
21 家具制造业	0.22	0.20	0.81		▼	■
22 造纸及纸制品业	0.25	0.41	1.42	■		▲
23 印刷业和记录媒介的复制	0.75	0.24	1.37		▼	▲
24 文教体育用品制造业	0.08	0.69	0.43	■	■	
25 石油加工、炼焦及核燃料加工业	3.73	2.72	0.95	▲		
26 化学原料及化学制品制造业	0.20	0.84	0.61	▼	■	
27 医药制造业	1.17	0.51	0.63	▲		
28 化学纤维制造业	0.00	0.02	0.11			
29 橡胶制品业	0.09	0.56	1.62	▼		▲
30 塑料制品业	0.18	0.66	1.39	▼		▲
31 非金属矿物制品业	0.35	0.32	0.62			■
32 黑色金属冶炼及压延加工业	0.54	3.86	4.30			▲
33 有色金属冶炼及压延加工业	0.08	2.96	0.33	▼	▲	
34 金属制品业	0.25	1.60	2.10	▼		▲
35 通用设备制造业	0.54	0.72	0.87			■
36 专用设备制造业	0.62	0.67	0.78			■
37 交通运输设备制造业	4.32	2.38	0.43	▲		▼
39 电气机械及器材制造业	0.70	0.64	0.72			■
40 通信设备、计算机及其他电子设备制造	4.14	2.42	0.05	▲		▼
41 仪器仪表及文化、办公用机械制造业	1.17	1.63	0.20		▲	▼
42 工艺品及其他制造业	0.59	0.40	0.44	■		
43 废弃资源和废旧材料回收加工业	0.03	1.03	0.22	▼	▲	

续表

行　业	梯度系数比较			工业分行业比较		
	北京	天津	河北	北京	天津	河北
44 电力、热力的生产和供应业	3.38	0.87	1.89	▲		
45 燃气生产和供应业	2.59	0.30	0.08	▲		▼
46 水的生产和供应业	1.27	1.55	0.49		▲	▼

资料来源：根据表 5-6 至表 5-8 整理所得。

根据以上京津冀地区梯度系数的比较分析，在采掘业中，它包括煤炭、石油和天然气、黑色金属和非金属矿产采选业，石油和天然气是天津绝对优势的行业市，而河北的绝对优势行业是非金属采选业，对于北京而言，虽然北京的煤炭产量小于河北，但是由于北京的特殊地域和经济因素，如技术、人力、资本等方面，表明北京的梯度系数仍高于河北。

在原材料加工业行业中，黑色金属冶炼及压延加工业和金属制品业是河北省的绝对优势行业，但是对于北京而言，它具有一定优势的行业是石油加工及炼焦业和医药制造业，天津市的绝对优势和一定优势行业分别是有色金属冶炼及压延加工业和化学原料及化学制品。

根据京津冀地区的地域环境分析，现在北京市已经进行产业结构升级，开始把原材料加工业转移到津冀地区。这不仅缓解了北京市环境保护的压力，同时，北京市的产业转移也带动了津冀地区的经济发展，从而改善京津冀地区产业结构的整体布局，从整体发展的角度分析来改变京津冀地区只以北京为发展中心的观念，从而形成我国北方的经济圈，此时最有代表性的就是首钢搬迁至河北省。此次重大的调整不仅是产业结构的调整，也是消除北京的环境污染压力，同时带动河北整体产业发展。此外，根据北京市产业发展要求，北京市已陆续停产了许多高污染、高耗能的企业，对于原来北京的“五小”产业也已经全部退出北京。

在普通加工业中，河北具有很大的绝对优势，例如农副食品加工、纺织、造纸及纸制品、印刷和记录媒介的复制、橡胶制品业和塑料制品等行业；北京则是医药制造业；天津在食品制造、烟草制品和废弃资源和废旧材料回收加工行业。在要素成本方面，河北低于北京，同时，河北还是良好的产业和生产基地。因此，现根据国家政策主导，普通加工业正在由北京地区逐步转移到河北地区。

在装备制造业中，天津市则在仪器仪表及文化、办公用机械制造业和水的生产和供应业上占有绝对优势；河北则在通用设备制造业、专用设备制造业和电气机械及器材制造业上占一定优势。对于北京现在的经济发展状况分析，河北应该加强电力、热力生产，为北京提供有力的基础设施支撑。

（七）京津冀地区工业行业加权梯度系数分析

通过对北京、天津和河北三个地区 2001~2010 年十年的产业梯度分析，得到每个地区每年的产业加权梯度系数，工业行业加权梯度系数是每个行业的梯度系数与这个工业行业额占总工业行业额比率的乘积。

北京市 2001~2010 年加权梯度系数及变化趋势如表 5-10、图 5-4 所示：

表 5-10 北京工业行业加权梯度系数

年 份	2001	2002	2003	2004	2005	2006	2007	2008	2009	2010
加权梯度系数	5.102	2.791	1.884	2.723	2.712	3.010	3.326	2.842	3.361	4.670

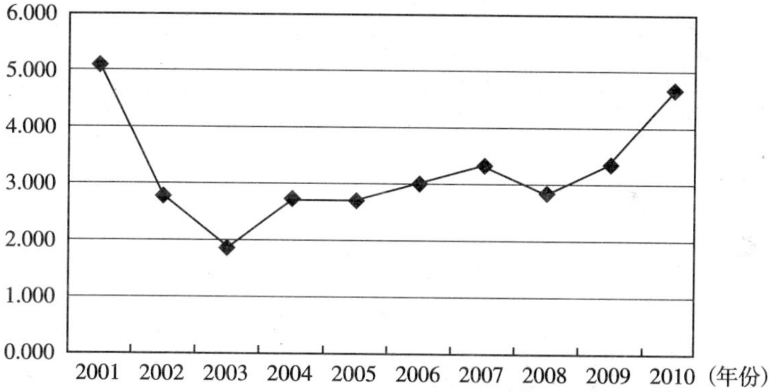

图 5-4 北京工业行业加权梯度系数变化趋势

资料来源：根据《中国工业经济统计年鉴》（2002~2011）数据计算整理。

天津市 2001~2010 年工业行业加权梯度系数如表 5-11、图 5-5 所示：

表 5-11 天津工业行业加权梯度系数

年 份	2001	2002	2003	2004	2005	2006	2007	2008	2009	2010
加权梯度系数	0.863	2.604	1.708	2.639	2.516	2.756	3.416	3.798	9.104	4.998

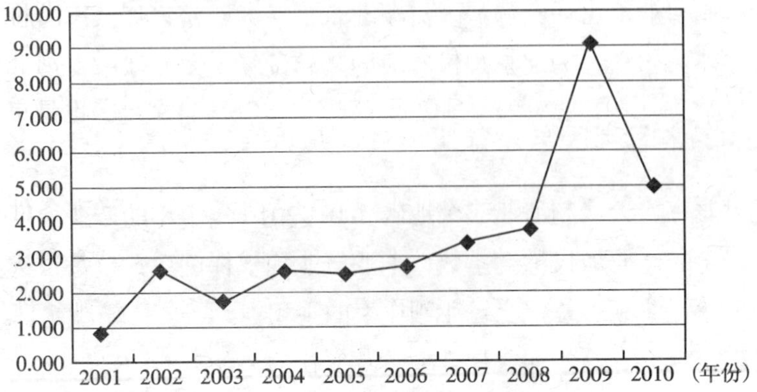

图 5-5　天津工业行业加权梯度系数变化趋势

资料来源：根据《中国工业经济统计年鉴》（2002~2011）数据计算整理。

河北省 2001~2010 年工业行业加权梯度系数如表 5-12、图 5-6 所示：

表 5-12　河北工业行业加权梯度系数表

年　份	2001	2002	2003	2004	2005	2006	2007	2008	2009	2010
加权梯度系数	2.069	2.259	0.121	2.777	2.850	2.711	2.590	2.993	2.702	2.758

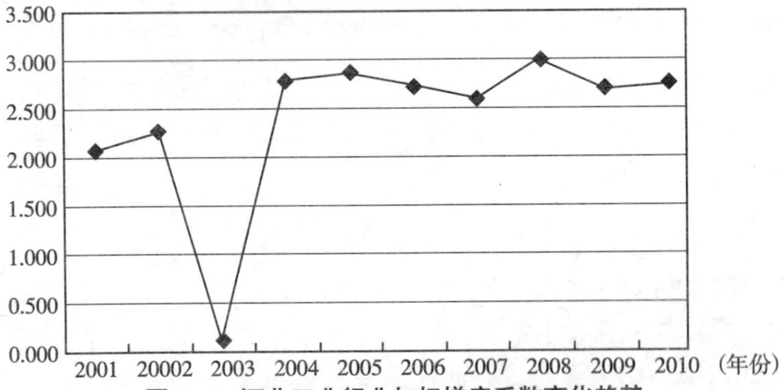

图 5-6　河北工业行业加权梯度系数变化趋势

资料来源：根据《中国工业经济统计年鉴》（2002~2011）数据计算整理。

目前京津冀都市圈区域的划定给京津冀地区经济的发展规划提供了更好的产业结构和布局分布的调整机会。现在北京的重点发展领域是以微电子、计算机、通信、汽车制造、光机电一体化、新材料、生物工程等为主的高新技术产业和现代制造业，以科研、文化、教育为主的创意文化产业，以及以金融、保险、商贸、物流、会展、旅游等为代表的现代服务业。而天津在现有加工制造业优势与港口优势的基础上，定位为大力发展电子信息、汽车、生物技术与现代医药、装备制造、新能源及环保设备等先进制造业；发展现代物流、现代商贸、金融保险、中介服务等现代服务业，适当发展大运量的临港重化工业。河北定位在原材料重化工基地、现代化农业基地和重要的旅游休闲度假区域，也是京津高技术产业的配套基地。

由此可知，京津冀地区的工业产业布局存在一定的产业转移条件，北京主要是高端化产业，天津是传统和现代产业并重，河北的主要产业是传统产业，发展格局比较明显，这就为京津冀区域内部进行产业转移提供了客观条件。

三、京津冀地区产业转移的特点

通过对京津冀地区产业转移的分析，发现该地区呈现出不同于国内外产业转移的特点，主要归纳为以下三点：

（一）产业转移经历资本密集型到劳动密集型再到技术密集型的过程

国内外产业转移的一般规律都是从食品、纺织等劳动密集型产业开始，然后转向石化、冶金、钢铁等资本密集型产业，最后是转向通信、电子等一些层次较低的技术密集型产业。京津冀地区的产业转移却是从资本密集型产业开始的。随着首都打造世界城市的功能定位，在产业结构调整的过程中，首先是将一些成熟的传统重工业，如钢铁行业、传统制造业向河北省环京津的周边地区转移，这些产业大都资源依赖性强、环境破坏严重。如“十五”期间，北京机床制造车间、内燃机总厂制造车间、白菊洗衣机生产基地、北京焦化厂先后落户河北省保定、沧州、霸州、唐山。随着劳动密集型产品加工成本的提高，诸如纺织工业、食品工业等劳动密集型产业也会向河北省转移。

（二）园区建设成为承接产业转移的主要阵地

为承接京津地区转移的产业，河北省积极加强产业园区建设并取得了明显成效。以廊坊市为例，科技谷创业孵化中心、中科院工程热物理研究所中试基地、中国制浆造纸研究院研发中心、国家热工流量仪表质量监督检测中心等先后入驻廊坊，中科院的理化所、中国科学院过程工程研究所、中科院行管局等院所将在科技谷内建立廊坊科技创新基地。目前廊坊的产业向园区集聚集群发展步入新阶段，按照企业集中、园区集聚、土地集约的原则，明晰产业发展路径，优化县域生产力布局。特别是 2010 年，县城防洪圈工程成功获批，成为全国最大、全省唯一的安全区建设工程；文安工业园区成功扩区 3 平方公里，基础设施建设和招商引资取得突破性进展；河北文安新桥工业区被省政府批准为第一批省级工业聚集区；文安工业新区路网工程启动实施，与中国汽车零部件工业公司进行合作开发，开始打造新光源及中国汽车零部件（文安）产业基地；鲁能文安生态旅游度假区战略投资项目正式签约，生态旅游园区建设拉开帷幕。目前，各园区开发建设不断升温，一批“三高一低”项目先后开工建设，园区正成为新的经济增长极。廊坊市 13 个园区仅占全市面积的 1%，却取得了辉煌业绩：2008 年实现地区生产总值 522.4 亿元，占全市总量的 50%；实现财政收入 61.75 亿元，占全市总量的 51%；实际利用外资 37974 万美元，占全市总量的 90%。

（三）产业转移夹杂着较多政策驱动和经济一体化的思想

随着经济的发展，京津冀地区城市发展定位逐渐明朗：北京定位为“国家首都、世界城市、文化名城、宜居城市”；天津提出将其建设成为高水平的现代制造和研发转化基地、北方国际航运中心和国际物流中心、宜居的生态城区的城市功能定位；河北将建成产业转移承载基地、高科技产业配套基地及农副产品供应基地。这些政策目标的制定必然会影响产业转移的整个过程。以北京市为例，北京的城市功能定位意味着对环境质量要求较高，诸如钢铁制造业为代表的对首都环境污染严重的产业成为率先转移的对象。

四、工业产业转移对京津冀地区经济发展的影响

（一）工业产业转移对转出地经济发展的影响

作为在市场经济条件下，基于资源供给或产品需求条件发生变化，产业转移导致某些产业在京津冀地区之间转移的经济行为和过程。它不仅是京津冀地区间产业分工形成的重要因素，也是京津冀地区间产业结构调整和升级的重要途径。产业转移使得京津冀地区的产业结构趋于合理和优化，带动了整个京津冀地区经济的发展。而京津冀地区产业结构的优化与经济发展又反过来促进京津冀地区间

的产业转移，形成互动发展的局势，因此，研究产业转移对京津冀地区经济发展的影响十分重要。

1. 积极影响

（1）增强要素利用高效性和优化资源配置。资源稀缺已成为制约许多经济发达地区经济增长的“瓶颈”，对于京津冀地区的发展也是如此。对京津冀地区的产业结构进行分析后，我们看到对此地区进行产业转移是非常有必要的。根据京津冀地区间不同的资源优势进行产业转移，是充分利用现有地区资源的最好的方法，也保证了产业能顺利获得所需的原材料，较好地克服了劳动力价格攀升、企业交易成本增高、利润下降等诸多不利因素。

对于北京市具有绝对优势的医药制造业和交通运输设备制造业，石油加工、炼焦及核燃料加工业等来说，充分体现了北京地区工业发展空间缺乏，劳动力工资和其他要素成本不断上升的现状，特别是在土地、水电和各种服务成本上涨以及资源环境等方面导致北京的传统工业寻求新的出路。例如，首钢的产业转移到河北正是最好的例子，它的转移不仅解决了北京作为世界大都市的环境要求，也为首钢本身的发展提供了更好的条件。人力资源成本的下降、土地空间的扩大以及服务成本的减少等都为首钢的发展提供了很好的条件，最好的是它能够充分利用地区间的资源互补性，优化配置区域资源，并促进整个京津冀地区的经济发展。

（2）增强和提高企业发展竞争力。对于北京市这个大都市来说，市场化进程加强，企业之间竞争日趋激烈，商品市场逐步由卖方市场向买方市场转变等一系列因素促进了京津冀地区产业转移的步伐，利用地区间的竞争优势发展企业。产业转移在对京津冀地区移出地企业技术和管理水平提出更高要求的同时，也输出了京津冀地区移出地企业的经营管理理念，有利于构筑以移出地为核心的京津冀区域经济共同体，增强京津冀移出地企业的发展竞争力。

（3）促进产业结构调整升级。从整个京津冀地区的发展定位来看，充分利用京津冀地区间的资源优势能够非常好地解决现在的资源匮乏问题。从北京市目前城市发展定位来看，未来的发展北京市将以发展第三产业为主，大力发展知识和技术密集型产业，培育高附加值行业，重点发展现代服务业、高新技术产业和现代制造业。同时为了加大首都的资源和环境保护，要逐步淘汰和弱化重资源型和重型化工业产业。而对于天津市和河北省来说，重点发展和提升工业的发展，增强本身的主导力量，促进现代化制造、钢铁、装备制造、石油化工、食品、医药、纺织服装等产业的发展，建立好中国北方经济的第三极。

2. 消极影响

（1）失业率增加，导致社会问题。产业转移在给承接地带来新的就业机会的同时，也让转出地的员工面临新的抉择。对于升级目标明确的转出地来说，生产制造环节在逐步转出去的同时，员工如果选择留下来，就面临着重新择业的问题，他们需要重新进行教育和培训才能找到合适的岗位，如果长时间找不到合适的就业岗位，就会引起社会动荡。一般来说，转出地经济发展水平较高，生活环境较好，对外来务工者构成吸引力，他们愿意留在当地，就需要通过提高自身素质寻找重新就业的机会。

（2）降低转移产业的竞争力。产业转移在转出的过程中，随着相应人、财、物等生产要素的转出，对转出区而言，一般会逐渐降低转移产业的竞争力，久而久之，随着转出规模的不断扩大，直至最终完全转出，就会失去转移产业的竞争力。

（二）工业产业转移对承接地经济发展的影响

1. 积极影响

（1）弥补资本要素不足。京津冀产业转移过程中势必涉及京津冀地区间大量土地、机器设备、生产原料的购买，这将大大刺激产业承接地投资需求，填补产业承接地期望投资和国内储蓄缺口，在一定程度上弥补资本要素不足的问题，为京津冀地区产业承接地经济起飞创造条件。

（2）吸收先进技术和管理理念。对承接地而言，由于其自身技术基础与成本限制，很难做到研究与开发创新技术。而产业转移往往是由经济梯度较高的发达区域指向梯度较低的欠发达区域，具有梯度性。这种梯度性决定了承接地移入产业的生产技术水平一般要高于当地产业的平均生产技术水平，移入产业的技术溢出效应将发生作用。在产业转移过程中输入的先进技术被承接地消化吸收后会导致承接地的技术进步，带动承接地经济增长。同时，产业转移也带来了先进的管理理念，使承接地企业能够优化企业组织结构，提高企业运营效率，创造更多的利润。

（3）提高企业竞争力。一方面，移入产业与当地产业相比，在资金、技术、人才、市场及营销手段等方面往往占据着竞争优势，这种优势使当地产业卷入竞争之中，有可能使移入产业打破承接地原有产业的低效垄断局面，改善区域产业的市场结构；另一方面，在竞争压力下，当地产业要在移入产业的阴影中生存发展，将不得不采用先进技术，加速现有企业的技术改造和技术进步，提高企业的自主开发能力，改变企业的产品结构，通过新观念、新设计、新工艺、新产品等拓展市场，创造新的消费取向，以提升产业竞争力。

（4）增加就业机会。由于承接地经济发展所限，其就业往往是不充分的。通过产业转移，可以为承接地提供更多的就业机会，提高工人的工资和生活水平，尤其是劳动力大量剩余而资本相对缺乏的国家（或地区）。新型产业的转移，自然会吸引一些劳动力。同时，产业转移一般都是劳动密集型产业的转移，具有较强的劳动力吸纳能力，增加劳动力就业是可能的。

（5）加速工业化进程。产业结构升级与优化需要产业发展中相应要素禀赋资本与劳动技术配合，是一个渐进演变过程。对于承接地而言，可以参照发达国家（或地区）经验，通过吸收发达国家（或地区）产业，引入发达国家先进技术和资本，迅速建立起现阶段自身没有能力发展的产业，大大缩短产业自然演变这一过程，加速本国工业化进程。

2. 消极影响

（1）环境问题。从移出地转移的产业主要是一些劳动密集型和资源密集型产业，这类产业往往会对承接地环境造成严重污染。而承接地由于资金、技术问题对污染治理一般是束手无策，而且出于经济发展考虑，承接地也不愿意舍弃这类产业，最终造成承接地地区环境污染和生态失衡。

（2）民族工业问题。根据比较优势原则进行的产业转移，对承接地而言，其移入的产业是偏重于利用价格较低的自然资源和劳动力要素，属于低附加值产业。这容易造成承接地一味接受传统产业转移而缺乏创新，使产业结构一直处于低附加值化，一定程度上延缓了产业升级时间。同时，移入产业在资金、技术、人才、市场等方面往往占据竞争优势，这种优势不仅打破了承接地原有产业的低效垄断局面，而且威胁着原有产业的生存发展。

（3）自主创新问题。产业转移使承接地与外界经济联系更加紧密，容易受到世界经济波动的冲击，自主性和稳定性受到影响。随着产业转移规模的不断扩大，各国经济对外依赖程度显著增强。同时，一国出现重大政治经济事件和改变重要经济政策，也会给予其他国家（或地区）不同程度的影响，有时还可能相当严重。

(4) 产业结构失衡问题。承接地在接受产业时，很可能为了追求地方政绩而不加分辨地引入各种产业，对于其是否适合本地区发展则有欠考虑。因此可能导致承接地产业结构失去应有的层次性和合理性，产生产业结构失衡问题。

3. 整体影响

对承接地而言，产业转移弥补了资本要素不足，引进了先进技术和管理理念，提高了企业竞争力，增强了就业机会，加快了工业化进程，在一定程度上，加快了区域之间资本、技术、人力、经营能力的流动，是区域产业结构升级转换的重要途径。

同时，产业转移也承接地带来了诸如环境污染、民族工业危机、自主创新能力及产业结构失衡等问题。因此，产业转移对承接地而言有利有弊。针对产业转移带来的消极影响，必须认真分析应对，尽量减少其消极作用。

第五节　我国低碳物流发展现状分析

一、我国低碳物流发展的环境分析

低碳经济发展是一项较为系统性的工程，即使是最先提出低碳经济学的西方国家，实现低碳经济的目标也需要几十年的时间，由此看来，中国如果想实现传统经济向低碳经济的转变，也一定会需要很长一段时间。从短期低碳经济的发展来看，中国发展低碳经济将会面临很多的挑战与困难。

（一）缺乏行之有效的激励体系

技术创新是我国发展低碳经济的关键性因素，然而我国的低碳技术研究与开发存在诸多困难，主要包括：

(1) 我国较大规模的低碳示范项目的投资主要依靠于我国政府部门所发放的政府款以及有关国际机构所发放的贷款及捐款。到目前为止，我国尚未形成比较稳定及科学的政府投入体系。低碳技术的项目研发缺乏金融系统的大力支持，低碳技术研发中资金不足。

（2）低碳技术的研发以及低碳经济的发展缺乏有效且完整的政府支持机制。当前我国相关机构已经制定并且实施了有助于低碳技术研发的一些政策，但随着我国经济体制的不断改革和深入，这些优惠政策不够完善，大部分的优惠政策名存实亡，还有一部分并没有真正实施。

（二）金融支持低碳技术项目融资限制过多，低碳技术发展水平较低

低碳经济发展的核心是技术，但中国70%的低碳核心技术信赖进口，而且发展十分不均衡。冶金、化工、建筑等领域的节能技术达不到发达国家的平均水平。交通领域和电力行业的能效技术还达不到产业化的水平。在可再生能源和新能源方面，大型风力发电设备、高性价比太阳能光伏电池技术、生物质能技术及氢能技术等，也比发达国家存在较大差距。低碳技术的转化主要依靠政府贷款，还没有形成稳定的政府投入机制，低碳技术项目融资限制过多，金融支持严重不足。

部分新的低碳技术具有前期投资大、回报慢和风险不确定性高的特点，而且项目运作初期往往缺乏财务资信证明，使银行无法对项目前景、收益程度等做出准确判断，因此很难向银行申请贷款，更不易通过证券市场融资；交易成本的上升降低了融资成功的可能性。

（三）能源需求不断增加，能源利用结构单一化和高碳化

目前，我国能源消费构成中煤炭接近70%。我国的大部分港口在能源需求方面对化石燃料尤其是石油的需求仍很高，而对其他能源特别是可再生清洁能源的利用很少，能源结构需求单一化和高碳化现象严重。这是由于我国的能源结构以煤炭为主（占80%左右），石油和天然气次之，我国已探明的能源储藏量中煤炭占94%，石油占5.4%，天然气占0.6%。[①] 截至2010年，煤炭作为最主要的能源占到全国一次性能源消费构成的68%，而石油和天然气只占23.4%，相比之下，

① 常志鹏，姚润丰. 能源专家：我国煤炭开采管理薄弱　浪费严重［J］. 中国青年报，2004-4-5.

在全球的一次性能源消费构成中，煤炭占比不到 30%，发达国家煤炭消费量比例大多不到 20%。而水电、核电、风电的利用量虽有增长趋势，但近年来我国的能源损耗呈现出迅速增长的态势，标准煤的消耗从 2000 年的 1.8 亿吨已经增长到了 2007 年的 26 亿吨左右。据专家预测到 2020 年标准煤的使用量将突破 50 亿吨。在我国的能源消耗中比重最大的是煤炭，煤炭的燃烧极大地增加了二氧化碳的排放量，我国已成为世界温室气体排放第二大国。我国在低碳环保方面存在的问题很严重，任务很艰巨。

（四）我国产业结构调整缓慢，能源利用率过低

我国的产业结构十分不合理，这些年一直在制定产业结构调整政策。但我国对第二产业的依赖性依然很强，工业尤其是重化工业占比较大，服务业和第三产业虽然耗能较小，但由于我国的服务业和第三产业的发展和发达国家相比发展比较落后。第二产业消耗了我国大部分化石能源，是造成我国高碳排放的主要原因之一。资料显示，1993~2005 年，中国工业能耗年均增长 5.8%，占总能耗的 70%，其中，冶金、化工、建材等高耗能工业产值不足工业产值的 20%，但能源消耗却超过工业用能总量的 60%，造成我国能源利用率偏低。另外，由于受到地方保护主义的影响，我国依然存在许多能源利用率偏低、工艺设备非常落后的企业，它们无法通过停产来调整产业结构，因此，低效率、高消耗和高投入的问题在我国的某些地区依然较为严重。为了提高能源的利用效率，必须尽快优化我国企业的产业结构，淘汰这些落后的企业及其设备。

（五）碳金融体系尚未完善

碳金融是指服务于减少二氧化碳以及其他温室气体排放的各种金融制度安排和金融交易活动，包括碳排放权及其衍生品的交易和投资、低碳环保项目的投融资、银行的绿色信贷以及其他相关的金融中介活动。国内大多数金融机构包括商业银行对碳金融业务的项目开发、审批以及运作模式、风险管理、交易规则、利润空间等缺乏应有的了解，熟悉碳金融业务的专业机构和人才不足，导致金融机构对发展碳金融交易业务缺乏内在驱动力。据世界银行统计，碳市场成交额 2012 年将达到 1500 亿美元，有望超过石油市场成为世界第一大市场。目前，我国金融市场参与碳交易还是以传统的信贷方式为主，即对政府已经认定为节能减

排的项目以优惠的方式发放贷款，碳金融体系需要进一步完善。

二、我国低碳物流发展取得的成绩

在能源价格不断走高、政府推动低碳经济发展的宏观背景下，物流企业纷纷采取措施，加快低碳物流发展。在政府与企业的共同努力下，我国低碳物流发展取得了一些可喜的成绩。表现如下：

（一）物流设备呈现低碳化发展趋势

近年来我国不断提高物流运输车辆的专业化和现代化水平，优化运输设备结构。如部分物流企业已购置符合欧Ⅲ排放标准的新型货车，提高冷冻冷藏设备的（冷藏柜、冷藏车、展示柜、冷库以及制冷配套设备等）节能减排技术，中国船舶、港口机械与施工设备的大型化与标准化正在有序进行。另外，随着中国物流的快速发展，物流设施设备需求迅速增加。部分企业正加大物流设施设备的循环利用力度，减少对环境的污染和碳排放，比如重复使用包装材料、拆解和回收废旧物流设备、改造已有物流设施（如废旧仓库）等。

（二）物流企业采取各种措施实现节能减排

在海运方面，航运公司开始“试水”小船换大船，减速航行来降低能耗，努力尝试船型标准化，靠港船舶使用岸电，同时，对船只的燃油、装卸设备等提出“低碳”要求。公路方面，淘汰老旧车辆，鼓励购置符合欧Ⅲ排放标准的新货车，应用 GPS/GIS 等信息技术，推广甩挂运输，实施集约化管理，加强员工培训。在航空方面，通过不断优化航路，采用先进技术、先进设备、先进机型等手段实现节能减排。

（三）物流运行组织方式不断优化

多式联运是水路、公路、铁路和航空等多种运输方式的有效结合。一般来说，水路运输由于其成本低廉、运输能力强，在多式联运中是必不可少的，包括公路、铁路、航空等其他方式基本都是水路运输的延伸和补充。目前，中国多式联运通道基本形成，铁路与海运衔接较紧密，其中海铁联运班列线共 56 条，占铁路集装箱班列线的62%。另外，我国运输线路不断优化，甩挂、滚装等运输方式的积极应用。共同集货配送的实施，空载率不断减少。高速公路不停车收费，减少公路运输车辆停车、启动次数等。这些不断优化的物流运行组织方式，有效地降低了温室气体排放，促进了低碳物流的发展。

三、我国低碳物流发展出现的问题

虽然近年来我国在低碳物流方面发展取得了一些成绩，但也存在不少问题，主要集中在以下几个方面：

（一）政府的思想认识不统一，监控管理不到位

目前“先污染，后治理说”这一思想在中国还占据着一定的地位，有些政府官员认为中国是发展中国家，处在经济发展的初级阶段，环境污染不可避免，只有当经济发展到一定水平，才可能有效地去治理。另外，我国还没有专门的物流部门来规划物流业的发展和监督物流活动的实施，物流活动因需跨越不同的行业和地区，而管理却分属于不同的职能部门，如交通运输、铁道、民航、邮政，商务等。由于各职能部门对现代物流缺乏统一的战略思想和整体规划，力量分散，导致物流活动监控管理均不到位，甚至出现“管理真空”地带。特别是我国空运、铁路、公路等专业化物流系统分割运营，越加造成物流资源的分散和监管不力。

（二）物流信息技术落后，物流资源未能合理利用

机械化、自动化、信息化水平不高，不少物流企业还处在电话联系、手工操作、人工装卸的低级阶段。许多现代信息技术，如条码技术、射频技术、EDI技术、全球卫星定位系统技术等都还处于初级阶段，信息化水平较低制约了物流系统的效率和规模化运作，造成机动车空载率高，空驶率高，增加了道路上的车辆数量，也增加了无效碳排放，严重影响了物流效率。据统计，目前我国商品周转率只有发达国家的30%，每平方米库存的商品量只及发达国家的25%，配送差错率达国家的25%，配送差错率为发达国家的3倍，仓库过剩量达到40%，公

路货运因缺乏合理的物流组织，空驶率多年来保持在50%左右。① 与发达国家相比较，我国的物流技术水平离低碳还有一定差距。提高物流信息化是现代物流的基础，也是提高物流效率的前提。

（三）废弃物污染严重

“物流”涵盖了运输、配送、仓储、包装、装卸、流通加工等一系列服务，在这一整条服务链中，每一环节都会产生废弃物，这些废弃物如果没得到合理的利用或处理，难免会带来环境污染。废弃的机油、柴油，在包装过程中出现的油漆渣滓，难降解的塑料包装材料，在商品流通过程中，遇到有易爆、易燃、危险品、化学品在商业储存中保管不当，或运输中遭遇意外事故，都可能会使其散失到空间、水域或陆地，从而造成对环境的污染。

（四）物流人才缺乏

由于低碳物流这一概念提出较晚，我国长期以来对这一领域的重视不够，导致了我国通晓现代物流的高端复合型人才稀缺。当前我国物流从业人员较多，但人员素质不高，国内多数物流企业中物流操作岗位的从业人员主要来源于传统的搬运、装卸等岗位，甚至直接招聘农民工。据专家介绍，目前物流人才缺乏，是因为物流人才的教育培养没有跟上经济发展的需要，这在短时期内是难以解决的，如今要缓解物流人才供需矛盾突出的压力，除了要加快高等教育物流专业的建设步伐，更现实的途径是继续推广我国物流师职业资格标准的认证，让更多已经从事物流工作或打算将来从事物流工作的人员通过在职培训的方式掌握专业的物流知识和技能。

四、我国物流难以低碳化发展的原因分析

（一）法制不健全、政策不到位

近年来，我国已经制定了《煤炭法》、《节约能源法》、《电力法》、《清洁生产促

① 黄福华，刘长石. 国内物流产业发展理论研究现状与趋势［J］. 经济学动态，2009（10）：74–75.

进法》、《可再生能源法》、《循环经济促进法》等多部有关低碳经济方面的法律，但这些法律法规制定的不是很详细，可操作性差，导致我国当前的环保领域执法效果不理想、环境污染状况得不到根本改善。

对新能源的开发利用是实现低碳经济的重要途径。现在国家对新能源汽车的补贴处于试点当中，混合动力车的基建配套、消费者的购车理念、行业标准的统一都急需解决。如建充电网，必须要国家电网的配合。与低碳物流相关的措施碳税虽酝酿很久，但国家发改委、财政部和环保部等尚未对征收标准、征收对象形成一致的看法。

（二）物流企业融资难

不管是生产企业还是流通企业为了实现利润最大化，会做出一些不顾社会效益的短期行为，如资源利用短期化，低碳物流的实施需要企业改善原有的经营模式，实现由粗放型向集约型转变。如对高碳能源的革新和利用、新能源交通工具的创新，都需要企业大量的技术投入和资金投入，在短期内无疑会增加企业成本。我国大多数物流企业规模比较小，这种小企业发展缓慢，融资困难，虽然很多企业已经意识到了高能耗、高排放、高污染等问题的严重性，但实施节能措施的巨大资金投入导致很多企业望而却步，在实施环保型包装、节能燃料的使用方面步伐缓慢。

（三）制度设计不严密、执法不严格

2008 年 6 月，我国曾出台了“限塑令”，在全国范围内禁止生产、销售、使用厚度小于 0.025 毫米的塑料购物袋，实行塑料购物袋有偿使用制度。“限塑令”刚推出时成效显著，但不久后出现了塑料袋使用量反弹现象。限塑令之所以难有成效，跟制度设计不严密、执法不严格也有关。但如果用公共财政购买可降解的环保袋，在免费享用的同时，还可以得到一些物质上的奖励，这样的制度设置易接受一些。另外，既然下了令，就该严格执行，一旦变成了可遵守可不遵守，就很难长期有成效。

第六节 我国金融发展现状分析

一、我国金融发展总量水平

改革开放以来，我国金融总体发展水平最突出的特点就是金融总量快速增长，尤其是经济货币化程度的迅速增长。经济货币化过程一般是指一国国民经济中用货币交易的商品和劳务占其全部产出的比重及变化过程。经济货币化与经济商品化和货币作用力成正比。在计量上是通过将货币交易衡量的产出量（包括有形或无形的商品和劳务的产出）比整个社会的总产出，以此来作为对经济货币化程度的衡量。发达国家经济发展历程表明经济货币化与国民经济发展水平之间存在相互依存的关系。经济发展初期经济货币化程度较低，随着经济增长和金融的发展，货币化程度会逐渐上升。1973 年，麦金农指出用经济货币化指数来反映金融总体发展水平。

我国改革开放以来，经济货币化进程的各项如表 5-13 所示。可以看出，1978 年我国货币化指数（M2/GDP）为 32%，2010 年我国货币化指数则达到了 180.9%，平均增长率达到 5.7%。目前我国货币化程度已远远超过日本和美国，可见我国货币化进程自改革开放以来以超常速度在增加。

表 5-13 我国货币化进程

年份	流通中的现金（M0）（亿元）	基础货币（M1）（亿元）	广义货币量（M2）（亿元）	GDP（亿元）	M2/GDP（%）	M1/M2（%）
1978	212.0	948.5	1159.1	3624.1	32.0	81.83
1980	346.2	1443.4	1842.9	4517.8	40.8	78.32
1985	890.0	3340.9	5189.9	8964.4	57.8	64.37
1990	2644.0	8793.2	15293.7	18547.9	82.2	57.49
1993	5864.7	18694.9	31501.0	34634.4	100.7	59.35
1994	7289.0	20540.7	46923.5	46759.4	100.4	43.77
1995	7885.0	23980.0	60750.0	58478.1	103.9	39.47
2000	14700.0	53000.0	135000.0	89468.1	150.5	39.26

续表

年份	流通中的现金（M0）（亿元）	基础货币（M1）（亿元）	广义货币量（M2）（亿元）	GDP（亿元）	M2/GDP（%）	M1/M2（%）
2005	24031.7	107278.8	298755.7	182321.0	163.9	35.91
2006	27072.6	126035.1	345603.6	211924.0	163.1	36.47
2007	30375.2	152560.1	403442.2	257305.6	156.9	37.81
2008	34219.0	166217.1	475166.6	314045.4	151.3	34.98
2009	38246.0	220001.5	606220.6	335352.9	180.8	36.29
2010	44628.2	266621.3	725774.1	401202.0	180.9	36.74

资料来源：《中国统计年鉴》（2011）。

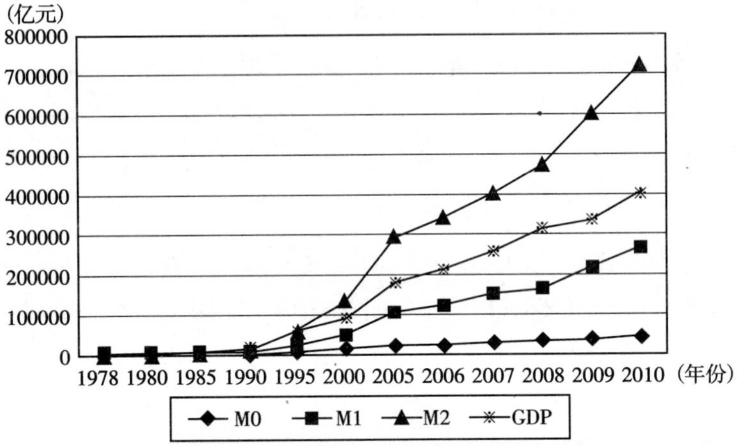

图 5-7 我国货币供应量及 GDP 增长

进一步分析图 5-7 可以发现，我国经济的货币化进程呈现出突出的阶段性特征，在 1994 年以前，我国广义货币供应量 M2 小于国内生产总值，此后 M2 的增速加快远远超过了 GDP 的增速。1978~2010 年，我国名义国内生产总值年平均增长率为 16.4%，M2 的年平均增长率为 23.08%，2010 年的 M2 相当于名义 GDP 的 1.8 倍。可见，改革开放以来我国货币增长快于 GDP 的增长，货币化程度的快速提高是新兴市场化国家的共同特征之一，但我国货币化进程在各国经济发展中是少见的。

我国货币化程度变化如图 5-8 所示，可以看出，在我国货币化进程中，M1/M2 的比率一直处于下降态势，1978 年该比例为 81.83%，到了 2010 年该比率下降到了 36.74%。这是我国经济货币化的一个重要特征。广义货币供应量 M2 包括狭义货币 M1 和准货币，其中准货币流动性较 M1 更小，主要发挥储蓄功能。

由于 M1/M2 的比率在持续下降，所以我国广义货币供应量中准货币的比率在不断提高，目前这一比率已经高达 63%以上，这说明我国的 M2 具有更强的积累性。除去货币当局增加流动性的因素，在我国经济增长过程中，由于居民储蓄率不断提高，而该部分主要贡献了准货币的增长，也是 M2 得到迅速增长的原因之一。

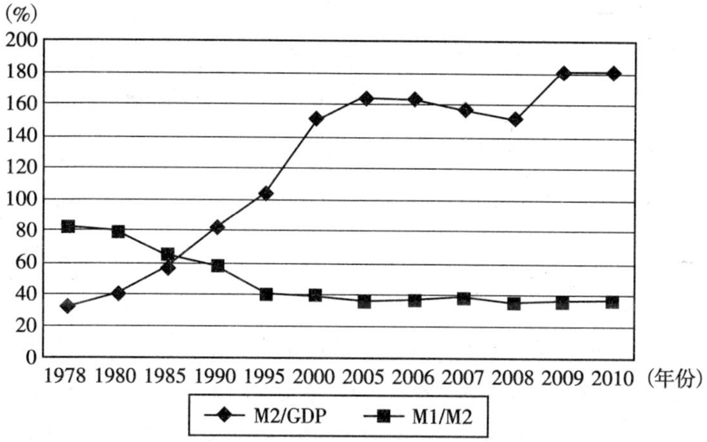

图 5-8 我国货币化程度变化

资料来源：《中国统计年鉴》(2011)。

通过经济货币化进程可以看出，我国金融总量呈现出迅速提高的趋势。

二、我国金融结构的转变及发展

从 20 世纪 60 年代开始，特别是进入 70 年代以后，随着布雷顿森林体系的瓦解和世界性的石油危机，利率和汇率出现了剧烈波动。宏观经济环境的变化，使金融机构的旧有经营模式和业务种类失去了市场，同时又给它们创造了新的潜在业务和巨大的发展空间。同时计算机与通信技术的长足发展及金融理论的突破促使金融机构的创新能力突飞猛进，而创新成本却日益降低。在强大的外部需求召唤下，金融机构通过大量的创新活动，冲破来自内外部的各种制约，导致全球金融领域发生了一场至今仍在继续的广泛而深刻的变革：形形色色的新业务、新市场、新机构风起云涌，改变了金融总量和结构，而且还对金融体制发起了猛烈的冲击。金融与经济的融合已经不仅仅只通过“货币化”来体现，衡量金融发展的标准也随之发生改变。全面合理的度量应该将迅速增长以及仍在不断扩展的金融工具包含进来。“经济金融化”便是衡量金融发展的一个有效的方法。

经济金融是指一国经济货币及非货币性金融工具总值占该国国民生产总值之比，比率越高说明经济金融化程度越高。从定义上看，经济金融化实际上是经济货币的发展和延伸。从指标本身看，经济货币化指标应该小于经济金融化指标，显然后者的分子项中还包含了非一般货币形态金融工具。从发达国家金融发展指标的变化上看，经济货币化程度呈现出先增加后减少的趋势，而经济金融化程度则呈现不断上升的趋势，因为在经济发展的早期，金融总量的增加主要表现为用于交易货币量的增加，狭义货币量和准货币量（主要是存款部分）不断增加，随着经济发展程度提高，准货币的增长则更加迅速，这表现为广义货币量的迅速提升，而当经济发展到一定程度后，广义货币的增长速度则会相应放慢，各种非货币型金融工具比如大额存单、股票、债券等的增长速度则会相应加快，这最终使得融化程度不断提高，而经济货币化程度下降。从指标上衡量我国金融发展程度，需要同时考虑到经济货币化和经济金融化。这是因为，一方面，我国仍是发展中国家，与发达国家所处的经济发展阶段不同，经济货币化程度的提高是金融发展的重要方面，大多数发展中国家金融发展还主要处于货币量增长阶段，非货币型金融工具占总金融资产的比重仍然较低；另一方面，在金融全球化背景下，我国金融国际化程度不断提高，非货币型金融工具增加也十分迅速，所以仅用货币化指标也不能准确地反映我国真实的金融发展程度，在考虑货币化程度的基础上辅助使用金融资产总量或者多种金融工具来取代广义货币量计算的经济金融化水平是衡量我国金融整体发展较为合理的方法。

采取多种措施不断发展和深化金融市场，改进强化对金融体系的审慎性监管，这使得我国当前金融深化正处在由广义货币量增长向货币与非货币型金融资产共同提升的阶段。从我国金融资产结构来看，金融资产总量中非银行金融资产的比重在逐年提升，尤其是20世纪90年代我国金融体系框架已基本形成以来，金融机构和金融工具的类型和数量日益丰富，特别是各种金融工具已从原来仅有的简单信贷工具发展到国债、债券、股票、基金、保险、期货等多种融资和风险管理工具并存的阶段。

金融市场也越来越活跃并朝着深度方向持续发展，我国已建立起以各类商业银行、证券公司、基金公司以及保险公司为主体的比较齐全的金融组织体系，非银行业金融机构存款特别是证券、基金和保险公司发展迅速，金融工具和金融市场的发展推动了我国非货币型经济资产占总金融资产的比率不断扩大。

总金融资产包括现金、存款余额、贷款余额、债券余额、股票市值以及保费收入。其中流通中现金代表了持有者对中央银行的债权；金融机构存款是存款人对商业银行和其他各类金融机构的债权；金融机构贷款是银行对贷款人主要是企业的债权，债券和股票是两者主要的直接融资工具，反映了出资者的债券或所有权。我国金融资产结构变化如表 5–14 所示，可以看出改革开放以来，我国金融资产总量实现了从 3196.5 亿元到 1676733 亿元的迅猛增长。与金融资产迅速增长紧密相关的是，我国金融化程度即金融资产与 GDP 的比率迅速提升，从 1978 年的 88.2%增长到 2010 年的 417.93%（如图 5–9 所示）。

表 5–14 我国金融资产结构的变化

年份	现金（亿元）	金融机构存款余额（亿元）	金融机构贷款余额（亿元）	国内债券余额（亿元）	股票市值（亿元）	保费收入（亿元）	金融资产总额（亿元）
1978	212.0	1134.5	1850.0				3196.5
1980	346.2	1661.2	2414.3				4421.7
1985	890.0	4264.9	5905.6				11060.5
1990	2644.0	14012.6	17680.7	1319.3		156.0	35813.0
1995	7885.0	53862.2	50358.0	5913.9	3474.3	453.0	122126.4
2000	14700.0	123804.4	99371.1	21264.9	48090.9	1598.0	308829.3
2001	15689.0	143617.2	112314.7	25161.1	43522.2	2109.0	342413.2
2002	17278.0	170917.4	131293.9	29390.2	38329.1	3054.0	390262.6
2003	19746.0	208055.6	158996.2	45903.6	42457.7	3880.0	479039.1
2004	21468.3	241424.3	178197.8	40657.6	37055.6	4318.0	523121.6
2005	24031.7	287163.0	194690.0	48503.6	32430.0	4929.0	591747.3
2006	27072.6	335460.0	225347.0	59816.6	89404.0	5640.0	742740.1
2007	30375.2	389371.0	261691.0	86351.1	327141.0	7036.0	1101965.3
2008	34219.0	466203.0	303395.0	99304.4	121366.0	9784.0	1034271.4
2009	38246.0	597741.0	399685.0	127174.0	243939.0	11137.3	1417922.7
2010	44628.2	718238.0	479196.0	154719.8	265423.0	14528.0	1676733.0

资料来源：《中国统计年鉴 2011》、《中国金融年鉴》（相关年份）。

结合图 5–9，改革开放以来我国金融发展过程可划分为三个阶段：第一个阶段（1978~1994 年）是我国金融发展启动阶段，该阶段的数据显示我国货币化程度及金融化程度稳步提高，改革开放为我国金融发展创造了良好的条件。第二个阶段（1994~2003 年）是我国金融发展加速阶段，这一阶段我国金融发展速度呈现不断加速的趋势。随着金融体制改革的深入以及资本市场的初步建立，我国现代金融体系结构基本确立，这加速了我国的货币化以及金融化程度。从两个图中可以发现在 1994 年之后，我国广义货币量超过名义 GDP 迅速增长，使得货币化程度迅速提高的同时，我国金融化率也出现了加速提升的状况，这两个方面反映的结果都显示，从 1994 年之后我国金融发展的速度不断加快。第三个阶段（2003 年至今）是我国金融发展优化调整阶段，该阶段的数据都显示先下降后上升或高位振动的状态，表明我国金融市场正处于规范调整阶段。随着我国资本市场的快速发展，由历史遗留的一系列矛盾以及制度性障碍逐渐显现，我国金融市场的发展需要进一步的深化改革，并且也可以看出，随着我国加入 WTO，金融开放程度不断提高，国际金融危机对我国金融发展指标的影响也十分显著。

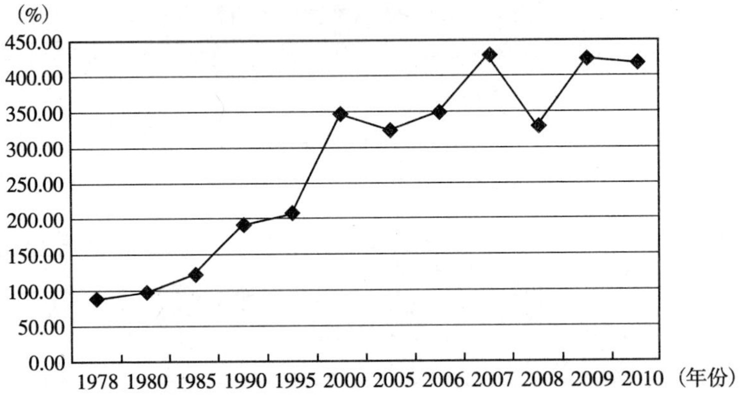

图 5-9 我国金融资产总值占 GDP 的比重

从金融结构来看，我国金融资产的组成结构已经从单一的银行类资产向多元化、市场化的方向逐步转变。我国各类金融资产占比变化如图 5-10 所示。可以看出，改革开放以来我国金融资产种类不断增多，并且在金融资产种类增加的背后又有更多新的金融机构和市场主体在不断涌现，比如，除了银行体系的存贷款外，新出现的财务公司、租赁公司、信托公司、农村商业银行、城市商业银行等都提供存贷款业务；债券的种类也逐渐增多，不仅有最初的国债，还包括企业债和金融债券（我国将金融机构发行的债券与非金融企业债券作了区分）；股票投资的机构投资者也越来越多，金融市场分析能力也显著增强。另外，由于目前我国资本市场的发展相对银行体系滞后，特别是债券市场的发展不足，我国金融资产结构仍表现为存贷款资产占相当大的比重，虽然改革开放以来我国存贷款资产占比在不断下降，从 1978 年的 93%下降到 2010 年的 71.4%，但下降速度较为缓慢。2007 年我国股票和债券资产所占比重达 37.5%的最高水平，但在本次金融危机的冲击下，金融工具的市场价值减缩，并且政府为了防止经济过度衰退实施了宽松的经济政策，信贷货币投放迅速增加，这导致我国存贷金融资产的比重又出现反弹的现象。我国目前金融资产结构的特点仍然是直接融资工具发展滞后，间接工具所占比率过高，这表明我国的货币与资本市场仍待进一步发展。

1978 年以来，中国金融改革大致按照从易到难、从低成本领域到高成本领域的顺序逐步展开的。中国金融业经历了政府主导下渐进式的改革过程，体现为通过不断的“试错”过程，从以利率、汇率市场化为核心的价格机制改革到以创造市场竞争主体为重点的产权制度改革过程，以及从创新到规范再到制度化的过程。在很大程度上政府行为成为影响中国金融改革的主导力量，来自市场的力量一直处于从属地位，长期以来为支撑国有企业的改革，金融体系扮演着负担国有企业改革成本的角色，这就导致中国的金融发展相对于整个经济体制改革存在明显的滞后性。

改革开放以来我国金融发展呈现以下特点：

（一）金融部门的结构不合理

根据调查显示，我国 90%以上的小企业贷不到款。与此同时，中国银行不缺钱，银行总资产 110 多万亿元，M2 是 85 万亿元。银行不缺钱，中小企业、微型企业却贷不到款，由此产生了矛盾，这是金融结构不合理造成的。由于金融市场不发达，非银行金融机构缺乏繁荣发展的基础，传统的银行业（存款货币机构）在金融部门中占据了过多的份额。2008 年，在中国各类金融机构的资金运用存量结构中，存款货币机构的份额达到了 89%，而包括保险公司、证券投资基金等在内的非银行金融机构仅有 11%。[①] 以传统银行业为主体的金融部门主要服务于大型企业，不仅缺乏对中小企业和高新技术产业的支持，也缺乏对居民部门的支持。例如，在 2008 年的全部贷款中，居民部门的贷款仅占 18%，远远低于金融发达国家的水平。

（二）非金融企业的融资结构不合理

在我国金融市场中，债券市场不发达，非金融企业部门的外部融资长期依赖

① 殷剑峰. 中国金融发展水平的国际比较与上海国际金融中心建设 [J]. 金融评论，2011（1）：45-60.

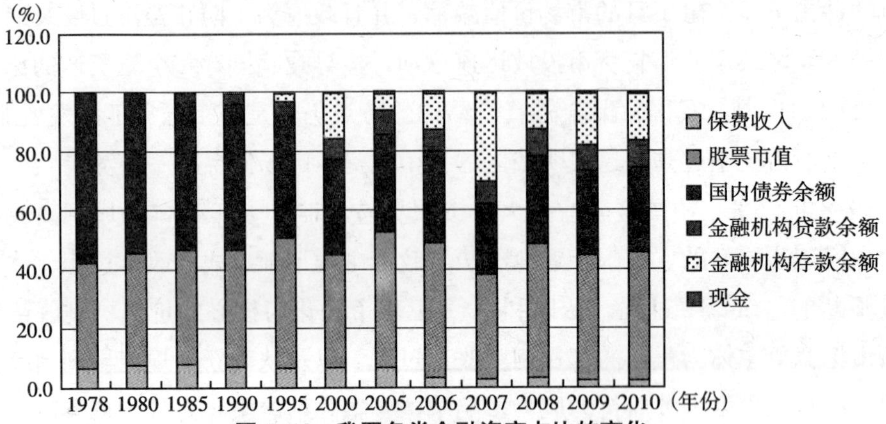

图 5-10 我国各类金融资产占比的变化

资料来源：《中国统计年鉴》(2011)、《中国金融年鉴》(相关年份)。

银行贷款。2008 年，在我国非金融企业资金来源存量结构中，贷款高达 74%，债券仅为 4%。2010 年全国各地区非金融机构部门融资结构明显优化，占主导地位的贷款融资量占比，较上年下降 6 个百分点，直接融资在资金配置中的比重进一步提高，股票和企业债券融资量占比较上年上升了 3.5 个百分点。[①] 从融资额地区分布来看，各种融资方式均维持东部高，中西部、东北部逐渐降低的格局。但是，贷款仍占主导地位，使得我国的银行业不能够为中小企业和居民部门提供更多的服务，对经济的平稳发展和转型构成严重制约。

三、京津冀地区金融发展水平分析

1969 年，戈德史密斯在《金融结构和金融发展》一书中提出了金融结构理论。他创造性地提出了衡量一国金融结构和金融发展水平的存量和流量指标，并指出金融发展是指金融结构的变化，这种变化既包括短期内的变化，也包括长期内的变化；既是各个连续时期内的金融交易流量，也是对不同时点上的金融结构的比较变化。他把各种金融现象归纳为三个基本方面，即金融工具、金融机构和金融结构。金融工具是指对其他经济单位的债权凭证和所有权凭证；金融机构即金融中介机构，指资产与负债主要由金融工具组成的企业；金融结构即一国现存的金

① 2010 年中国区域金融运行报告.

融工具和金融机构的存在、各自的性质、分布及其相对规模。结合相关理论，本书选取金融相关比率、证券换率、保险深度、保险密度、存贷比、金融业从业人数等几项指标，并收集2004~2009年的数据对京津冀地区金融发展水平进行横向比较。

（一）指标选取

1. 金融相关比率

戈德史密斯提出，金融相关比率的定义是全部金融资产总额与全部实物资产价值之比。在我国，银行是金融资产的主要集中地，其中贷款和存款又是占据银行资产成分最大的因素，并且由于金融资产的统计数据在我国各地区都十分缺乏，所以我国一般采用银行的存贷款之和与国内生产总值之比来计算金融相关比率，即：

金融相关比率＝某一地区一定时期期末金融机构存贷款余额/同期GDP

本书中利用该指标来反映银行业的深化程度。

2. 证券化率

证券化率是用来衡量证券市场发展程度的重要指标。它的含义是某一地区各类证券总市值与该地区国民生产总值的比率，是衡量一国证券市场发展程度的重要指标。证券化率是衡量一国证券市场发展程度的重要指标。国外的证券市场证券化率一般在40%~100%。成熟的发达国家证券市场的证券化率高的超过100%，发展中国家一般维持在50%左右。一般来说，证券化率越高，意味着证券市场在国民经济中的地位越重要，其地区的虚拟经济就越发达，规模越大，证券市场的地位就越高。

值得注意的是：①证券化率并非完全与经济发展水平成正比，它还受到国家金融体制、经济政策等因素的影响。②因为证券化率与股市市值相关，所以在短期内具有不稳定性。

证券化率＝某一地区一定时期期末上市公司股票市值/同期GDP

3. 保险深度

保险深度是保费收入占国内生产总值的比重。保险深度可以反映出一个国家的保险业在整个国民经济中的重要地位以及保险市场的深化程度。该指标的计算不仅取决于一国总体发展水准，而且还取决于保险业的发展速度。

保险深度＝某一地区一定时期之内保费收入/同期GDP

4. 保险密度

判断一个保险市场是否有发展潜力，除了要用到保险深度这个指标外，保险密度也是必不可少的。它也可以衡量一个国家或地区的保险业在整个国民经济中的重要地位以及保险市场的深化程度。

保险密度=某一地区保费收入/该地区总人口

5. 存贷比

存贷款比率即金融机构贷款与存款的比率。用于测度金融机构的效率，衡量金融机构执行储蓄向投资转化的功能。

从银行盈利的角度讲，存贷比越高越好。如果一家银行的存款很多，贷款很少，就意味着它成本高而收入少，银行的盈利能力就较差。但是从银行抵抗风险的角度讲，存贷比例不宜过高，因为银行需要留有一定的库存现金存款准备金以应付广大客户日常现金支取和日常结算，如果存贷比过高，这部分资金就会不足，会导致银行的支付危机，甚至有可能导致金融危机，对地区或国家经济的危害极大。所以银行存贷比例不是越高越好，在我国央行为防止银行过度扩张，目前规定商业银行最高的存贷比例为75%。

存贷比=金融机构年末贷款余额/金融机构年末存款余额

6. 金融业增加值比重

金融产业增加值比重，即金融产业在第三产业所在比重，可以衡量出该地区金融业发展速度。

7. 人均金融机构数

人均金融机构数可以表示出该地区人均金融资源，看出金融资源是否丰富。

人均金融机构数=某一地区金融机构数/该地区总人口

8. 金融从业人数

金融从业人数代表了在一个国家或者一个地区该地对金融人才的需求量。如果需求量大，代表该国家或地区金融产业发达，金融发展水平高。如果金融从业人数低，则说明该国家或地区对金融人才需求量小，金融产业并不发达。

9. 其他

在书中还用到了以下四个指标：人均机构存款余额、人均机构贷款余额、人均GDP、人均现金收入。

由于单纯的对这四个指标进行比较意义不大，所以对这四个指标的对比放在后面的图表数据中，这样更加直观明了。

（二）北京金融发展水平现状分析

北京金融发展水平的相关指标数据如表 5–15 所示：

表 5–15　2006~2009 年北京金融发展水平相关指标

年份	人均金融机构存款余额（本外币）元/人	人均金融机构贷款余额（本外币）元/人	人均 GDP（元/人）	人均现金收入（元/人）	人均金融机构数（个/万人）	金融从业人数（万人）
2006	213746.6	114684.4	50467	14854.14	2.087919	12.4
2007	230865	121625.6	58204	177503.4	2.069198	13.2
2008	259473.2	135756.1	63029	160756.3	2.051917	15.6
2009	324559	176939.6	70452	162140.2	1.982906	25.4
年份	金融相关比率（倍）	金融业增加值比重（%）	存贷比（%）	证券化率（倍）	保险密度（元/人）	保险密度（%）
2006	6.597596	12.37643	0.536544	4.904965	2637.94	5.33
2007	6.154147	13.75212	0.526826	16.18564	3099.25	5.53
2008	6.387429	14.24085	0.523199	5.888444	3521.31	5.59
2009	7.242062	13.19531	0.545169	7.242062	4044	5.9

资料来源：《中国区域金融运行报告》（2006~2009）、《中国金融统计年鉴》（2006~2008）。

1. 金融从业人数

从表 5–15 中我们可以看出，2006~2008 年，金融从业人数稳中有升，每年都有小幅的提高，尤其是在 2009 年，金融从业人数为 25.4 万人，是 2006 年人数的两倍之多，与 2008 年相比也有一个质的飞跃，人数突飞猛涨。这说明在 2008 年，北京的金融发展水平飞速发展，金融机构数量大幅增加，市场对金融人才的需求更加旺盛。

2. 金融相关比率

金融相关比率是衡量金融发展水平一个十分重要的指标。在 2006~2009 年中，金融相关比率水平一直都很高，这反映了北京的银行业深化程度高，而且金融发展态势越来越好。

3. 金融业增加值比重

从表 5–15 中可以看到，2008~2009 年，金融业增加值比重有一个小幅的滑落，这与当时金融市场的表现有很大的关系。2008 年，股市大起大落，一时之间许多金融机构不堪重负纷纷破产倒闭，这直接导致了 2009 年金融业增加值比重出现了小幅的滑落。但随着市场的回暖，相信金融业发展会越来越繁荣，而金融业增加值的比重会越来越高。

4. 存贷比

2006~2009 年，北京地区的存贷比一直都很平稳，始终维持在 52%~55%。根据央行的相关规定，即银行机构存贷比上限不得超过 75%，笔者认为北京的存贷比十分合适，既保持了银行的盈利水平，又保证了银行具有充足的库存现金存款，具备相当的抵抗风险的能力。

5. 证券化率

一般来说，证券化率应保持在 40%~100%。在成熟的发达国家，证券市场的证券化率高的超过 100%，发展中国家一般维持在 50%左右。从表 5-15 中我们可以看出，北京的证券化率水平十分之高，受市场的影响，在 2007 年时达到顶峰。证券化率越高就意味着该地区的虚拟经济就越发达，规模越大，证券市场的地位就越高。所以我们可知，在北京，证券业十分发达，意味着北京的资本市场融资能力十分之强。

6. 保险密度和保险深度

这两个指标反映了在北京地区保险业发展的水平，可以显示出该地区金融发展的效率。北京 2006~2009 年的保险效率和保险密度水平在全国处于“领头羊”行列，且这四年间每年都在平稳上升，保险密度由 2006 年的 2637.94 元/人上升到了 2009 年的 4044 元/人，而保险密度也由 2006 年的 5.33%变成了 2009 年的 5.9%，说明保险行业在北京发展态势良好。

（三）天津金融发展水平现状分析

天津金融发展水平的相关指标数据如表 5-16 所示。

1. 金融从业人数

天津在 2006~2008 年金融从业人数一直徘徊在 3.6 万人上下，但是在 2009 年突然增加到了 6.7 万人，几乎是之前的两倍。这说明在近两年，天津的金融发展逐步觉醒，对金融人才的需求量和重视程度也越来越大，希望通过不断地吸纳和引进金融人才，提高金融产业的质量，从而促进金融发展水平的上升。

2. 金融相关比率

天津的金融相关比率数值虽然不高，但是稳中有升，一直呈现向上发展的良

表 5-16 2006~2009 年天津金融发展水平相关指标

年份	人均金融机构存款余额（本外币）元/人	人均金融机构贷款余额（本外币）元/人	人均 GDP（元/人）	人均现金收入（元/人）	人均金融机构数（个/万人）	金融从业人数（万人）
2006	63620.47	50378.79	41163	10344.37	2.249302	3.6
2007	73919.91	58689.06	46122	117208.1	2.2287	3.5
2008	84644.22	65383.67	55473	97825.68	2.020408	3.7
2009	113087.1	90815.96	62574	107462.5	1.9943	6.7
年份	金融相关比率（倍）	金融业增加值比重（%）	存贷比（%）	证券化率（倍）	保险密度（元/人）	保险密度（%）
2006	2.81131	4.286845	0.791865	0.236343	978.42	2.42
2007	2.927669	5.705885	0.793955	1.434115	1353.45	3.01
2008	2.776554	5.674039	0.772453	0.325108	1493.38	2.76
2009	3.328875	6.13147	0.803062	0.491251	1232	2.01

资料来源：《中国区域金融运行报告》（2006~2009）、《中国金融统计年鉴》（2006~2008）。

好态势。这个指标反映了金融上层结构与经济基础结构在规模上的变化以及银行业的深化程度。从天津这个城市来看，总体上它的金融发展是向前的，不仅金融比例在其经济上的规模是增加的，银行业的深化程度也在逐步增大。

3. 金融业增加值的比重

如金融相关比率所得一样，金融业在第三产业中的增加值是不断加大的。尤其是在 2006 年向 2007 年过渡时，增加了将近 1.5 个百分点，这对天津的金融业来说是巨大的进步。在 2009 年，金融业的增加值比重比 2008 年又高了将近 0.5 个百分点。对天津这个城市来说，它正在一步一个脚印地发展自己的金融业。

4. 存贷比

2006~2009 年，天津的存贷比始终在 75%以上，将近为 80%。一方面，这对银行来说可以获得巨大的盈利；另一方面，从银行抵抗风险的能力上来讲，存贷比例过高，意味着银行的库存现金存款准备金资金不足，会导致银行的支付危机。所以对天津的商业银行来讲，其存贷比太高，蕴涵着十分巨大的风险危机，这对该地区的金融业发展是个十分巨大的漏洞和威胁。

5. 证券化率

从表 5-16 中我们可以很清晰地看到，天津的证券化率水平并不高，但是在 2007 年却出现了一个小高潮。这是受市场环境所影响，因为证券化率这个指标具有短期不稳定性，受股票市值影响较大。2007 年，股市出现了大大的“牛市”，基本上推动了所有城市证券化率的上升。但是一旦“牛市”过去，“熊市”

来临，证券化率就会被打回原形，甚至更惨。从 2006 年、2008 年以及 2009 年这三年来看，这三年的证券化率数值应该可以真实地反映天津证券化率的水平，说明了天津的资本市场融资能力并不高。

6. 保险密度和保险深度

在这两个指标上，2006~2008 年，天津的保险密度和保险深度的指标数值都是向上走的，但是在 2009 年却突然降低了不少，保险密度比 2007 年还要少 100 多元，为 1232 元，更甚保险深度在 2009 年仅为 2.01%，甚至比 2006 年还要低 0.4 个百分点。这说明在天津，保险业的地位并不稳固，而且保险业的发展速度缓慢，保险深化程度低，在一定程度上反映出该地区的金融发展效率比较低。

（四）河北金融发展水平现状分析

河北省金融发展水平的相关指标数据如表 5-17 所示。

表 5-17 2006~2009 年河北金融发展水平相关指标

年份	人均金融机构存款余额（本外币）元/人	人均金融机构贷款余额（本外币）元/人	人均 GDP（元/人）	人均现金收入（元/人）	人均金融机构数（个/万人）	金融从业人数（万人）
2006	18376.14	10844	16962	4789.287	1.483329	15.5
2007	20847.3	12223.07	19877	6707.331	1.447213	15.9
2008	25532.55	13602.43	23239	52653.17	1.423952	15.9
2009	31990.9	18885.56	24581	56793.43	1.416833	23.4
年份	金融相关比率（倍）	金融业增加值比重（%）	存贷比（%）	证券化率（倍）	保险密度（元/人）	保险密度（%）
2006	1.728585	2.398882	0.590113	0.074993	367.32	2.2
2007	1.674807	2.576462	0.586314	0.25699	480	2.4
2008	1.689549	2.69245	0.532749	0.085286	689.91	3
2009	2.076327	3.04993	0.590341	0.194042	857	4

资料来源：《中国区域金融运行报告》（2006~2009）、《中国金融统计年鉴》（2006~2008）。

1. 金融从业人数

河北省在 2006~2009 年金融从业人数在前三年一直维持在一个稳定的水平，但是在 2009 年人数由之前的 15.9 万人骤增到 23.4 万人，这与当地政府大力发展金融业有非常直接的关系。说明河北省在积极地发展金融产业，引进金融人才，促进金融发展水平的上升。

2. 金融相关比率

这一数值是衡量该地金融发展水平的重要指标。从表 5-17 中的数据可以看出，河北省的金融相关比率这一数值偏低，原因可能是当地金融机构结构单一，作为银行来讲类型种类少，发展慢，导致银行业深化程度低。但是从另一方面来看，河北省的金融相关比率数值在 2009 年有了小幅的上升，总体趋势还是在努力发展银行业的。

3. 金融业增加值比重

以全国视角来看金融业增加值比重，河北省的该项指标远远落后于全国水平，金融业占第三产业的比重太小。但是以河北省自身的能力来讲，其本身是一个工业城市，而且在 2006~2009 年，河北省的金融业增加值比重是在缓慢上升的，从这里我们也可以看出河北省发展金融产业的目标和决心。

4. 存贷比

河北省的存贷比值一直保持在 60%以下，远低于央行设立的银行机构存贷比值不应超过 75%这一警戒值。说明河北省内的银行经营在保证盈利的情况下也具备承担应对相应风险的能力，其金融机构的效率良好，同时也具备金融机构执行储蓄向投资转化的功能。

5. 证券化率

2006~2009 年，河北省证券化率最高的一年是 2007 年，但是也仅仅为 0.256 上下，这一水平对证券化率需要维持在 0.5 上下的发展中国家来说也是十分落后的，何况在其他三年，证券化率平均值连 0.9 都不到。一般来说，证券化率的高低意味着证券市场在国民经济中的地位是否重要，可以看出，在河北省，证券市场十分不发达，其地位也不高。

6. 保险密度和保险深度

虽然证券市场在河北省并不发达而且受到冷落，但是在保险业中，保险密度和保险深度却在节节攀升。短短四年，保险密度已经由 2006 年的 367.32 元/人飙升到了 2009 年的 857 元/人，其速度高达两倍之多。保险深度的增加度也不容小觑。2006 年，河北省的保险深度仅为 2.2%，四年后，2009 年河北省的保险深度已经上升到了 4%，这一数值在国内来说已经不低了。看来河北省的保险市场发展具有很大的潜力，而且保险业的发展速度也十分迅猛。

（五）京津冀金融发展水平对比分析

1. 京津冀金融发展水平相关指标比较

京津冀 2006~2009 年人均 DGP 如图 5-11 所示：

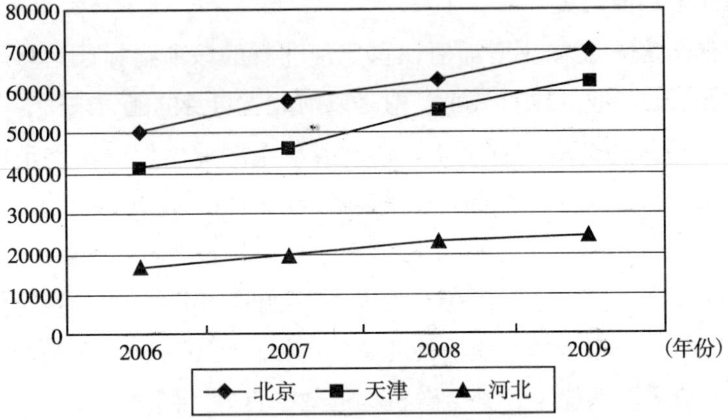

图 5-11　2006~2009 年人均 GDP(元/人)

资料来源：《中国区域金融运行报告》(2006~2009)、《中国金融统计年鉴》(2006~2008)。

人均国内生产总值也称作“人均 GDP”，常作为发展经济学中衡量经济发展状况的指标，是重要的宏观经济指标之一，它是人们了解和把握一个国家或地区的宏观经济运行状况的有效工具。将一个国家核算期内实现的国内生产总值与这个国家的常住人口（目前使用户籍人口）相比进行计算，得到人均国内生产总值。它是衡量各国人民生活水平的一个标准，经常与购买力平价结合使用。

人均国内生产总值 = 总产出（即 GDP 总额，社会产品和服务的产出总额）/ 总人口

从图 5-11 可以看出，北京和天津的人均 GDP 与河北相比，至少要为河北的四倍之上，这反映出三地区的人民生活水平差距相当大。北京人均 GDP 与天津人均 GDP 相比，天津正在努力追赶北京，虽然尚有一定差距，但总趋势在缩小。河北人均 GDP 增长缓慢，与其他两地相比差距越来越大。

京津冀 2006~2009 年人均现金收入如图 5-12 所示。

图 5-12 显示的人均现金收入是金融机构现金收入除以总人口得到的。所以该指标显示的是金融机构吸收当地现金的能力。2006~2007 年，受资本市场波动影响，北京和天津的人均现金收入大幅攀升，到 2008 年有所回落，2009 年趋于

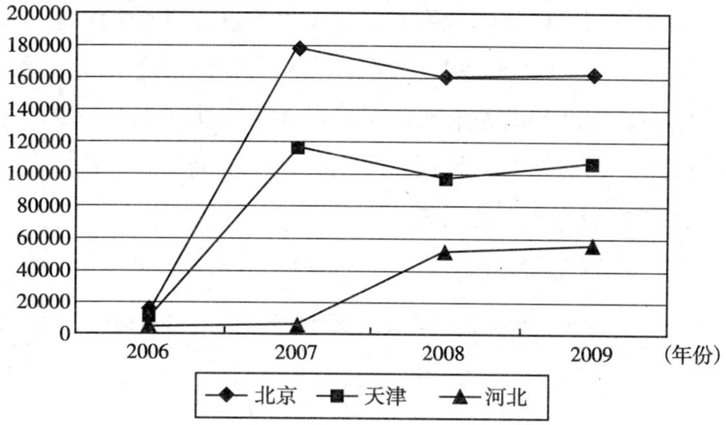

图 5-12 2006~2009 年人均现金收入(元/人)

资料来源：《中国区域金融运行报告》(2006~2009)、《中国金融统计年鉴》(2006~2008)。

平坦。再看河北，2006~2007 年处于平均状态，但是 2007~2008 年却有了飞快的增长，2009 年趋于平衡。

从总体数据上看，北京的人均现金收入远大于天津和河北，而天津的人均现金收入也是河北的两倍之多。

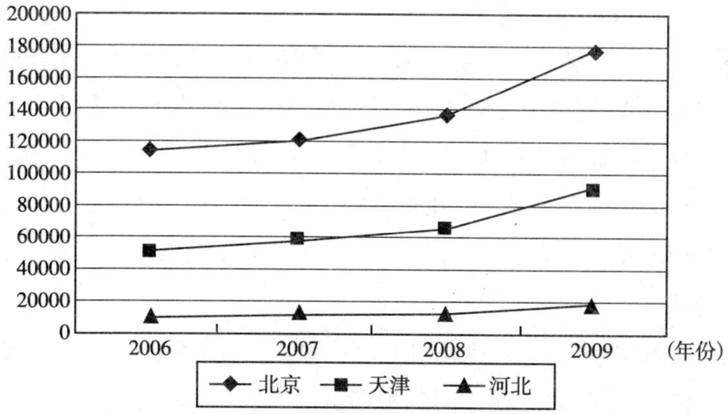

图 5-13 2006~2009 年人均金融机构贷款余额(元/人)

资料来源：《中国区域金融运行报告》(2006~2009)、《中国金融统计年鉴》(2006~2008)。

图 5-13 显示的是人均金融机构贷款余额，可以看到三个城市的趋势都是在增加的，只是幅度有所不同。北京的人均金融机构贷款余额是快速增长，天津的人均金融机构贷款余额是匀速增长，而河北则是缓慢增长。

图 5-11 至图 5-13 的数据分别是人均 GDP、人均现金收入以及人均金融机

构贷款余额。从中我们可以清晰地看到，三个城市在这四个指标上，北京市遥遥领先于其他两个城市。对比天津与河北，显然天津的金融发展水平要在河北之上。在四个指标中，河北与北京和天津的差距十分巨大，我们可以解读出，现在河北的金融产业十分落后，金融发展水平与其他两个城市相比也相去甚远。

2. 京津冀金融发展水平对比浅析

2006~2009 年京津冀的金融发展水平如表 5-18 所示：

表 5-18 2006~2009 年京津冀金融发展水平相关指标

2006~2009 年平均	人均金融机构存款余额（本外币）元/人	人均金融机构贷款余额（本外币）元/人	人均 GDP（元/人）	人均现金收入（元/人）	人均金融机构数（个/万人）	金融从业人数（万人）
北京	263037.7	140426.5	60810.97	14.2375	2.080391	165013.3
天津	86465.69	68423.57	51728.93	3.65	2.161057	108607.4
河北	24303.62	13955.36	21169.87	15.0125	1.447403	41206.66
2006~2009 年平均	金融相关比率（倍）	金融业增加值比重（%）	存贷比（%）	证券化率（倍）	保险密度（元/人）	保险密度（%）
北京	6.634729	13.43936	53.38647	8.906293	3345.283	5.501117
天津	2.994248	5.569021	79.13378	0.602689	1295.146	2.503717
河北	1.807238	2.711977	57.42088	0.155164	600.3097	2.83568

资料来源：《中国区域金融运行报告》(2006~2009)、《中国金融统计年鉴》(2006~2008)。

本书选取了北京、天津、河北 2006~2009 年各项金融指标进行数据收集和整理，最终得到了表 5-18 中 2009~2009 年京津冀指标平均值。从表 5-18 中我们可以看出，京津冀金融发展水平差距比较明显。在金融从业人数上，虽然表上显示河北人数较多，但由于基础人口不同，河北人口数远远大于北京，所以在三个城市中，北京的金融从业人数占的比重最大，说明了北京对金融人才的需求量以及重视程度相当高。

在人均金融机构数上，三个城市的差距并不十分明显，北京的 2.080391 和天津的 2.161057 水平基本一致，河北稍稍落后，为 1.447403。

我们已经知道，金融相关比率是全部金融资产总额与全部实物资产价值之比，这个指标表明了某一地区的金融发展水平以及该地区银行业的发展深度。北京的金融相关比率数值为 6.634729，远远高于天津的 2.994248 与河北的 1.807238。这说明北京的金融发展状况明显好于其他两地，而且在银行业深化程度上也要远远优先于其他两地。

在金融业增加值比重这一指标上，北京的数值为 13.43936%，天津与河北的数值分别为 5.569021%和 2.711977%。从这个指标我们可以知道，北京的金融产业金融机构以天津、河北不能企及的速度高速发展增加。

存贷比这一数值直接说明了金融机构的效率。由于这个指标在金融发展水平的对比中具有一定的意义，而且可以说明京津冀三地某一方面金融水平的差距，如图 5-14 所示。

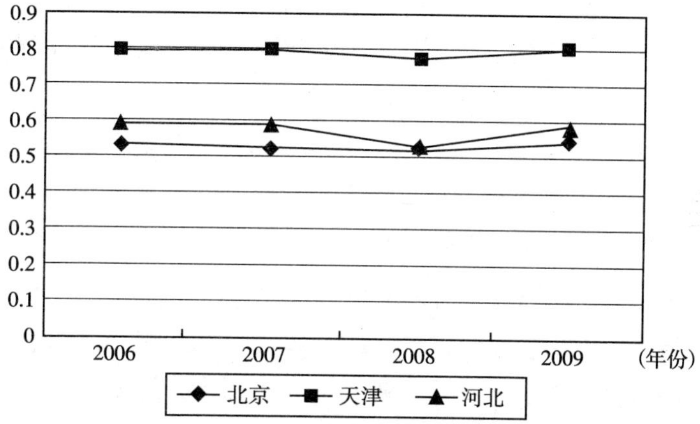

图 5-14　2006~2009 年存贷比

资料来源：《中国区域金融运行报告》(2006~2009)、《中国金融统计年鉴》(2006~2008)。

从银行盈利的角度讲，存贷比越高越好，图 5-14 清晰地显示了在北京、天津、河北三地之中，天津的存贷比是最高的，为 0.76~0.8，北京的存贷比数值为 0.52~0.55，河北为 0.52~0.6。单从这一数值上看，天津的存贷比最高，也意味着盈利能力最强。但是如果存贷比例过高，也就意味着银行留有的库存现金存款准备金这部分资金就会不足，那么，银行抵抗风险的能力就会大大降低，甚至可能会导致危机的出现。我们前面讲过，央行为控制风险，规定银行存贷比最高不得超过 75%，但是我们看到天津的存贷比为 79.13%，明显高过了央行的最低标准。笔者认为，它的银行抵抗风险能力有些危险，而北京和河北的存贷比比较合适，在盈利的条件下还可以有充足的存款来抵抗风险。

证券化率是用来衡量证券市场发展程度的重要指标，证券市场是金融市场的重要组成部分。表中数据显示，天津和河北的证券化率分别为 0.6026 和 0.1551，水平并不高，尤其是河北，证券率水平十分低，与北京的 8.9062 相比差距十分明显，这说明在以证券市场来衡量的金融市场发展水平上，天津与河北远远落后于北京。

从保险密度和保险深度上来看，北京的保险业发展水平也要远远高过天津与河北。细看天津与河北，虽然天津的保险密度要高于河北，但是河北的保险深度这一指标却超过了天津。这两个城市在保险业的发展上各有千秋，经过对数据的整理判断，笔者认为，河北在保险业发展的潜力上要高于天津。

3. 京津冀金融发展水平对比启示

通过对京津冀三地各项指标的比较，我们可以得出，北京、天津、河北三地的金融发展水平具有一定的差距。按金融发展水平来排序的话，显然，北京市当仁不让位居第一，其次是天津与河北。

北京的金融发展状况良好，具备一定的金融发展水平。天津银行机构的存贷比具有很大问题，存贷比过高，希望可以通过增加存款或减少贷款来进行改善。其次是保险业发展缓慢，甚至有倒退趋势。在证券市场上，天津的证券率水平也不高，说明市场的资本融资能力有待提高。河北是京津冀地区金融发展水平最落后的地区。虽然落后，但是河北省每年都在努力地发展自己的金融，提高自己的金融水平。从数据分析中我们可以看到，河北省的存贷比状况良好，保险业虽然落后但是发展潜力巨大，金融相关比率也在小幅上升。最大的问题就是证券市场落后，与其他省市相比差距极大，其次是金融机构结构单一，应该增加金融机构的种类。由此我们可以得到以下启示：

（1）增加金融机构种类。金融机构种类的增加，可以丰富金融市场，吸引金融人才，从而促进地区金融发展水平的上升。

（2）积极发展资本市场。只有拥有强大的资本市场，才能够良好地进行市场的资本融资行为，从而促进金融产业的发展。

（3）加快保险市场的发展。保险业已经成为衡量一个地区金融发展水平的重要指标，加快保险行业的发展既可以提升地区的金融发展水平，又可以使当地居民生活水平上升。

（4）加大对金融机构的监管力度。只有对金融机构进行严厉的检查管理，才能够减少甚至避免金融风险的发生。

第七节　我国金融支持低碳物流发展现状分析

国家发改委、国家统计局和中国物流与采购联合会对2009年全国重点工业、批发和零售业企业物流状况和物流企业经营状况进行了统计调查。结果显示，社会物流总值在工业、批发零售业等企业物流占42.6%，第三方物流企业占57.4%。第三方物流企业货运量增长率高于企业自运货运量3.1个百分点。这表明工业、批发和零售业更多的将物流业务外包给第三方物流企业。[①]

一、目前金融支持对物流的欠缺主要体现在第三方物流企业融资的问题

2011年第二、三季度商业银行贷款投向情况如表5-19所示，由表5-19可以看出，与上一季度比，第二、三季度新增贷款投向主要集中在以下三大领域：制造业、批发和零售企业、个人贷款。而第三方物流包括的交通运输、仓储和邮政的贷款占比却低于10%和新增贷款占比低于5%。

表5-19　2011年第二、三季度商业银行贷款投向情况

	制造业（%）	批发与零售业（%）	个人贷款（%）	交通运输、仓储和邮政业（%）	
第二季度	21.5	10.7	19.8	8.9	贷款余额占比
	23.8	25.3	24.3	3.6	新增贷款占比
第三季度	21	11.1	20	9.5	贷款余额占比
	28.4	29	29.4	5	新增贷款占比

资料来源：中国银行业监督管理委员会《中国银行业运行报告》。

向商业银行贷款是物流企业融资最普遍的方式。从以物流作为主营业务的交通运输、仓储和邮政业的贷款额与自营物流的制造业及批发与零售业贷款额的比

① 国家发展改革委经济运行调节局，国家统计局贸易外经司，中国物流与采购联合会. 2010年全国重点企业物流统计调查报告. 2010-12.

较中，可以看出物流企业贷款困难。另外，已投向物流业的贷款也存在结构性的问题。银行的信贷基金集中于少数龙头企业和专门的渠道物流公司。然而，融资需求大的还是中小物流企业，但其由于规模、市场和资金的相对劣势，而企业的性质又是轻资产企业，并无抵押物，商业银行会顾虑到资金风险问题，从而导致大多中小企业难以从银行贷到款项。

二、未来发展低碳物流客观要求更多的金融支持

物流低碳主要是通过提高能源的利用效率，控制污染物的排放，这需要各种节能技术及节能管理手段在物流活动中的运用。

从物流环节角度来看，低碳物流包括低碳运输、低碳仓储、低碳包装、低碳流通加工、物流网络信息化的内容。要从传统物流转向低碳物流无疑需要更多资金的投入，例如低碳运输包括运输路线的科学设计和运输工具的低碳化。运输线路的合理规划需要大量的资金投入，不是集个别企业之力所能达到的。并且作为轻资产行业的物流企业要抛弃其原有高排放的机动车而采购“绿标车”，没有一定的金融支持和政策补贴是不可能实现的；仓储企业通过一定的金融手段得到贷款后可以合理地布局和设计仓库的位置规模，提高仓库管理信息化，提高周转速率，达到节能目标；包装过程中采用的可回收利用材料相对成本较高，企业很难自主采取低碳包装材料；网络化和信息化在物流业中的普及也可以大大降低交易成本、提高物流效率并最终达到节能减排的目的。由于目前大部分物流企业的贷款已很艰难，若想转变发展模式大走低碳之路则面临着更大的资金缺口。

第六章　低碳物流能力评价

目前国内学者大多通过构建物流能力评价指标体系对某地区物流能力进行评价，但在指标的选择上存在一些问题。一方面，由于我国物流业统计指标体系发展不成熟，很多机构、专家为追求指标的完备性，不断提出新指标，使指标种类增多、数目增大；另一方面，在指标筛选方面，缺乏科学有效的定量方法，大都依靠评价者的经验，存在很大的主观性，建立评价指标体系普遍存在指标信息覆盖不全和指标间信息的重叠，影响了评价的科学性。另外，关于低碳物流能力的评价研究相对较少，因此，必须对低碳物流能力评价指标的设置和筛选方法进行研究，以便为低碳物流能力的研究创造必要的前提条件。

第一节　低碳物流能力指标体系构建

一、构建的基本原则

由于低碳物流能力本身是一个结构复杂、层次众多、各子系统之间相互作用的有机体，因此在构建指标体系时，应采用定性方法与定量分析方法相结合的手段。把定量方法作为一种基础分析方法，定性方法则作为重要的补充和解释，建立起相对科学的指标体系，从而更加客观、科学地评价低碳物流能力，为研究和提高低碳物流能力提供科学的依据。由此，在指标选取和构建上主要遵循以下原则：

（1）科学性原则。低碳物流能力涉及的因素很多，需要对其进行高度抽象、概括。同时，评估内容也要有科学的规定性，各个指标的概念要科学、客观，要有准确的内涵和外延。

（2）针对性原则。在构建低碳物流能力评价指标体系时，所设计的指标应当准确地反映低碳物流能力的基本特征，尽量用少而精确的指标把需要评价的内容表现出来。

（3）可行性原则。在按照全面原则的同时要考虑到实证的可行性。建立低碳物流能力指标体系的评估和计算方法要简便、明确，易于操作，各项数据都要标准化、规范化。

（4）动态性原则。对低碳物流能力的分析应从动态的角度出发，除要对现有能力评价之外，应充分体现其未来发展潜力，更多地强调其在未来创造和拥有的能力。

二、评价指标的选取

低碳物流能力评价指标是指能用于评价各地区低碳物流服务状况或揭示地区低碳物流能力的形成原因，同时又具有数量表征特性的具体因素。研究地区低碳物流能力的目的不仅仅在于客观地描述低碳物流产业发展的实际结果，更主要的是发现决定或影响各地低碳物流能力的因素，从而为提升地区低碳物流能力提供理论支持。本书构建低碳物流能力的评价指标体系时，在借鉴已有文献中有关地区低碳物流能力评价指标内容的基础上，从低碳物流环境、低碳物流实力、低碳物流潜力、物流低碳水平四个方面设计低碳物流能力评价指标体系，每一个评价方面另有多个二、三级指标，用来细化整个指标体系使评价更为可靠和准确。低碳物流能力评价指标体系如表 6–1 所示：

表 6–1 低碳物流能力评价指标体系

低碳物流能力	低碳物流环境	经济环境	人均 GDP
			人均财政收入
			人均社会消费品零售总额
			城乡居民人均储蓄存款余额
			人均进出口总额
		政策环境	政府管理能力
		地理环境	区位条件

续表

低碳物流能力	低碳物流实力	物流基础设施设备	人均道路面积
			人均电信业务总量
			公路密度
			铁路网密度
			人均物流业资产固定投资
		物流产业规模	人均物流业产值
			物流从业人员比重
			人均货物周转量
			人均旅客周转量
			人均货运量
		物流产业效率	从业人员人均实现物流业增加值
			物流业对 GDP 的贡献率
			商流竞争力
			物流竞争力
	低碳物流潜力	物流业投入增长能力	固定资产投入增长率
			物流从业人员增长率
		物流业产出增长能力	物流业产值增长率
		物流业需求潜力	城乡居民人均储蓄存款增长率
			年末金融机构人均各项贷款余额
			金融机构（本外币）人均各项存款余额
	物流低碳水平		物流业碳排放强度

三、评价指标的含义及确定方法

（一）低碳物流环境

低碳物流竞争环境是衡量地区低碳物流能力发展的外在因素，是对现有低碳物流实力的保障和低碳物流潜力的发展基础。各地区整体低碳物流环境的好坏对低碳物流业发展影响非常重大，良好的低碳物流环境有助于该地区低碳物流产业比其他地区竞争对手产出更多的财富，是低碳物流业发展的关键因素。物流环境通常取决于经济环境、政策环境、地理环境等因素，所以我们用这三个指标群来测定区域物流环境。

（1）经济环境在很大程度上决定了该地区低碳物流需求的情况。经济总量规模越大，对货物运输、仓储、配送、信息处理等物流服务的需求量就越大；不同经济发展阶段对低碳物流需求的结构和质量要求也存在很大差别，经济越发达，物流需求内容更趋多样化、复杂化，对配送、流通加工、信息处理等物流增值服务的需求也越高。因此，本书选择了如下反映该地区经济环境的指标：{X_1，…，X_5} = {人均 GDP，人均财政总收入，人均社会消费品零售总额，城乡居民人均储蓄存款余额，人均进出口总额}。

（2）政策环境的提高以及相关政策制度的完善能在很大程度上促进低碳物流业的发展。因此，本书选用了政府管理能力 X_6 这个指标，反映各地区物流业的政府宏观管理情况和相关政策制度建设情况。本书采用专家打分法确定政府管理能力的得分，为力求准确，各位专家在参考《城市竞争力蓝皮书：中国城市竞争力报告 No.4》中相关城市的政府管理能力得分以及各区域物流相关规划和政策的基础上进行评分，将评分划分为很低、低、高、较高、很高 5 个等级，再对各专家打分综合平均，得出各地的政府管理能力评价分值。

（3）地理环境是影响低碳物流环境的重要因素之一，优越的地理环境是实现高效率物流业的基础。因此，本书选用了区位条件 X_7 这个指标，反映各地区低碳物流业的地理环境情况。所谓区位条件，是指特定地区的空间位置、资源状况、地理条件是否满足该地区物流活动的需要。根据各地区的区位条件，探索物流发展的优化模式。该指标评分方法与政府管理能力的专家打分方法相同。

（二）低碳物流实力

低碳物流实力反映了该地区低碳物流业的现有竞争能力，是基于自身的竞争优势和竞争资源，在过去和现在的低碳物流市场竞争中的结果和地位。低碳物流实力可以从物流基础设施设备、物流产业规模、物流产业效率等几方面来体现。

这里要特别说明的是，因为要对区域物流业进行全面综合定量分析，必须有物流业宏观层次的指标，例如产值、增加值、就业人数等的数据，但是这些数据的取得有一定的困难。首先是目前对物流业的界定不统一；其次即使界定清楚了，但各地物流业的准确数据也难以获得。目前，我国官方统计的产业分类体系中没有物流业。到目前为止，除了基本的货运量和货运周转量外，其他物流业的相关指标均没有公开的统计资料，也没有权威的统计方法和基础数据。因此，本书将交通运输、仓储、邮政业和批发零售业数据之和近似看做物流业，文中物流业的相关统计数据均由为交通运输、仓储、邮政业和批发零售业数据之和代替。

（1）物流设施包括节点要素和线路要素。节点要素包括物流园区、物流中心以及配送中心等，线路要素包括公路、铁路、水路、航空、管道的建设等。物流设备则是为实现物流系统中的特定功能而在物流设施的基础上配备的各种必要的技术装备，包括包装、运输、储存、装卸、搬运、流通加工、配送等物流机械设备。由于我国物流园区、物流中心等规划还没有规范，各地区的口径不一，无法进行统计，只能舍弃。因此，在物流基础设施设备中，本书采用目前统计比较完善的路网密度及运输工具数量来反映各区域的物流基础设施设备情况。具体指标如下：$\{X_8, \cdots, X_{12}\}$ = {人均道路面积，人均电信业务总量，公路密度，铁路网密度，人均物流业资产固定投资}。其中公路密度是指每百平方公里内的公路总里程数，铁路网密度是指每百平方公里内的铁路公里数。

（2）物流产业规模既是一个地区物流业发展的最终表现，也是促进地区低碳物流业不断发展的决定性因素。物流产业规模主要包括物流业价值量、物流运作量、物流业从业人员数等几方面的指标。其中，物流运作量包括运输、仓储、包装、装卸搬运和流通加工等物流作业量的累计，但实际统计中并不进行多个环节量的累加，而运输是物流过程中实现货物空间位移的中心环节，用货运量和货物周转量这两个指标来衡量物流规模有一定的科学性。具体指标如下：$\{X_{13}, \cdots, X_{17}\}$ = {人均物流业生产总值，物流从业人员比重，人均货物周转量，人均旅客周转量，人均货运量}。

（3）物流产业效率的改善和提高可以从整体上促进经济循环，优化资源配置，加快资本周转和经济运行节奏。国际上通常把物流成本占 GDP 的比重作为衡量物流效率和效益的重要指标，但目前我国各区域对物流成本的统计口径不一，无法用于统计。因此，本书选用物流业运作效率等方面的指标来衡量我国各区域的物流产业效率。具体指标如下：$\{X_{18}, \cdots, X_{21}\}$ = {从业人员人均实现物流业增加值，物流业对 GDP 的贡献率，商流竞争力，物流竞争力}。

其中从业人员人均实现物流业增加值=物流业增加值/物流业从业人数、物流业对 GDP 的贡献率 = 物流业增加值/地区内 GDP 总量、商流竞争力 = 社会消费品零售总额/批发零售业固定资产投资、物流竞争力 = 货运量/交通运输邮电仓储业固定资产投资。

（三）低碳物流潜力

低碳物流潜力是测度地区低碳物流竞争过程的后续能力，低碳物流竞争潜力支撑低碳物流竞争行为，改进低碳物流竞争实力。如果竞争潜力很强而现有竞争实力太弱，则要花很长时间去培养竞争力来发挥潜在的竞争优势；如果竞争潜力弱而现有竞争实力强，则该地区的低碳物流业不能实现持续发展。其主要测度指标有物流业投入增长能力、物流业产出增长能力和物流业需求潜力三方面。

（1）物流业投入包括物流业固定资产投资和相关政府支出。因为投入一般具有滞后性，特别是物流基础设施的投资规模大，建设周期长，建成后能够为区域在未来一段时间集聚更多的发展要素，能在很大程度上反映出物流的发展潜力。具体包括以下指标：{X_{22}，X_{23}} = {固定资产投入增长率，从业人员增长率}。

（2）物流业产出增长能力采用过去六年的物流业相关指标的平均增长速度来反映。物流业在我国正处于上升期，根据国外物流业发展的经验，近几年的增长速度能在很大程度上反映未来几年的增长趋势，在一定程度上反映区域物流的竞争潜力，具体用物流业产值增长率 X_{24} 衡量。

（3）物流业是一个主要服务于制造、建筑及零售三大行业的附属行业，成长性与这些行业及国民经济总量变化关系密切。电子商务的突起和货物运输量的持续增加对于物流业的需求是呈增长趋势。由于在前面的构建中已经包含了零售业和国民经济总量指标的选取，同时地区金融水平对于地区物流业的发展也具有很大的影响，为了避免评价指标的选取产生重复，影响最终结果，因此对于物流需求潜力的指标具体包括：{X_{25}，X_{26}，X_{27}} = {城乡居民人均储蓄存款增长率，年末金融机构人均各项贷款余额，金融机构（本外币）人均各项存款余额}。

（四）物流低碳水平

物流业的碳排放强度是对地区物流低碳能力的一个主要评价指标。所谓排放强度，是指单位国内生产总值的二氧化碳排放量。该指标主要是用来衡量一国或一个地区经济同碳排放量之间的关系，如果一国或一个地区在经济增长的同时，每单位生产总值所带来的二氧化碳排放量在下降，那么说明该国或该地区就实现了一个低碳的发展模式。本书选取物流业的产值和二氧化碳排放量来计算物流业的碳排放强度 X_{28} 作为衡量指标。

第二节　基于模糊物元的低碳物流能力模型构建

一、模糊物元分析法的基本原理

物元分析方法是我国著名学者蔡文教授于 1983 年首创的一门介于数学和实验之间的学科。它通过分析大量实例发现：人们在处理不相容问题时，必须将事物、特征及相应的量值综合在一起考虑，才能构思出解决不相容问题的方法，更贴切地描述客观事物的变化规律，把解决矛盾问题的过程形式化。这种方法的主要思想是把事物用"事物、特征、量值"三个要素来描述，并组成有序三元组的基本元，即物元。物元分析是研究物元及其变化规律，并用于解决现实世界中不相容问题的有效方法。

如果物元中的量值带有模糊性，便构成了模糊不相容问题。模糊物元分析就是把模糊数学和物元分析有机地结合在一起，融化提炼，交叉渗透，对事物特征相应的量值所具有的模糊性和影响事物众多因素间的不相容性加以分析、综合，从而获得解决这类模糊不相容问题的一种新方法。

二、模糊物元模型

（一）模糊物元及复合模糊物元

在物元分析中所描述的事物 M 及其特征 C 和量值 x 组成物元 R =（M，C，x）或 R = [M，C，C（M）]，同时把事物的名称、特征和量值称为物元三要素。如果物元模型中的量值 x 具有模糊性，便称其为模糊物元。事物 M 有 n 个特征 c_1，c_2，…，c_n 及其相应的量值，x_1，x_2，…，x_n，则称 R 为 n 维物元。m 个事物的 n 维物元组合在一起，便构成 m 个事物的 n 维复合物元，记作 R_{mn}。若 R_{mn} 的量值为模糊物元量值，则称为 m 个事物的 n 维复合模糊物元，记作 $\tilde{R}_{mn}$。如公式（6-

1)、公式（6-2）所示：

$$R_{mn}=\begin{bmatrix} & M_1 & M_2 & \cdots & M_m \\ C_1 & x_{11} & x_{21} & \cdots & x_{m1} \\ C_2 & x_{12} & x_{22} & \cdots & x_{m2} \\ \vdots & \vdots & \vdots & & \vdots \\ C_n & x_{1n} & x_{2n} & \cdots & x_{mn} \end{bmatrix} \tag{6-1}$$

$$\widetilde{R}_{mn}=\begin{bmatrix} & M_1 & M_2 & \cdots & M_m \\ C_1 & \mu_{11} & \mu_{21} & \cdots & \mu_{m1} \\ C_2 & \mu_{12} & \mu_{22} & \cdots & \mu m_2 \\ \vdots & \vdots & \vdots & & \vdots \\ C_n & \mu_{1n} & \mu_{2n} & \cdots & \mu_{mn} \end{bmatrix} \tag{6-2}$$

式中，R_{mn} 为 m 个事物的 n 维个复合物元；$\widetilde{R}_{mn}$ 为 m 个事物的 n 维复合模糊物元；M 为第 I（I=1，2，…，m）个事物；C 为第 J（J=1，2，…，n）个特征；x_{ij} 为第 I 个事物的第 J 个特征对应的量值；u_{ij} 为第 I 个事物的第 J 个特征对应的模糊量值。由式（6-1）变成式（6-2），可设定隶属函数来确定隶属度，也可根据从优隶属度原则加以确定。

（二）从优隶属度原则

各单项指标相应的模糊量值，从属于最优方案中各对应指标相应模糊量值的隶属程度，称为从优隶属度。从优隶属度一般为正值，由此建立的原则，称为从优隶属度原则。由于各指标特征值对于量化结果来说，有的是越大越优，有的是越小越优，因此，对于不同的隶属度要采用不同的计算公式。为了更充分地反映区域物流能力量化指标的相对性，采用公式（6-3）或公式（6-4）来计算从优隶属度 u_{ij}：

越大越优型指标（正指标）：

$$\mu_{ij}=\frac{x_{ij}-\min(x_{ij})}{\max(x_{ij})-\min(x_{ij})} \tag{6-3}$$

越小越优型指标（负指标）：

$$\mu_{ij}=\frac{\max(x_{ij})-x_{ij}}{\max(x_{ij})-\min(x_{ij})} \tag{6-4}$$

式中，max（x_{ij}）各事物中第 J 项特征所对应的是所有量值 x_{ij} 中的最大值；min（x_{ij}）各事物中第 I 项特征所对应的是所有量值 x_{ij} 中的最小值。（I＝1，2，…，m；J＝1，2，...，n）

（三）最优模糊物元与差平方复合模糊物元

最优模糊物元$\widetilde{R}_{on}$是由从优隶属度模糊物元$\widetilde{R}_{mn}$中各量化指标的从优隶属度的最大值或最小值构成。若以 Δ_{ij}（I＝1，2，…，m；J＝1，2，…，n）表示最优模糊物元$\widetilde{R}_{on}$与复合从优隶属度模糊物元$\widetilde{R}_{mn}$中各项差的平方，则组成差平方复合模糊物元$\widetilde{R}_{\Delta}$，如公式（6–5）所示：

$$\widetilde{R}_{\Delta}=\begin{bmatrix} & M_1 & M_2 & \cdots & M_m \\ C_1 & \Delta_{11} & \Delta_{21} & \cdots & \Delta_{m1} \\ C_2 & \Delta_{12} & \Delta_{22} & \cdots & \Delta_{m2} \\ \vdots & \vdots & \vdots & & \vdots \\ C_n & \Delta_{1n} & \Delta_{2n} & \cdots & \Delta_{mn} \end{bmatrix} \tag{6–5}$$

其中，

$\Delta_{ij}=(\mu_{oj}-\mu_{ij})^2$，（I＝1，2，…，m；J＝1，2，…，n）。

（四）欧氏贴近度复合模糊物元

贴近度是表示各方案与最优方案之间互相接近的程度，是衡量两者接近程度的一个尺度，其值越大表示两者越接近，反之则相离越远。因此，可以根据计算出的贴近度，得出各方案与最优方案的贴近度大小以及这些方案之间的相对优劣次序。

考虑到量化结果是同一事物全部特征共同作用的综合得分，所以本书采用 M（x，+）模式，即先乘后加运算来计算欧氏贴近度 ρH_i，如公式（6–6）所示：

$$\rho H_i=1-\sqrt{\sum_{j=1}^{n}\omega_j\Delta_{ij}}\quad(i=1,2,\cdots,m) \tag{6–6}$$

式中，ω_{ij} 为量化指标的综合权重。由 ρH_i 可构造欧式贴近度复合模糊物元，如公式（6–7）所示：

$$\rho H_i=\begin{bmatrix} & M_1 & M_2 & \cdots & M_n \\ \rho H_i & \rho H_1 & \rho H_2 & \cdots & \rho H_n \end{bmatrix} \tag{6–7}$$

（五）综合权重的确定

量化指标的综合权重确定将会直接影响量化的结果，客观、合理的权重是确保指标结构与功能统一的关键。目前，权重确定方法有很多，大多数方法都存在权重确定的主观性，因此，本书采用反映评价指标特征值之间的统计参数——变异系数作为评价指标的权重。其计算公式如公式（6-8）、公式（6-9）、公式（6-10）、公式（6-11）所示：

$$\overline{x}_j = \frac{1}{m}\sum_{i=1}^{m} x_{ij} \tag{6-8}$$

$$D_j = x_{ij}\sqrt{\frac{1}{m}(\overline{x}_j - x_{ij})^2} \tag{6-9}$$

$$\delta_j = \frac{D_j}{\overline{x}_j} \tag{6-10}$$

$$\omega_j = \frac{\delta_j}{\sum_{i=1}^{m}\delta_{ij}} \tag{6-11}$$

在以上公式中，$\overline{x}_j$ 为评价矩阵中第 j 个指标的均值；D_j 为评价矩阵中第 j 个指标的均方差；δ_j 为第 j 个指标的变异系数；ω_j 为第 j 个指标的权重，其中 j＝1，2，…，n。由此可以构造各评价指标权重复合物元 R_ω。即：

$$\rho H_i = \begin{bmatrix} & C_1 & C_2 & \cdots & C_n \\ \omega_j & \omega_1 & \omega_2 & \cdots & \omega_n \end{bmatrix}$$

第三节　京津冀低碳物流能力评价实证分析

一、北京地区评价指标数据收集以及量化处理

以本书建立的低碳物流能力评价指标体系表 6-1 为依据收集统计数据，以北京市 2004~2009 年的实际数据为基础，进行了低碳物流能力量化分析。量化指标

采用表 6–1 中的低碳物流能力量化指标体系指标层里的全部指标，共 28 个，并采用连续编号，即 X_1~X_{28}。其中，X_1~X_5、X_8~X_{28} 各个指标的原始资料来源于 2005~2011 年的《中国统计年鉴》、《中国能源统计年鉴》、《北京统计年鉴》、《北京六十年：1949~2009》，指标 X_6、X_7 均是定性指标，各位专家在参考《城市竞争力蓝皮书：中国城市竞争力报告 No.4》中相关城市的政府管理能力得分和各区域物流相关规划和政策的基础上进行评分，可划分为 5 个等级，即｛很低、低、高、较高、很高｝，分别对应［1，5］区间的｛5，4，3，2，1｝，采用专家打分，并结合相关资料给出各指标的得分。

表 6–2　北京市低碳物流能力量化指标数据（2004~2010 年）

指标＼年份	2004	2005	2006	2007	2008	2009	2010
X_1：人均 GDP（万元/人	4.060	4.477	4.978	5.728	6.558	6.925	7.594
X_2：人均财政收入（万元/人）	0.556	0.655	0.781	1.122	1.346	1.526	1.648
X_3：人均社会消费品总额（万元/人）	1.760	1.893	2.147	2.348	2.741	3.026	3.352
X_4：人均城乡居民储蓄存款余额（万元/人）	4.101	4.862	5.505	5.606	7.053	8.360	9.345
X_5：人均进出口总额（万美元/人）	0.634	0.816	0.999	1.182	1.603	1.224	1.537
X_6：政府管理能力	4.000	5.000	5.000	5.000	5.000	5.000	5.000
X_7：区位条件	4.000	5.000	5.000	5.000	5.000	5.000	5.000
X_8：人均道路面积（平方米/人）	9.450	10.550	7.400	5.600	6.210	6.150	5.570
X_9：人均电信业务总量（万元/人）	0.210	0.247	0.297	0.389	0.445	0.502	0.571
X_{10}：公路密度（公里/百平方公里）	0.871	0.896	1.249	1.265	1.239	1.265	1.275
X_{11}：铁路网密度（公里/百平方公里）	0.067	0.069	0.068	0.068	0.071	0.071	0.071
X_{12}：人均物流业资产固定投资（亿元）	0.177	0.266	0.336	0.462	0.450	0.507	0.538
X_{13}：物流业从业人员人均产值（亿元）	0.394	0.688	0.766	0.847	0.924	1.186	1.294
X_{14}：物流业从业人员比重	0.110	0.096	0.098	0.104	0.112	0.135	0.144
X_{15}：货物周转量（亿吨·公里）	0.269	0.298	0.268	0.275	0.268	0.417	0.447
X_{16}：旅客周转量（亿人次·公里）	0.508	0.545	0.522	0.588	0.615	0.653	0.666
X_{17}：人均货运量（万吨）	20.104	20.880	20.878	17.183	12.109	11.664	11.161
X_{18}：人均实现物流业增加值（万元/人）	7.997	8.084	8.999	9.455	9.430	12.363	14.964
X_{19}：物流业对 GDP 的贡献率	0.137	0.154	0.154	0.143	0.149	0.171	0.210
X_{20}：商流竞争力	13.369	11.685	12.640	11.482	12.427	13.143	14.258
X_{21}：物流竞争力	13.817	18.870	15.844	13.920	10.462	8.232	11.756
X_{22}：固定资产投入增长率	0.310	0.550	0.301	0.417	0.211	0.307	0.298
X_{23}：从业人员增长率	0.135	0.103	0.054	0.089	0.119	0.254	0.288
X_{24}：物流业产值增长率	0.102	0.160	0.143	0.142	0.134	0.329	0.490
X_{25}：城乡居民人均储蓄存款增长率	0.156	0.222	0.164	0.052	0.306	0.227	0.319

续表

指标 \ 年份	2004	2005	2006	2007	2008	2009	2010
X_{26}：金融机构人均各项贷款余额（亿元）	8.441	8.995	9.888	10.908	11.791	13.883	15.752
X_{27}：金融机构人均各项存款余额（亿元）	15.932	18.836	21.375	23.087	25.951	32.456	33.954
X_{28}：物流业碳排放强度（万吨/亿元）	0.288	0.287	0.323	0.345	0.405	0.380	0.380

资料来源：《中国统计年鉴》(2005~2011)、《中国能源统计年鉴》(2005~2011)、《北京市统计年鉴》(2005~2011)、《北京六十年》(1949~2009)。

下面是指标权重分析：

根据公式（6–8）计算 28 个指标的量值平均值$\overline{X}_j$，$\overline{X}_j=\frac{1}{m}\sum_{i=1}^{m}x_{ij}$

$$=\begin{bmatrix}\overline{X}_1 & \overline{X}_2 & \overline{X}_3 & \overline{X}_4 & \overline{X}_5 & \overline{X}_6 & \overline{X}_7 & \overline{X}_8 & \overline{X}_9 & \overline{X}_{10} & \overline{X}_{11} & \overline{X}_{12} & \overline{X}_{13} & \overline{X}_{14}\\ 5.75 & 1.09 & 2.46 & 6.40 & 1.14 & 4.85 & 4.85 & 7.27 & 0.38 & 1.15 & 0.07 & 0.39 & 0.87 & 0.11\\ \overline{X}_{15} & \overline{X}_{16} & \overline{X}_{17} & \overline{X}_{18} & \overline{X}_{19} & \overline{X}_{20} & \overline{X}_{21} & \overline{X}_{22} & \overline{X}_{23} & \overline{X}_{24} & \overline{X}_{25} & \overline{X}_{26} & \overline{X}_{27} & \overline{X}_{28}\\ 0.32 & 0.59 & 16.13 & 10.18 & 0.15 & 12.71 & 16.12 & 0.34 & 0.14 & 0.21 & 0.21 & 11.37 & 21.17 & 0.33\end{bmatrix}$$

根据公式（6–9）计算 28 个指标的均方差 D_j；$D_j=x_{ij}\sqrt{\frac{1}{m}(\overline{X}_j-x_{ij})^2}$

$$=\begin{bmatrix}D_1 & D_2 & D_3 & D_4 & D_5 & D_6 & D_7 & D_8 & D_9 & D_{10} & D_{11} & D_{12} & D_{13} & D_{14}\\ 1.23 & 0.4 & 0.55 & 1.77 & 0.33 & 0.35 & 0.35 & 1.84 & 0.13 & 0.17 & 0.00 & 0.12 & 0.28 & 0.02\\ D_{15} & D_{16} & D_{17} & D_{18} & D_{19} & D_{20} & D_{21} & D_{22} & D_{23} & D_{24} & D_{25} & D_{26} & D_{27} & D_{28}\\ 0.07 & 0.06 & 4.19 & 2.37 & 0.02 & 0.90 & 7.92 & 0.10 & 0.08 & 0.13 & 0.09 & 2.46 & 6.23 & 0.04\end{bmatrix}$$

根据公式（6–10）计算 28 个指标的变异系数 δ_j；$\delta_j=\frac{D_j}{\overline{X}_j}$

$$=\begin{bmatrix}\delta_1 & \delta_2 & \delta_3 & \delta_4 & \delta_5 & \delta_6 & \delta_7 & \delta_8 & \delta_9 & \delta_{10} & \delta_{11} & \delta_{12} & \delta_{13} & \delta_{14}\\ 0.21 & 0.37 & 0.22 & 0.28 & 0.29 & 0.07 & 0.07 & 0.25 & 0.33 & 0.15 & 0.02 & 0.32 & 0.32 & 0.15\\ \delta_{15} & \delta_{16} & \delta_{17} & \delta_{18} & \delta_{19} & \delta_{20}. & \delta_{21} & \delta_{22} & \delta_{23} & \delta_{24} & \delta_{25} & \delta_{26} & \delta_{27} & \delta_{28}\\ 0.22 & 0.10 & 0.26 & 0.23 & 0.14 & 0.07 & 0.49 & 0.30 & 0.55 & 0.61 & 0.41 & 0.22 & 0.25 & 0.13\end{bmatrix}$$

根据公式（6–11）计算 28 个指标的权重 ω_j；$\omega_j=\frac{\delta_j}{\sum_{i=1}^{m}\delta_{ij}}k_w$

$$=\begin{bmatrix}\omega_1 & \omega_2 & \omega_3 & \omega_4 & \omega_5 & \omega_6 & \omega_7 & \omega_8 & \omega_9 & \omega_{10} & \omega_{11} & \omega_{12} & \omega_{13} & \omega_{14}\\ 00.0301 & 0.0524 & 0.0316 & 0.0393 & 0.0410 & 0.0120 & 0.0102 & 0.0358 & 0.0467 & 0.0209 & 0.0033 & 0.0451 & 0.0458 & 0.021\\ \omega_{15} & \omega_{16} & \omega_{17} & \omega_{18} & \omega_{19} & \omega_{20} & \omega_{21} & \omega_{22} & \omega_{23} & \omega_{24} & \omega_{25} & \omega_{26} & \omega_{27} & \omega_{28}\\ 00.0318 & 0.0141 & 0.0364 & 0.0330 & 0.0203 & 0.0100 & 0.0696 & 0.0420 & 0.0776 & 0.0871 & 0.0588 & 0.0306 & 0.0361 & 0.0179\end{bmatrix}$$

二、北京地区低碳物流能力复合模糊物元评价

依据模糊物元理论和物流能力评价指标体系，按步骤建立评价模型。

步骤 1：确定复合物元。将表 6–2 中各年份作为物元中的事物 M，统计指标作为物元中的特征 C，构造复合模糊物元，如表 6–3 所示。

表 6–3 北京市复合模糊物元

	M_1	M_2	M_3	M_4	M_5	M_6	M_7
C_1	4.060	4.477	4.978	5.728	6.558	6.925	7.594
C_2	0.556	0.655	0.781	1.122	1.346	1.526	1.648
C_3	1.760	1.893	2.147	2.348	2.741	3.026	3.352
C_4	4.101	4.862	5.505	5.606	7.053	8.360	9.345
C_5	0.634	0.816	0.999	1.182	1.603	1.224	1.537
C_6	4.000	5.000	5.000	5.000	5.000	5.000	5.000
C_7	4.000	5.000	5.000	5.000	5.000	5.000	5.000
C_8	9.450	10.550	7.400	5.600	6.210	6.150	5.570
C_9	0.210	0.247	0.297	0.389	0.445	0.502	0.571
C_{10}	0.871	0.896	1.249	1.265	1.239	1.265	1.275
C_{11}	0.067	0.069	0.068	0.068	0.071	0.071	0.071
C_{12}	0.177	0.266	0.336	0.462	0.450	0.507	0.538
C_{13}	0.394	0.688	0.766	0.847	0.924	1.186	1.294
C_{14}	0.110	0.096	0.098	0.104	0.112	0.135	0.144
C_{15}	0.269	0.298	0.268	0.275	0.268	0.417	0.447
C_{16}	0.508	0.545	0.522	0.588	0.615	0.653	0.666
C_{17}	20.104	20.880	20.878	17.183	12.109	11.664	11.161
C_{18}	7.997	8.084	8.999	9.455	9.430	12.363	14.964
C_{19}	0.137	0.154	0.154	0.143	0.149	0.171	0.210
C_{20}	13.369	11.685	12.640	11.482	12.427	13.143	14.258
C_{21}	13.817	18.870	15.844	13.920	10.462	8.232	11.756
C_{22}	0.310	0.550	0.301	0.417	0.211	0.307	0.298
C_{23}	0.135	0.103	0.054	0.089	0.119	0.254	0.288
C_{24}	0.102	0.160	0.143	0.142	0.134	0.329	0.490
C_{25}	0.156	0.222	0.164	0.052	0.306	0.227	0.319
C_{26}	8.441	8.995	9.888	10.908	11.791	13.883	15.752
C_{27}	15.932	18.836	21.375	23.087	25.951	32.456	33.954
C_{28}	0.288	0.287	0.323	0.345	0.405	0.380	0.380

步骤 2：计算从优隶属度。根据第一步所确定的复合模糊物元计算从优隶属度，其中正向评价指标采用公式（6–3）计算，逆向指标按公式（6–4）计算。经分析，本书的区域低碳物流能力评价指标 X_1~X_{27} 属于正向评价指标，采用公式（6–3）计算，X_{28} 属于负向评价指标，采用公式（6–4）计算。即：

表 6–4　北京市从优隶属度

	M_1	M_2	M_3	M_4	M_5	M_6	M_7
C_1	0.000	0.118	0.260	0.472	0.707	0.811	1.000
C_2	0.000	0.090	0.206	0.518	0.724	0.888	1.000
C_3	0.000	0.084	0.243	0.370	0.616	0.795	1.000
C_4	0.000	0.145	0.268	0.287	0.563	0.812	1.000
C_5	0.000	0.188	0.377	0.566	1.000	0.609	0.932
C_6	0.000	1.000	1.000	1.000	1.000	1.000	1.000
C_7	0.000	1.000	1.000	1.000	1.000	1.000	1.000
C_8	0.779	1.000	0.367	0.006	0.129	0.116	0.000
C_9	0.000	0.103	0.242	0.496	0.650	0.810	1.000
C_{10}	0.000	0.061	0.937	0.975	0.913	0.975	1.000
C_{11}	0.000	0.395	0.326	0.302	0.977	1.000	1.000
C_{12}	0.000	0.247	0.443	0.789	0.756	0.915	1.000
C_{13}	0.000	0.327	0.413	0.503	0.589	0.881	1.000
C_{14}	0.298	0.000	0.050	0.164	0.334	0.830	1.000
C_{15}	0.009	0.168	0.000	0.041	0.001	0.829	1.000
C_{16}	0.000	0.234	0.088	0.505	0.674	0.916	1.000
C_{17}	0.920	1.000	1.000	0.620	0.098	0.052	0.000
C_{18}	0.000	0.013	0.144	0.209	0.206	0.627	1.000
C_{19}	0.000	0.225	0.226	0.075	0.166	0.466	1.000
C_{20}	0.680	0.073	0.417	0.000	0.340	0.598	1.000
C_{21}	0.525	1.000	0.716	0.535	0.210	0.000	0.331
C_{22}	0.292	1.000	0.266	0.609	0.000	0.284	0.255
C_{23}	0.345	0.210	0.000	0.152	0.280	0.855	1.000
C_{24}	0.000	0.149	0.105	0.102	0.081	0.584	1.000
C_{25}	0.392	0.636	0.420	0.000	0.952	0.658	1.000
C_{26}	0.000	0.076	0.198	0.337	0.458	0.744	1.000
C_{27}	0.000	0.161	0.302	0.397	0.556	0.917	1.000
C_{28}	0.992	1.000	0.697	0.510	0.000	0.215	0.211

步骤 3：确定标准方案（最优方案）模糊物元。根据评价方案中的最大值或最小值确定。本书以最大值作为最优，最优模糊物元 R_{on} 中各指标从优隶属度均

为 1，根据公式（6–5）计算各地区评价指标与标准状况指标之间差的平方值 Δ_{ij}，得到差平方复合模糊物元 $\widetilde{R}_{\Delta}$，即：

表 6–5　北京市差平方模糊物元

	M_1	M_2	M_3	M_4	M_5	M_6	M_7
C_1	1.000	0.778	0.548	0.279	0.086	0.036	0.000
C_2	1.000	0.827	0.630	0.232	0.076	0.012	0.000
C_3	1.000	0.839	0.572	0.397	0.147	0.042	0.000
C_4	1.000	0.731	0.536	0.508	0.191	0.035	0.000
C_5	1.000	0.659	0.388	0.189	0.000	0.153	0.005
C_6	1.000	0.000	0.000	0.000	0.000	0.000	0.000
C_7	1.000	0.000	0.000	0.000	0.000	0.000	0.000
C_8	0.049	0.000	0.400	0.988	0.759	0.781	1.000
C_9	1.000	0.805	0.575	0.254	0.122	0.036	0.000
C_{10}	1.000	0.881	0.004	0.001	0.008	0.001	0.000
C_{11}	1.000	0.366	0.455	0.487	0.001	0.000	0.000
C_{12}	1.000	0.567	0.311	0.044	0.059	0.007	0.000
C_{13}	1.000	0.453	0.345	0.247	0.169	0.014	0.000
C_{14}	0.492	1.000	0.902	0.699	0.444	0.029	0.000
C_{15}	0.981	0.692	1.000	0.919	0.998	0.029	0.000
C_{16}	1.000	0.587	0.831	0.245	0.106	0.007	0.000
C_{17}	0.006	0.000	0.000	0.145	0.814	0.899	1.000
C_{18}	1.000	0.975	0.733	0.625	0.631	0.139	0.000
C_{19}	1.000	0.601	0.599	0.855	0.696	0.285	0.000
C_{20}	0.103	0.859	0.340	1.000	0.435	0.161	0.000
C_{21}	0.226	0.000	0.081	0.216	0.625	1.000	0.447
C_{22}	0.501	0.000	0.539	0.153	1.000	0.513	0.554
C_{23}	0.429	0.625	1.000	0.718	0.519	0.021	0.000
C_{24}	1.000	0.724	0.801	0.806	0.845	0.173	0.000
C_{25}	0.370	0.133	0.336	1.000	0.002	0.117	0.000
C_{26}	1.000	0.854	0.643	0.439	0.294	0.065	0.000
C_{27}	1.000	0.704	0.487	0.364	0.197	0.007	0.000
C_{28}	0.983	1.000	0.486	0.260	0.000	0.046	0.044

步骤 4：计算欧式贴近度模糊物元 $\widetilde{R}_{\rho H}$。根据公式（4–6）计算得到 $\widetilde{R}_{\rho H}$。

表 6–6　北京市欧式贴近度模糊物元

M_1	M_2	M_3	M_4	M_5	M_6	M_7
0.2733	0.3487	0.3643	0.3731	0.4113	0.5125	0.5943

三、北京评价结果

根据模型统计计算出了欧氏贴近度模糊物元$\widetilde{R}_{\rho H}$。$\widetilde{R}_{\rho H}$表示北京 2004~2010 年六年的物流能力值集。其中，M_1~M_7表示 2004~2010 年；ρH_i表示相应年份的物流能力值。为了对北京物流能力的总体情况进行详尽、合理地分析，做出区域物流能力值的变化趋势折线图，如图 6-1 所示。

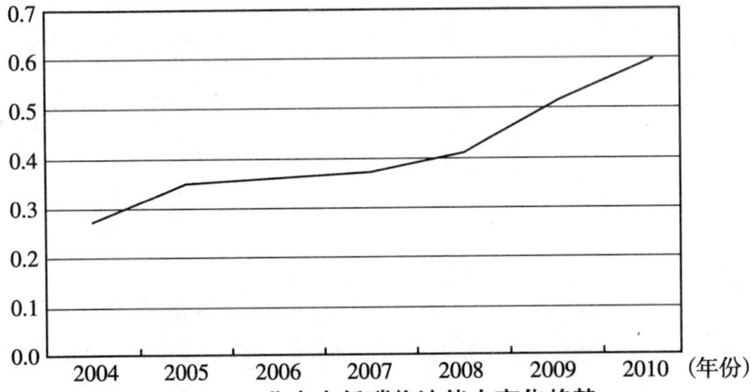

图 6-1　北京市低碳物流能力变化趋势

四、天津地区评价指标数据收集以及量化处理

以本书建立的低碳物流能力评价指标体系表 6-1 为依据收集统计数据，以天津市 2004~2010 年的实际数据为基础，进行了区域物流能力量化分析。量化指标采用表 6-1 中的低碳物流能力量化指标体系指标层里的全部指标，共 28 个，并采用连续编号，即X_1~X_{28}。其中X_1~X_5、X_8~X_{28}各个指标的原始数据来源于 2005~2011 年的《中国统计年鉴》、《中国能源统计年鉴》、《天津市统计年鉴》，指标X_6、X_7均是定性指标，各位专家在参考《城市竞争力蓝皮书：中国城市竞争力报告 No.4》中相关城市的政府管理能力得分和各区域物流相关规划和政策的基础上进行评分，可划分为 5 个等级，即｛很低、低、高、较高、很高｝，分别对应［1，5］区间的｛5，4，3，2，1｝，采用专家打分，并结合相关资料给出各指标的得分。

表 6–7 天津市量化指标收集（2004~2010 年）

指标 \ 年份	2004	2005	2006	2007	2008	2009	2010
X_1：人均 GDP（万元/人	3.3360	3.9365	4.5939	5.2658	6.9349	6.1253	7.2994
X_2：人均财政收入（万元/人）	0.5383	0.7729	0.9769	1.2553	1.4543	1.4731	1.5038
X_3：人均社会消费品总额（万元/人）	1.1292	1.2669	1.4301	1.6724	2.1458	1.9796	2.2968
X_4：人均城乡居民储蓄存款余额（万元/人）	2.2701	2.6211	2.9582	3.2145	4.1058	4.0497	4.1729
X_5：人均进出口总额（万美元/人）	0.7270	0.8719	1.0739	1.3450	1.6834	1.0505	1.2534
X_6：政府管理能力	3.0000	3.0000	3.0000	3.0000	3.0000	4.0000	4.0000
X_7：区位条件	3.0000	3.0000	3.0000	3.0000	3.0000	4.0000	4.0000
X_8：人均道路面积（平方米/人）	9.3300	10.4100	13.9800	11.9400	14.3900	14.8900	13.8400
X_9：人均电信业务总量（万元/人）	0.1475	0.1757	0.2258	0.2977	0.3454	0.2965	0.3087
X_{10}：公路密度（公里/百平方公里）	0.8820	0.9091	0.9496	0.9805	1.0254	1.2173	1.2612
X_{11}：铁路网密度（公里/百平方公里）	0.0555	0.0558	0.0625	0.0590	0.0650	0.0665	0.0664
X_{12}：人均物流业资产固定投资（亿元）	0.1610	0.2314	0.2554	0.4408	0.5025	0.6590	0.7158
X_{13}：物流从业人员人均产值（亿元）	0.5652	0.7062	0.8354	0.8398	0.9550	1.0650	1.1325
X_{14}：物流业从业人员比重	0.0293	0.0299	0.0296	0.0324	0.0351	0.0310	0.0334
X_{15}：货物周转量（亿吨·公里）	12.0347	13.4066	12.8993	15.9410	2.7898	7.8225	7.7783
X_{16}：旅客周转量（亿人次·公里）	0.1255	0.1512	0.1718	0.1918	0.2023	0.2036	0.2079
X_{17}：人均货运量（万吨）	38.8901	42.0362	44.1980	52.4043	35.2101	7.8225	31.1962
X_{18}：人均实现物流业增加值（万元/人）	2.1703	2.7342	2.9292	2.9386	2.6327	2.3418	2.5736
X_{19}：物流业对 GDP 的贡献率	0.1798	0.1794	0.1818	0.1471	0.1456	0.1739	0.1953
X_{20}：商流竞争力	10.3868	12.5448	16.5717	10.0456	9.0496	8.7439	9.7543
X_{21}：物流竞争力	13.7975	16.7118	9.1344	8.9732	8.5074	6.3885	7.8546
X_{22}：固定资产投入增长率	0.3928	0.4484	0.1145	0.7449	0.1516	0.3321	0.2257
X_{23}：从业人员增长率	0.0262	0.2040	0.0000	0.1068	0.0932	0.1206	0.1145
X_{24}：物流业产值增长率	0.1450	0.2583	0.1950	0.3100	0.5386	0.4135	0.3945
X_{25}：城乡居民人均储蓄存款增长率	0.1594	0.1630	0.1401	0.0983	0.2903	0.2501	0.2647
X_{26}：金融机构人均各项贷款余额（亿元）	4.0978	4.7029	5.3820	6.3931	7.5113	9.0816	11.7740
X_{27}：金融机构人均各项存款余额（亿元）	5.5115	6.4840	7.2076	8.5935	7.9362	11.2167	12.7506
X_{28}：物流业碳排放强度（万吨/亿元）	0.3080	0.3057	0.2844	0.2462	0.2527	0.1878	0.2232

资料来源：《中国统计年鉴》（2005~2011）、《中国能源统计年鉴》（2005~2011）、《天津市统计年鉴》（2005~2011）。

经过计算得到$\widetilde{R}_{\rho H}$。

表 6–8 天津欧式贴近度模糊物元

M_1	M_2	M_3	M_4	M_5	M_6	M_7
0.2212	0.2988	0.3497	0.3642	0.3876	0.4787	0.5489

五、天津市评价结果

根据模型统计计算出了欧氏贴近度模糊物元$\widetilde{R}_{\rho H}$。$\widetilde{R}_{\rho H}$表示天津市 2004~2010 年七年的物流能力值集。其中，M1~M7 表示 2004~2010 年；PHi 表示相应年份的物流能力值。为了对北京物流能力的总体情况进行详尽、合理的分析，做出区域物流能力值的变化趋势折线图，如图 6-2 所示。

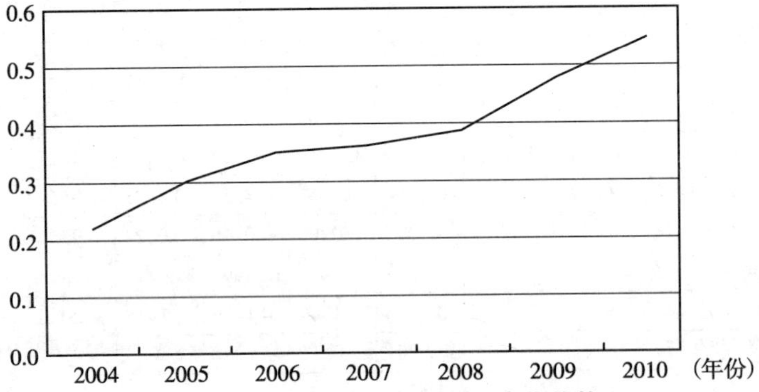

图 6-2　天津市低碳物流能力变化趋势

六、河北省评价指标数据收集以及量化处理

以本书建立的低碳物流能力评价指标体系表 6-1 为依据收集统计数据，以河北省 2004~2010 年的实际数据为基础，进行了区域物流能力量化分析。量化指标采用表 6-1 中的区域低碳物流能力量化指标体系指标层里的全部指标，共 28 个，并采用连续编号，即 X_1~X_{28}。其中 X_1~X_5、X_8~X_{28} 各个指标的原始数据来源于 2005~2011 年的《中国统计年鉴》、《中国能源统计年鉴》、《河北省统计年鉴》，指标 X_6、X_7 均是定性指标，各位专家在参考《城市竞争力蓝皮书：中国城市竞争力报告 No.4》中相关城市的政府管理能力得分和各区域物流相关规划和政策的基础上进行评分，可划分为 5 个等级，即｛很低、低、高、较高、很高｝，分别对应［1，5］区间的｛5，4，3，2，1｝，采用专家打分，并结合相关资料给出各指标的得分。

表 6-9 河北省量化指标收集（2004~2010 年）

指标 \ 年份	2004	2005	2006	2007	2008	2009	2010
X_1：人均 GDP（万元/人）	1.2451	1.4737	1.6904	1.9746	2.2910	2.4503	2.8668
X_2：人均财政收入（万元/人）	0.1143	0.1511	0.1773	0.2201	0.2611	0.2873	0.3352
X_3：人均社会消费品总额（万元/人）	0.3218	0.4310	0.4925	0.5741	0.7141	0.8196	0.8756
X_4：人均城乡居民储蓄存款余额（万元/人）	0.9116	1.0340	1.1618	1.2850	1.6361	2.7519	3.2532
X_5：人均进出口总额（万美元/人）	0.0198	0.0234	0.0268	0.0367	0.0549	0.0421	0.0584
X_6：政府管理能力	3.0000	3.0000	3.0000	3.0000	3.0000	3.0000	4.0000
X_7：区位条件	3.0000	3.0000	3.0000	3.0000	3.0000	3.0000	4.0000
X_8：人均道路面积（平方米/人）	11.6000	12.1700	12.3800	13.5900	14.4900	15.3200	17.3500
X_9：人均电信业务总量（万元/人）	0.0600	0.0735	0.0886	0.1175	0.1471	0.1634	0.1800
X_{10}：公路密度（公里/百平方公里）	0.3740	0.4044	0.7660	0.7846	0.7965	0.8106	0.7781
X_{11}：铁路网密度（公里/百平方公里）	0.0249	0.0248	0.0257	0.0258	0.0259	0.0249	0.0211
X_{12}：人均物流业资产固定投资（亿元）	0.0590	0.1039	0.1227	0.1559	0.1428	0.2420	0.2707
X_{13}：物流从业人员人均产值（亿元）	0.2076	0.1898	0.2720	0.2352	0.3042	0.3764	0.4139
X_{14}：物流业从业人员比重	0.0100	0.0096	0.0095	0.0091	0.0084	0.0090	0.0890
X_{15}：货物周转量（亿吨·公里）	0.5575	0.6868	0.7476	0.7932	0.7453	0.9106	1.0233
X_{16}：旅客周转量（亿人次·公里）	0.1388	0.1445	0.1550	0.1678	0.1770	0.1483	0.1632
X_{17}：人均货运量（万吨）	12.2884	12.8948	13.1677	13.9552	15.2986	17.4957	14.7948
X_{18}：人均实现物流业增加值（万元/人）	10.4825	12.0732	14.8775	18.4094	21.7164	23.6063	21.3953
X_{19}：物流业对 GDP 的贡献率	0.1612	0.1288	0.1609	0.1191	0.1313	0.1536	0.1325
X_{20}：商流竞争力	12.1528	9.1421	5.9708	5.9943	6.9033	5.4080	4.8201
X_{21}：物流竞争力	22.3084	21.7194	17.6324	15.3965	17.8498	11.9923	11.7151
X_{22}：固定资产投入增长率	0.7374	0.7740	0.1889	0.2789	-0.0780	0.7054	0.4368
X_{23}：从业人员增长率	0.0124	0.0139	-0.0046	0.0137	0.0250	0.0712	0.0659
X_{24}：物流业产值增长率	0.0834	0.0466	0.0597	0.0765	0.0691	0.1049	0.1059
X_{25}：城乡居民人均储蓄存款增长率	0.1374	0.1413	0.1313	0.1133	0.2817	0.6928	0.5346
X_{26}：金融机构人均各项贷款余额（亿元）	0.9035	0.9364	1.0745	1.2095	1.3526	1.8658	1.5948
X_{27}：金融机构人均各项存款余额（亿元）	1.3785	1.5893	1.8376	2.0847	2.5338	3.1790	3.6563
X_{28}：物流业碳排放强度（万吨/亿元）	0.2527	0.1845	0.1627	0.1435	0.1330	0.1149	0.1216

资料来源：《中国统计年鉴》（2005~2011）、《中国能源统计年鉴》（2005~2011）、《河北省统计年鉴》（2005~2011）。

经过计算得到$\widetilde{R}_{\rho H}$。

表 6-10 河北欧式贴近度模糊物元

M_1	M_2	M_3	M_4	M_5	M_6	M_7
0.1878	0.2534	0.3237	0.3487	0.3785	0.4226	0.5124

七、河北评价结果

根据模型统计计算出了欧氏贴近度模糊物元$\tilde{R}_{\rho H}$。$\tilde{R}_{\rho H}$表示河北省 2004~2010 年七年的物流能力值集。其中，M_1~M_7表示 2004~2010 年；$\tilde{R}_{\rho H}$表示相应年份的物流能力值。为了对北京物流能力的总体情况进行详尽、合理的分析，做出区域物流能力值的变化趋势折线图，如图 6-3 所示。

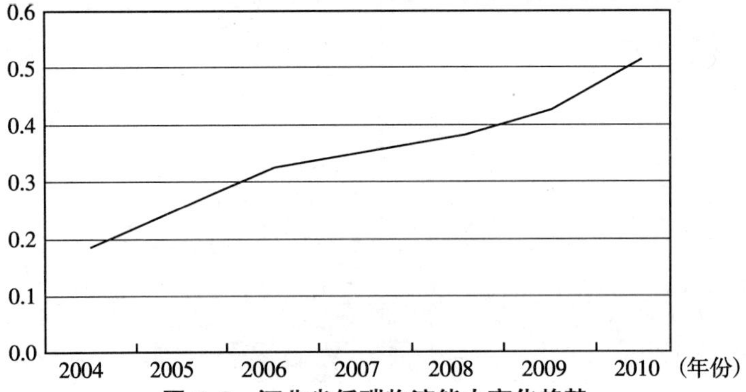

图 6-3　河北省低碳物流能力变化趋势

八、三地区评价结果分析

为了能够更加详细、合理地分析京津冀三地的低碳物流能力，制作出京津冀三地的总体趋势折线图，具体如图 6-4 所示。

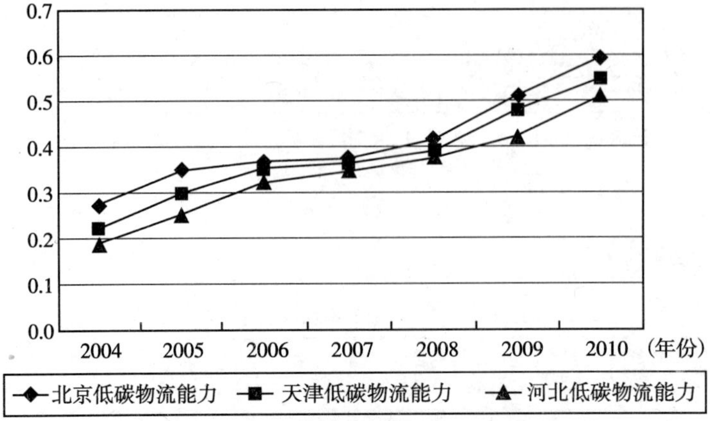

图 6-4　京津冀低碳物流能力变化趋势

从总体上来看，京津冀三个地区的低碳物流能力呈逐年上升趋势，北京市的低碳物流能力均高于天津、河北两个地区。天津市在 2007 年之前低碳物流能力一直高于河北地区，但在 2007 年、2008 年河北地区的低碳物流能力大幅提高并基本上与北京、天津两地持平，从数据上分析这主要与河北地区在 2009 年人均物流业资产固定投资的大幅增加有直接关系。具体到各个地区来看，北京市的低碳物流能力每年提高幅度相对平稳，这与北京的政府管理能力和该地区的区位条件有密切的关系，同时也看到 2007 年北京地区的低碳物流能力相对 2006 年提高幅度较小，这主要与物流业产值增长率和城乡居民人均储蓄存款增长率两项指标数据的下降有关。天津地区具有港口运输和海运的先天优势，这对于提高天津地区的低碳物流能力有相当大的作用。河北地区作为一个大省来说，评价指标较北京、天津两个市级地区相对较高，因此进行了人均化处理，处理后的指标更加真实合理，通过分析可以看出河北省的低碳物流能力每年增幅相对较高，其中 2009 年增幅最大，这主要得益于该地区 2009 年物流业基础设施投资的大幅增加。

第七章 区域产业转移进程中低碳物流金融发展的相互关联分析

通过产业转移进程中低碳物流金融支持的机理分析，得知它们之间存在着一种相互促进的良性循环关系，本章通过收集京津冀地区 2001~2010 年产业转移、低碳物流、金融数据，分别采用面板数据对京津冀地区和时间序列数据对省域单独分析方法对产业转移与低碳物流、低碳物流与金融发展之间的关系进行实证研究。

第一节 面板数据模型的介绍

面板数据模型（Panel-data Model）是用来描述一个总体中给定样本在一段时间的情况，并对样本中每个样本单位都进行多重观察。这种多重观察既包括样本单位在某一时期（时点）上多个特性进行观察，也包括对该样本单位的这些特性在一段时间的连续观察；既能反映某一时期各个体数据的规律，也能描述每个个体随时间变化的规律，集合了时间序列和截面数据的共同优点。伴随着经济理论，包括宏观经济理论和微观经济理论、计算机技术和统计方法的发展，面板数据模型在经济学领域的应用逐渐被经济计量学家所推广。

与纯横截面数据或纯时间序列数据比较起来，面板数据具有以下优点：

(1) 从统计角度看，面板数据模型通过对不同横截面单元同时间观察值的结合，模型的样本容量增加，使面板数据成为更多信息、变量之间更少共线性、更多自由度、更有效的数据，提高了样本自由度，减弱了解释变量多重共线性影响，有效地降低了估计误差。

(2) 面板数据对同一截面单元进行多层面观察，能更好地研究经济行为变化的动态性。

(3) 面板数据能区分各个个体间的差异，并进行控制；而单独的时间序列和横截面则不能有效反映这种差异。

面板数据模型的基本形式为：

$$y_{it}=\alpha+x_{it}\beta_{it}+\delta_i+\gamma_t+\varepsilon_{it}\quad (i=1,\ 2,\ \cdots,\ N,\ t=1,\ 2,\ \cdots,\ T) \tag{7-1}$$

其中，y_{it} 是个体 i 在时间 t 时期的观测值，α 表示模型的常数项，δ_i 代表固定或者随机的截面效应，γ_t 代表固定或者随机的时期效应，x_{it} 表示 k 阶解释变量观测值向量。β 表示解释变量的系数向量，并且在根据其条件的限制分为三种值：一是对所有截面和时期都是相同的常数；二是在不同的截面是不同的系数；三是在不同的时期是不同的。ε_{it} 是独立同分布的误差项，即 $E(\varepsilon_{it})=0$。

在公式 (7-1) 中，如果考虑 k 个解释变量，自由度 NT 远小于参数个数，对于截面成员方程，待估计参数的个数为 [NT (k+1) +N]；对于时间截面方程，待估计参数的个数为 [NT (k+1) +T]，这使得该模型无法估计。为了对模型进行估计，则可以建立以下两类模型：从个体成员角度考虑，建立含有 N 个个体成员方程的面板数据模型；在时间点上截面，建立含有 T 个时间点截面方程的面板数据模型。

(1) 含有 N 个个体成员方程的面板数据模型。模型形式如下：

$$y_i=\alpha l_T+x_i\beta_{it}+\delta_i l_T+I_T\gamma+\varepsilon_i \tag{7-2}$$

其中，y_i 是个体 i 的观观测值的时间序列。系数向量 β 取值受不同个体的影响，x_i 表示个体 i 解释变量观测值时间序列。l_T 是 T 阶的单位行向量，I_T 是 T 阶的单位列向量。$\gamma'=(\gamma_1,\ \gamma_2,\ \cdots,\ \gamma_T)$，包括所有的时点效应。该式含有 N 个截面方程。

(2) 含有 T 个时间截面方程的面板数据。其形式如下：

$$y_i=\alpha l_N+x_t\beta_{it}+I_N\delta+\gamma_t l_N+\varepsilon_t \tag{7-3}$$

其中，y_t 是某一时间点各个个体成员的因变量观测值序列。系数向量 β 取值受不同时期的影响，x_t 表示某一时间点各个个体成员的解释变量观测值序列。I_N 是 N 阶行向量，l_N 是 N 阶列向量。$\delta'=(\delta_1,\ \delta_2,\ \cdots,\ \delta_N)$，包括所有的截面效应。该式含有 T 个时间截面方程。

在公式 (7-1) 中，将 δ_i 和 γ_t 归入截距里，常用的有如下的三种情形：

情形 1：$\alpha_i = \alpha_j$，$\beta_i = \beta_j$ （7-4）

情形 2：$\alpha_i = \alpha_j$，$\beta_i \neq \beta_j$ （7-5）

情形 3：$\alpha_i \neq \alpha_j$，$\beta_i \neq \beta_j$ （7-6）

（1）对于情形 1，假设在横截面既无个体的影响，也没有结构的变化。即对于每个个体成员方程，截距项和系数向量均相同。对于该模型，将各个个体的时间序列数据堆积在一起来作为样本数据，这种模型称为混合回归模型（Pooled Regression Model）。那么可以直接利用普通最小二乘法（OLS）估计参数，则该模型为：

$$y_i = \alpha + x_i\beta + \mu_i \quad (i = 1, 2, \cdots, N) \tag{7-7}$$

实际上，混合回归模型假设了解释变量对被解释变量的影响与个体无关。这种假设被广泛地应用，但是在很多实际问题的研究中，该模型不是很适用。因此，本书不详细讨论这种模型。

（2）对于情形 2，假设在个体成员上存在个体影响而无结构变化，并且个体影响可以通过截距项的差别来说明，而系数向量相同，称该模型为变截距模型。从估计方法角度，有书也称为个体均值修正回归模型（Individual-mean Corrected Regression Model），模型形式如下：

$$y_i = \alpha_i + x_i\beta + \mu_i \quad (i = 1, 2, \cdots, N) \tag{7-8}$$

（3）对于情形 3，假设在个体成员上既存在个体影响，又存在结构变化，即用变化的截距项来说明的同时，用系数向量依个体成员的不同而变化，来说明个体成员之间的结构变化。这样的模型我们称为变系数模型或无约束模型（Unrestricted Model）。

$$y_i = \alpha_i + x_i\beta_i + \mu_i \quad (i = 1, 2, \cdots, N) \tag{7-9}$$

- 面板数据模型
  - 静态模型
    - 混合模型：$y_{it} = \alpha_i + \beta x_{it} + \varepsilon_{it}$
    - 变截距模型
      - 固定效应模型
        - 个体固定效应模型：$y_{it} = \alpha_i + \beta x_{it} + \varepsilon_{it}$
        - 时点固定效应模型：$y_{it} = \gamma_t + \beta x_{it} + \varepsilon_{it}$
        - 个体时点固定效应模型：$y_{it} = \alpha_0 + \alpha_i + \gamma_t + \beta x_{it} + \varepsilon_{it}$
      - 随机效应模型：形式同固定效应模型，但 α_i 分布于 x_{it} 无关
    - 变系数模型：$y_{it} = \alpha_i + \beta_i x_{it} + \varepsilon_{it}$
  - 动态模型

第二节　产业转移与低碳物流的关联关系分析

一、模型的构建

由于本书主要考察京津冀产业转移与低碳物流之间的关系，通过前几章中对两者的机理分析，本章将从两个方面考虑构建模型：一方面是选取什么变量来衡量一个地区的产业转移情况，另一方面是选取何种变量来代表一个地区的低碳物流发展情况。通过上几章的论述，结合实际数据查找情况，选取京津冀三个地区产业转移系数和物流业碳排放强作为衡量三地产业转移和低碳物流能力的变量。构建相关面板数据模型有：

$Y = a \times X + c$

其中，Y 代表梯度系数，这里是指某一地区产业转移强度。X 代表物流业的碳排放强度，是指物流业单位生产总值的二氧化碳排放量，该指标主要是用来衡量一个地区物流产业产值同碳排放量之间的关系。由于数据的可得性，这里用物流业的碳排放强度代表低碳物流能力。如果地区物流业在发展的同时，每单位生产总值所带来的二氧化碳排放量在下降，那么说明该地区的物流业就实现了低碳的发展模式。

二、关联关系实证分析

（一）京津冀实证分析

通过面板数据的线性回归分析得知线性回归的表达式为：

$TDXS = -1.49661704042 \times TPF + 4.80715089951$ （$R^2 = 0.081955$）

根据上面的最小二乘法分析，整合后三个地区的梯度系数和物流业碳排放强度关系不明显，京津冀碳排放强度与产业转移强度的拟合优度为 $R^2 = 0.081955$，所以线性相关关系不显著。同时，显著性检验 p 值为 12.51%，大于 10%，所以进行的最小二乘法的线性回归检验也不合格，所以京津冀地区的碳排放强度与产业转移强度相关性不明显（见图 7-1 和表 7-1）。

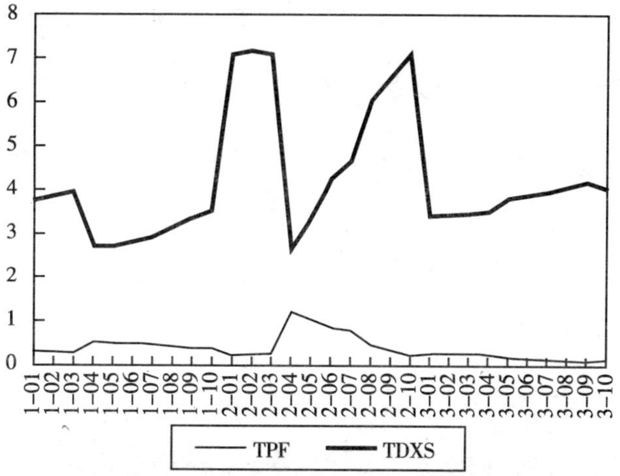

图 7-1　京津冀地区碳排放强度与低碳物流强度趋势

注：1-01、2-01、3-01 分别表示北京、天津、河北 2001 年的数据。

表 7-1　京津冀地区线性回归检验

Variable	Coefficient	Std. Error	t-Statistic	Prob.
TPF	-1.496617	0.946623	-1.581006	0.1251
C	4.807151	0.450816	10.66322	0.0000
R-squared	0.081955	Mean dependent var		4.219394

由图 7-1 和表 7-1 的实证结果进行 ADF 检验，其中单位根检是统计检验中常用的一种方法。通过单位检验来验证数据在时间序列上是否平稳，这样可以避免实证研究的伪回归现象出现。如果一个时间序列 Y_t 满足：第一，对任意时间 t，其均值恒为常数；第二，对任意时间 t 和 s，其自相关系数只与时间间隔 t.s 有关，而与 t 和 s 的起始点无关，那么就是平稳时间序列。平稳时间序列的散点图表现为各观测值围绕其均值上下波动，且均值与时间 t 无关。如果序列 Y_t 非平稳，经过 d 次差分后平稳，这样的序列被称为 d 阶单，记为 I（d）。根据京津冀三地的碳排放强度和产业转移强度建立混合数据库，对相关变量进行单位根检验，一般的单位根检验方法分为相同单位根过程检验以及不同单位根过程检验两类情况，运用 Eviews 6.0，分别对面板数据取对数，对取完对数后的 Lntdxs、Lntpf 时间序列数据进行单位根检验，LLC 检验结果见表 7-2。

表 7-2 单位根 LLC 检验结果

变　量	Levin，Lin & Chu t* 统计量	Prob.** 显著性（p 值）
LNTDXS	-1.28349	0.0997
LNTPF	-0.91108	0.1811
DLNTPF	-1.0915	0.1375
DDLNTPF	-14.0178	0

注：D 为一阶差分，***、**、* 为变量在 1%、5%和 10%的水平上显著。

通过检验发现，两组面板数据在水平情况下是非平稳的。但通过一阶差分，LNTDXS 在 10%的水平下是显著的，是单整序列。DLNTPF 在 10%的水平下是不显著的，而在二阶差分中，LNTPF 在任何区间内都是显著的，因此 LNTPF 在二阶下是平稳的。

（二）北京实证分析

通过面板数据的线性回归分析得知线性回归的表达式为：

BJTDXS = -5.38287795619 × BJTBF + 5.46703254967

北京市碳排放强度与产业转移强度的拟合优度为 $R^2 = 0.965201$，从 2004 年开始线性相关关系显著。同时，显著性检验 p 值为小于 5%，最小二乘法的线性回归检验显著，所以北京市的碳排放强度与产业转移强度相关性明显，北京市的低碳物流能力对产业转移有一定的支撑作用（见图 7-2 和表 7-3）。

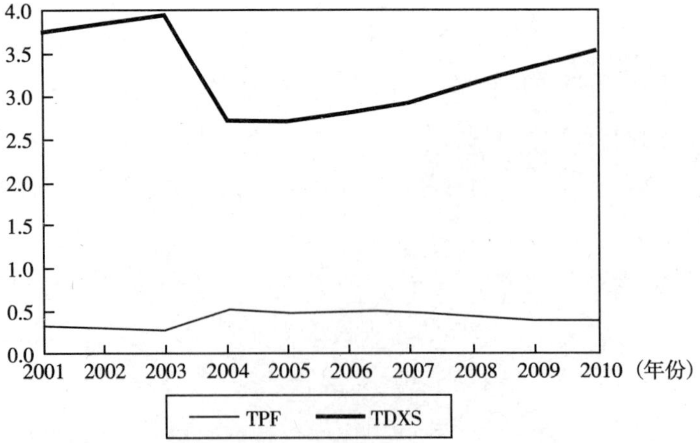

图 7-2 北京市碳排放强度与低碳物流强度趋势

表 7-3 北京市线性回归检验

Variable	Coefficient	Std. Error	t-Statistic	Prob.
TPF	-5.382878	0.361361	-14.89610	0.0010
C	5.467033	0.150022	36.44156	0.0000
R-squared	0.965201	Mean dependent var		3.278031

(三) 天津实证分析

通过面板数据的线性回归分析得知线性回归的表达式为:

TJTDXS = -4.49754654361 × TJTPF + 8.19269615939

天津市碳排放强度与产业转移强度的拟合优度为 $R^2 = 0.999519$，从 2004 年出现了线性回归的拐点，并从 2004 年后梯度系数强度一直处于上升趋势。同时，显著性检验 p 值为小于 5%，最小二乘法的线性回归检验显著，所以天津市的碳排放强度与产业转移强度相关性明显，低碳物流对产业转移有一定的支撑作用(见图 7-3 和表 7-4)。

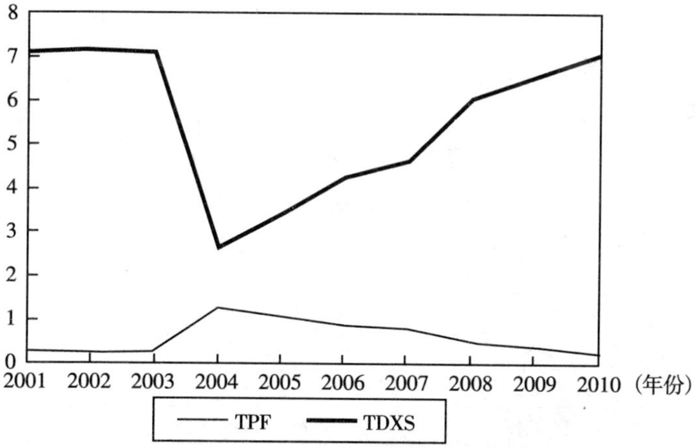

图 7-3 天津市碳排放强度与低碳物流强度趋势

表 7-4 天津市线性回归检验

Variable	Coefficient	Std. Error	t-Statistic	Prob.
TPF	-4.497547	0.034875	-128.9616	0.0000
C	8.192696	0.023805	344.1516	0.0000
R-squared	0.999519	Mean dependent var		5.597252

（四）河北省

通过面板数据的线性回归分析得知线性回归的表达式为：

HEBTDXS = -4.15482215501 × HEBTPF + 4.5907220716

河北省碳排放强度与产业转移强度的拟合优度为 $R^2 = 0.986715$，在两者线性回归中没有大的拐点和折点。但是，显著性检验 p 值为小于 5%，所以进行的最小二乘法的线性回归检验显著，河北省的碳排放强度与产业转移强度相关性明显，河北省的低碳物流对产业转移有一定的支撑作用（见图 7-4 和表 7-5）。

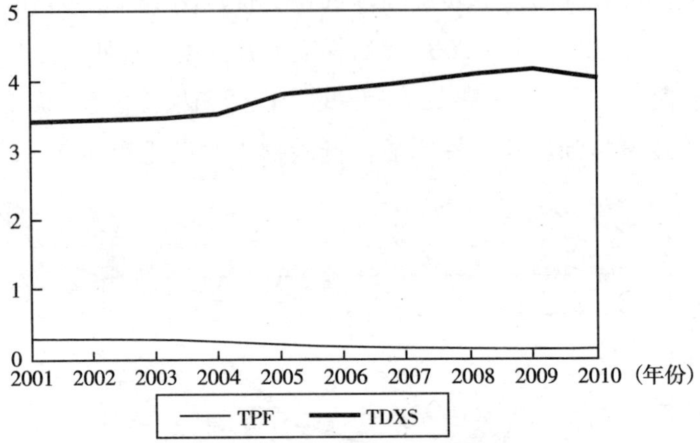

图 7-4　河北省碳排放强度与低碳物流强度趋势

表 7-5　河北省线性回归检验

Variable	Coefficient	Std. Error	t-Statistic	Prob.
TPF	-4.154822	0.170450	-24.37554	0.0000
C	4.590722	0.034979	131.2425	0.0000
R-squared	0.986715	Mean dependent var		3.782900

京津冀地区作为一个整体分析时，产业转移强度和碳排放强度直接存在不明显的相关关系，因此京津冀地区的低碳物流对于产业转移的支撑力度不大。但是通过单位根检验发现，梯度系数强度的一阶差分是平稳的，碳排放强度的二阶差分是平稳的，对此可以通过协整检验和格兰杰因果关系检验。

在进行区域分析时，产业转移梯度强度和碳排放强度两个变量之间的相关关系比较明显，说明地区低碳物流业的提高对于该地区产业转移的发展有促进和支撑作用，应大力发展低碳物流，提高地区的低碳物流能力。从北京地区的具体情况来看，物流能力强度下降 1%，产业转移强度提升 5.3828%；天津地区的情况是，物流业碳排放强度下降 1%，产业转移将提高 4.4975%；相对而言，物流业碳排放对河北地区的金融影响不大，物流业碳排放强度下降 1%，产业转移将提高 4.1548%。

三、首钢集团搬迁的案例分析

首钢的实际情况和特殊环境，使其本身面临着比其他企业更大的环保问题、国内外钢铁市场激烈竞争的压力以及实施战略性结构调整的艰巨任务，有鉴于此，首钢的部分钢铁生产能力向北京以外的地区转移，为首钢开辟了新的发展空间，带来了新的经济效益，极大地调动了广大职工再创首钢辉煌的信心和积极性。没有首钢的搬迁调整，就没有今天首钢的发展。首钢的产业转移和经济发展方式的转变为首钢带来了新的活力。从 1995 年开始实行集团化改革，推动投资主体多元化，极大地促进了企业的发展。首钢在治理环境问题上也不断加大资金投入，努力发展环保产业，并为改善社会环境做贡献。

首钢的搬迁使得企业在不断的转变，主要表现在：从原来追求规模和数量转变为依靠技术进步和提高产品的附加值来增加其生产竞争力；从低端产能向符合产业发展方向的高端产能转变；技术从吸收到自主创新的转变；从注重技术到技术创新和重点科研人才引进的转变。这些转变使得首钢创立了自己的企业文化和产研销体系，从而改变了首钢以往研发、销售、生产单打独斗的局面。首钢搬迁到河北唐山曹妃甸地区，并不是简单地把污染送出北京，而是要建设一个科技含量高、经济效益好、资源消耗低、环境污染少的新一代钢铁厂。

（一）较低的物流成本助推首钢的搬迁

首钢之所以搬迁到河北唐山曹妃甸地区，一个主要的原因是曹妃甸低廉的物流成本。曹妃甸是中国少有的不需要开挖人工航道和港池即可停靠 25 万吨级船舶的大型深水港址。利用其联系国内外的优良港口特点，大大降低了物流运输成本。另外，曹妃甸拥有较低的生产要素成本，岛后方滩涂广阔且与陆域相连，浅滩面积达到 450 平方公里，建厂无须占用耕地，土地成本大大降低。水资源在钢铁生产中具有冷却、热力、工艺用水及除尘洗涤等作用，已成为制约钢铁工业生产基地生存和发展的重要因素，也成为钢铁工业可持续发展的重要环境影响评价指标。钢铁行业用水量巨大，曹妃甸水资源相对充裕可提供水资源保障，除主水源（滦河 9.5 亿立方米入唐供水系统）和辅助水源（桃林口水库 3.92 亿立方米入唐供水系统）外，还可通过海水淡化等措施满足曹妃甸港区和临海工业区的用水需求。曹妃甸腹地的煤矿、石油、铁矿石、原盐等资源丰富仅冀东地区已探明铁矿保守储量 44 亿吨，而且可通过海运进口秘鲁、澳大利亚等地区的铁矿石，所以该地区发展工业所依赖的资源组合条件好，为钢铁厂提供了可靠的国内外铁矿石保障。

（二）首钢的搬迁对北京市的影响

首钢搬迁调整是改善北京环境质量、产业结构，实现北京经济社会全面、协调、可持续发展的重要举措。为了适应北京作为全国政治中心、文化中心的城市定位，以及建设新北京、新奥运对环境的要求，制定了首钢搬迁这一重大决策，将有利于北京的可持续发展，有利于全国钢铁行业结构和地区布局调整，有利于首钢在新的起点上更快、更好地发展。北京市要抓住机遇，加快结构调整步伐，促进现代服务业、高技术产业和现代制造业的发展。

1. 北京能耗大幅降低

首钢在北京钢铁冶炼流程安全、稳定停产后，促使北京市当年用能量大幅度降低。2011 年上半年北京市工业万元增加值能耗下降近 20%，首钢涉钢业务停产对北京上半年工业能耗水平下降的贡献率超过了 90%。据测算，2007 年北京焦化厂停产后，一年为北京减轻近 40 万吨标准煤的能耗负担。首钢涉钢业务停产，2011 年上半年首钢能源消费量同比减少了 130 多万吨标准煤，相当于全市规模以上工业企业 6 月份一个月的能源消费量；首钢用电量同比减少约 10 亿千瓦时，相当于全市居民生活 6 月份一个月的用电量。[①]

2. 对北京污染“归零”

首钢在北京石景山钢铁主流程实现安全、稳定、经济停产后，这座有 90 年历史的钢城光荣地退出了北京市。至此，首钢排放的空气污染物从最高时的近

① http：//news.sohu.com/20110810/n315987387.shtml.

9000 万吨剧减至零，从根本上消除了对大气的污染。在 20 世纪七八十年代，首钢生产规模急剧扩大，空气污染相当严重，极大地影响了北京市的空气质量。现在经过首钢的迁移，首钢厂区绿化面积已达 192 万平方米，可绿化率实现了 100%，提高北京市的空气质量，同时也促进了北京市经济结构的调整。[①]

3. 大量节约了北京水资源

北京是严重缺水的特大型城市，人均水资源不足 300 立方米，是全国人均量的 1/8，世界人均量的 1/30，水资源短缺已成为制约北京市经济社会发展和生态环境改善的重要“瓶颈”。从首钢有关部门获悉，首钢搬迁至河北唐山市曹妃甸之后，不仅每年能减少 1.8 万吨可吸入颗粒物，而且可为北京节省 5000 多万立方米宝贵的水资源。首钢是北京市耗水大户，每年耗水量高达 5000 多万立方米，首钢搬迁之后，可为北京节省下这宝贵的 5000 多万立方米水资源。[②]

4. 缓解了北京物流交通运输压力

北京作为我国的经济、政治、文化中心，人多、车多、交通堵车成为北京必须面对和解决的问题，而首钢的迁移缓解了北京市日益凸显的物流交通运输问题，为北京建立环境污染低、人们生活质量高的国际化大都市创造了条件。

（三）首钢的搬迁对河北省的影响

1. 促进了河北省的产业结构调整

首钢搬迁河北省唐山市后，由于唐山市本来就是钢铁工业的宝地，并且冀东铁矿为首钢的生产提供了便利的原材料，促进了河北省产业的发展和升级。根据首钢的发展，河北省相应出台了一些有利于首钢发展的政策措施，使得河北省的产业得到了更高的发展，促进了河北省的产业结构调整。

2. 大量节约了河北省的水资源

河北省唐山地区同样属严重缺水地区，首钢搬迁后，由于将采用一系列先进技术不仅不会“转嫁”水资源危机，而且每年可节约大量水资源。据悉，首钢搬至冀东之后，当地将按计划相应淘汰 700 多万吨低水平钢铁生产能力，可节约用水 6500 多万立方米。新首钢每年耗水需 4000 万立方米左右，将通过两条途径解

---

① http：//www.tianjinwe.com/rollnews/cj/201101/t20110114_3176772.html.

② http：//business.sohu.com/20050522/n225658046.shtml.

决：一是充分利用污水处理厂每天排出的大量中水；二是在曹妃甸港区设计了一个海水淡化工程，每年可淡化海水3000万立方米。

3. 加重了河北省的环境污染度

河北省作为我国京津冀地区的工业发展基地，其工业企业生产过程中的气体排放量是衡量河北地区环境好坏的标准。由于首钢的迁移，相对而言，现在河北省的碳排放高于首钢搬迁之前，面对此情况，河北省应做到产量压缩到位、搬迁建设到位、结构调整到位、环境治理到位。

4. 促进了物流业的全面发展

为了充分迎接首钢的产业转移，河北省积极加快和完善物流业发展，以此来支撑首钢产业转移的需要。积极投入不仅是在物流业信息化水平、物流人员素质上，同时还积极引进国外先进物流设备以此建立比较合理的物流体系。一方面，首钢的产业转移促进了物流业的发展尤其是河北省的物流业发展和集群；另一方面，也带动了河北省的物流业乃至其他产业的发展，为带动整个河北省的经济发展起到了积极的促进作用。

（四）首钢的搬迁对天津市的影响

首钢的搬迁同样促进了天津的产业结构调整，加速了产业转移速度。但同时，由于天津天然的港口优势，为首钢的迁移和以后的发展提供了便利的运输条件，使得首钢的发展不只是由于交通运输压力的问题而仅限于一个省份内，这为首钢的今后发展创造了发展空间。首钢的产业转移加快了天津自然港口的物流作业效率。面对首钢的产业转移，天津市应该加强产业结构的调整和滨海新区的大力建设。

总之，首钢的搬迁对于京津冀地区的发展非常重要。尤其是北京，首钢的搬迁是北京产业结构调整的必然结果。从原来北京的高碳转移到了河北省的高碳，物流业不断发展和完善，河北省有关部门应积极配合，加强协调，搞好服务，做好环境保护。

（五）首钢投资建设钢材物流基地，助推现代物流业发展

首钢投资建设北京地区的最大钢材物流基地——地处北京市丰台区卢沟桥畔的首钢京西钢材交易中心，总占地面积553亩，一期工程占地295亩，距京石高

速2公里，东北紧邻石景山南站，西与五环路相连，具有北京地区最佳的交通区位优势和公铁联运的优势。它集钢材仓储装卸、加工配送、信息服务、融资服务、商住服务、资金结算、电子商务等功能于一体，是首钢发展现代物流业、建设大物流基地的第一个重要项目，也是目前国内设备最先进、基础设施最佳和最具影响力的钢材物流基地之一。

发展现代物流业，是适应首钢搬迁新形势、推进首钢产业结构调整的一项重要内容。2010年2月，国务院批复同意首钢实施压产、搬迁、结构调整和环境治理的方案。按照批复，首钢在“十一五”期间将分阶段压缩北京地区钢铁产能，同时在北京地区发展总部经济，包括研发体系、销售、物流、优势非钢产业、环保产业等。投资建设首钢京西钢材交易中心，作为首钢总部经济的重要组成部分，标志着首钢现代物流业正式启动。

建设钢材物流基地，能够形成钢铁企业与用户之间的供应链，结成产业联盟，延伸钢厂产业链，增加产品附加值，多发展直供用户和稳定销售渠道。首钢京西钢材交易中心建成运营后，既可以作为首钢钢材产品在北京地区的集散地和分销、加工、配送基地，也可以为全国各钢厂的钢材产品进驻北京市场搭建第三方物流平台，同时为地方经济发展提供全方位服务。

首钢京西钢材交易中心于2006年2月开工建设迄今，包括钢材交易大楼、钢材仓储货场、钢材加工中心等多个项目此前已分别投入试运行。其中，钢材交易大楼共有三层，建筑面积6000平方米，配套中央空调、自动扶梯、电子大屏幕、商务中心、咖啡厅和会议室；设有180个交易席位，每个交易席位均引入电讯、宽带服务，可连接先进的仓储管理系统，实现货主查询功能；电子大屏幕即时发布市场信息，并为商户提供滚动电子广告服务。钢材仓储货场储运功能完善，设有1个大型露天货场、3个室内仓库、1条铁路专用线、1个大型专业运输车队。货场设施齐全，龙门吊、桥式吊、汽车吊等吊装设备共12台，100吨地磅1台，货场可存储摆放10万吨钢材，年吞吐能力150万吨以上，交易辐射面可达全国20多个省市。钢材加工中心下设中板加工厂和钢筋加工厂，可以为商户提供专业的钢材加工服务。中板加工厂建筑面积6000平方米，设有数控火焰切割机各2台，20吨双梁桥式起重机3台，丙烷站1座，具备年50万吨的中厚板材切割加工能力。钢筋加工厂占地面积30亩，设有数控弯箍机、钢筋笼成型和普通钢筋剪弯等设备，具备每年10万吨的商品钢筋加工能力。

第三节　低碳物流与金融发展的关联关系分析

通过前面的理论分析可以看出，低碳物流与金融之间存在一种相互促进的良性循环关系。下面通过收集京津冀地区 1989~2010 年低碳物流和金融发展数据，采用面板数据分析方法对二者之间的关系进行实证研究。

一、模型的构建和数据整理

（一）模型的构建

由于本书主要考察京津冀低碳物流能力与金融发展水平之间的关系，根据前面两者的机理分析，本章将从两个方面考虑构建模型：一方面是选取什么变量来衡量一个地区的低碳物流能力，另一方面是选取何种变量来代表一个地区的金融发展水平。通过前几章的论述结合实际数据查找情况，选取京津冀三个地区物流业碳排放强度和金融相关比率作为衡量三地低碳物流能力和金融发展水平的变量。构建相关面板数据模型有：

$$Y = a \times X + c$$

其中，Y 代表金融相关率（FIR）。金融相关率（FIR）指某一日期地区全部金融资产价值与该地区经济活动总量的比值，用以说明经济货币化的程度，而且将 FIR 的计算公式表述为 M_2/GDP。X 代表物流业的碳排放强度。物流业碳排放强度是指物流业单位生产总值的二氧化碳排放量，该指标主要是用来衡量一个地区物流产业产值同碳排放量之间的关系。如果地区物流业在发展的同时，每单位生产总值所带来的二氧化碳排放量在下降，那么说明该地区的物流业就实现了一个低碳的发展模式。

（二）数据统计性描述

通过收集京津冀地区相关年度数据，其中资料来源于 1990~2011 年《中国统计年鉴》、《中国物流年鉴》、《中国能源年鉴》。计算出三地区1989~2010年的物流业碳排放强度与金融相关比率，具体见表7-6、表7-7、图7-5、图7-6。

表7-6 京津冀三地金融相关率

年份 \ 地区	北京	天津	河北
1989	1.5744	1.9236	1.6641
1990	1.7852	2.2614	1.9236
1991	1.8939	2.4037	1.9968
1992	1.9237	2.6572	2.0260
1993	1.9098	2.5269	1.7189
1994	2.1026	2.3825	1.6732
1995	2.1895	2.3844	1.6237
1996	2.3407	2.5004	1.6628
1997	2.7024	2.5402	1.7553
1998	3.1194	2.6115	1.9125
1999	3.5974	2.6794	2.0146
2000	3.9374	2.5285	1.9016
2001	4.2955	2.5664	1.9120
2002	4.7912	2.6996	1.9426
2003	5.0017	3.0476	1.9194
2004	6.1646	2.9850	1.8425
2005	5.7077	2.9242	1.7204
2006	6.5976	2.8113	1.7286
2007	6.1541	2.9277	1.6748
2008	6.3874	2.7766	1.6895
2009	7.2421	3.3289	2.0763
2010	7.9357	3.9457	2.6038

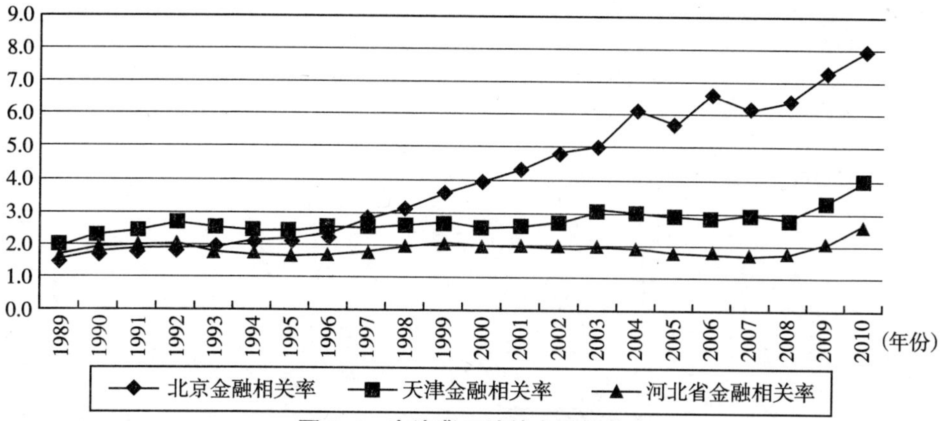

图7-5 京津冀三地的金融相关率

通过分析图 7-5 可以看出，京津冀三地的金融相关率均呈现逐年上升的趋势，其中以北京市的金融相关率最高，其次是天津市，最低的是河北省。就这项统计指标上来看，北京地区的金融发展水平尤其是在 2003 年之后发展很快，远远超过天津、河北两地。天津地区作为直辖市，其金融发展水平一直高于河北地区，而河北地区的金融发展一直比较平稳，但总体上稳中有升。

表 7-7　京津冀三地的物流业碳排放强度

单位：吨/亿元

年份＼地区	北京	天津	河北
1989	2045.0656	8238.7468	8585.6024
1990	3605.9768	9004.4752	7724.5838
1991	6719.7865	8642.4728	4887.2056
1992	9536.2853	7843.6099	3872.0672
1993	7856.1763	6090.4781	4037.2512
1994	4764.4384	4518.2203	4602.0447
1995	3595.4396	3655.0843	3762.826
1996	3398.7278	3337.1981	3516.1068
1997	3245.5582	3056.1809	3112.018
1998	3116.3660	2714.9120	3146.6009
1999	3481.9089	2388.8888	2988.4694
2000	3394.7261	2729.3179	2782.7263
2001	3190.1567	2448.1815	2823.2025
2002	2968.2726	2332.3990	2771.7052
2003	2801.2195	2489.9980	2721.9872
2004	2879.4044	3080.8618	2527.1505
2005	2869.6268	3057.5263	1845.0821
2006	3227.6175	2844.5113	1627.0470
2007	3448.3754	2462.0969	1435.2166
2008	4051.5487	2527.0581	1330.6753
2009	3796.9233	1878.1033	1149.1063
2010	3802.4356	2231.9535	1215.7959

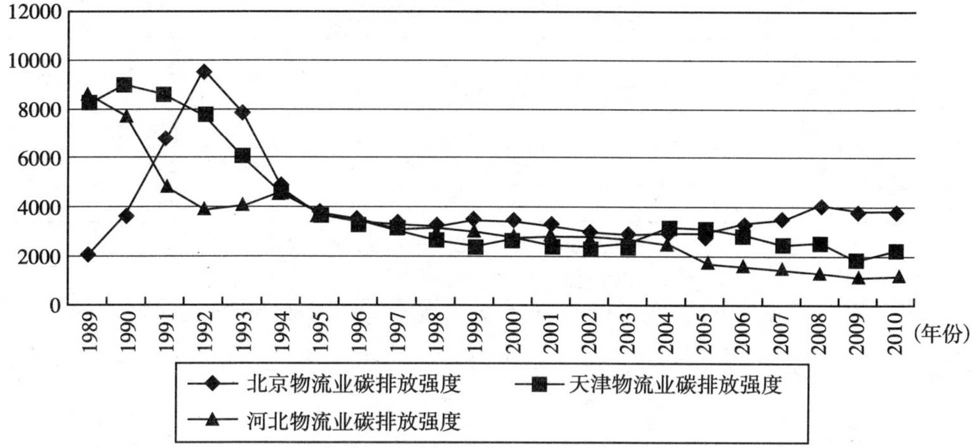

图 7-6　京津冀三地物流业碳排放强度

通过分析图表可以看出，京津冀三地的碳排放强度总体上呈现下降趋势，其中北京市在 1989~1992 年碳排放强度是呈现上升趋势，在 1992 年之后开始下降，这与当地的产业政策调整有很大关系。另外，天津市在 1994 年之前的碳排放强度一直高于河北地区，之后一直到 2010 年两地的碳排放强度基本差距不大。

二、关联关系实证分析

（一）单位根检验

首先要对时间序列的平稳性进行检验，其中单位根检验是统计检验中常用的一种方法。通过单位检验来验证数据在时间序列上是否平稳，这样可以避免实证研究的伪回归现象出现。如果一个时间序列 Y_t 满足：①对任意时间 t，其均值恒为常数；②对任意时间 t 和 s，其自相关系数只与时间间隔 t.s 有关，而与 t 和 s 的起始点无关，那么就是平稳时间序列。如果序列 Y_t 非平稳，经过 d 次差分后平稳，这样的序列被称为 d 阶单，记为 I（d）。

根据京津冀三地的碳排放强度和金融相关率的年度数据建立混合数据库，对相关变量进行单位根检验。运用 Eviews 6.0，分别对面板数据取对数，对取完对数后的 LnY、LnX 时间序列数据进行单位根检验，LLC 检验结果如表 7-8 所示。

表 7-8 单位根 LLC 检验结果

变 量	LLC 统计量	概 率
LnX	-1.67842	0.1466
DLnX	-2.47737	0.0066***
LnY	-0.20861	0.4174
DLnY	-2.17943	0.0146**

注：D 为一阶差分，***、**、* 为变量在 1%、5%和 10%的水平上显著。

通过检验发现，两组面板数据在水平情况下是非平稳的。但通过一阶差分，DLnX 在 1%的水平下是显著的，DLnY 在 5%的水平下是平稳的，故均为单整序列。

（二）面板数据模型的选择

面板数据模型一般分为混合回归效用模型、固定效用模型和随机效应模型三种。在本书中，如果是从京津冀作为三个地区来比较的角度考虑，适用于固定效应变截距模型。但由于三地区低碳物流能力对金融发展水平反以及影响存在个体差异，理论上来说，截距项应考虑个体差异的影响，因此应该设立随机影响变截距模型。对于到底是应该采用固定效应模型还是随机效应模型，具体还需要用模型设定来检验，在本书中将使用 F 检验和豪斯曼（Hausman）检验法，来确定模型的类型。

1. 判别模型中是否存在个体固定效应的 F 检验

原假设与备择假设分别为：

H_0：$\alpha_i=\alpha$，即模型中不同个体的截距相同（真实模型为混合回归模型）

H_1：模型中不同个体的截距不同（真实模型为个体固定效应回归模型）

F 统计量定义为：

$$F=\frac{(SSE_r-SSE_u)/(N-1)}{SSE_u/(NT-N-k)}\sim F\ (N-1,\ NT-N-k)$$

其中，SSE_r 表示约束模型（即混合回归模型）的残差平方和；SSE_u 表示非约束模型（即个体固定效应回归模型）的残差平方和。T 表示横截面个数，N 表示个体个数，N-1 表示约束条件个数，k 表示解释变量对应参数的个数。非约束模型比约束模型多了 N-1 个被估参数。

用 Eviews 6.0 对以上过程显示如表 7-9 所示。

表 7-9　F 检验结果

效应检验	统计量	概率
Cross-section F	4.659241	0.0134

从输出结果中可以看到，P 值小于 0.05，因此接受原假设。即模型设定时应该设置为个体固定效应回归模型，而不能设定为混合回归模型。

2. 判别模型中是否存在个体随机效应的豪斯曼（Hausman）检验

原假设与备择假设分别为：

H_0：个体效应与回归变量无关（真实模型为个体随机效应回归模型）

H_1：个体效应与回归变量相关（真实模型为个体固定效应回归模型）

用 Eviews 6.0 可以直接得到 Hausman 检验的结果，如表 7-10 所示。

表 7-10　豪斯曼（Hausman）检验结果

总结检验	CS 统计量	概率
Cross-section F	162.267022	0.0000

结果显示，豪斯曼（Hausman）检验显示 P 值为 0，在 1%的水平下拒绝原假设，所以模型倾向于采用固定效应模型。

综上，要分析 1989~2010 年北京、河北、天津三个不同个体的物流业碳排放强度回归系数对金融的影响程度，应采用变系数的固定效应面板数据模型。

（三）实证结果分析

根据前面的分析，我们建立 1989~2010 年北京、河北、天津三地区的物流业碳排放强度和金融相关率的变系数的固定效应面板数据模型。模型如下：

$$L_NY_{it} = \alpha_i + \beta_i L_N X_{it} + \varepsilon_{it} \tag{7-10}$$

模型估计结果见表 7-11：

表 7-11　估计结果

变　量	系　数	Std.Error	t-Statistic	Prob
C	1.273596	0.365847	3.481224	0.0010
BEIJING-W BEIJING	-0.557024	0.302991	-1.838419	0.0712
HEBEI-W HEBEI	-0.004779	0.034601	-0.138118	0.1189
TIANJIN-W TIANJIN	-0.169074	0.039133	-4.320444	0.0001
固定效应				

续表

变　量	系　数	Std.Error	t-Statistic	Prob
BEIJING–C	1.250346			
HEBEI–C	–0.996401			
TIANJIN–C	–0.253945			

具体模型参数估计结果见表 7–12：

表 7–12　模型参数估计结果

地　区	α_i	β_i
北　京	2.524	–0.557
天　津	0.277	–0.005
河　北	1.020	–0.169

其中，拟合优度为 $R^2=0.908458$，DW＝1.93292。

从结果可以看出，金融相关率和物流业碳排放强度两个变量是呈负相关的关系，也即说明了地区低碳物流能力的提高对于该地区的金融发展有促进作用，应大力发展低碳物流，提高地区的低碳物流能力。从北京地区的情况具体来看，物流业碳排放强度下降 1%，金融相关率将提高 0.557%；天津地区的情况是，物流业碳排放强下降 1%，金融相关比率将提高 0.169%。相对而言，物流业碳排放对河北地区的金融影响不大，物流业碳排放强下降 1%，金融相关率将提高 0.005%。

第八章　基于投入产出分析的区域产业转移低碳化调整策略研究
——以北京市为例

本章的内容主要是采用投入产出分析方法，以北京市为例，对北京市产业转移低碳化策略进行研究。首先，根据北京市 2007 年投入产出表，测算出北京市 2007 年各产业的碳排放系数，并构造出碳排放影响力系数。研究表明，碳排放总量不能构成确定产业碳排放责任的唯一指标，碳排放总量大的行业，碳排放系数不一定大，碳排放影响力系数也不一定大。其次，结合产业影响力系数提出了碳排放——产业影响的“波士顿”矩阵，根据矩阵提出了产业转移调整策略，对低产业影响力系数且高碳排放影响力系数的产业，应限制其产能，淘汰落后产能或者加速转型升级或产业转移；对于高产业影响力系数且低碳排放影响力系数的产业的发展应予以支持，增加其产业比重。

第一节　投入产出分析法概述

产业关联分析的基本方法是投入产出法。美国经济学家瓦西里·列昂惕夫（Wassily Leontief）是投入产出分析法的创始人。投入产出法作为一种产业关联分析的科学方法和理论，1968 年在联合国普及推广国民经济核算体系的新标准方式中，被作为重要内容列入其中。目前已成为一种对国家和地区经济进行数量研究的重要方法。投入产出法是研究国民经济体系中或区域经济体系中各个产业部门间投入与产出相互依存关系的数量分析方法。投入产出法中的“投入”，是指产品生产所消耗的原材料、燃料、动力、固定资产折旧和劳动力各生产要素；“产出”是指各产业部门生产的产品，即从事生产经营活动的结果，它被分配使用于生产消费、生活消费、积累和出口等方面。投入产出法的普遍应用，得益于该理论解决现实问题的实用性。如投入产出表可以描述某一时点的产业结构状态和产业结构演化不同阶段的数量表现，为把握不同产业的地位和作用提供依据。投入产出法不仅仅局限于分析产业间的联系，还可以利用产业间投入与产出的有关数量比例去研究国民经济中的其他问题。正如列昂惕夫在 1985 年为“投入产出分析法”作注解时所说：从实践上来说，应用这种方法的经济体系可以大到一个国家，甚至整个世界，也可以小到一个都市地区，或甚至单独一个企业的经济。[①] 投入产出法是通过投入产出表、投入产出模型来对产业间“投入”与“产出”的数量比例关系进行分析的一种方法。因此，投入产出表和投入产出模型是产业关联分析的基本工具。投入产出表包括实物型和价值型两种，前者是以实物为计量单位，后者是以货币为计量单位，通常使用最广泛的是价值型投入产出表。[②]

一、投入产出表

（一）投入产出分析的理论基础

投入产出分析法是一种定量分析方法，它必然要以一定的经济理论为依据。关于它的理论基础，列昂惕夫本人认为是瓦尔拉斯（Walras）的一般均衡理论，“投入产出法是用新古典学派的一般均衡理论，对各种错综复杂的经济活动之间在数量上的相互依赖关系进行经验研究”。一般均衡理论认为，国民经济由消费主体——居民户和生产主体——企业构成。一方面，居民通过市场向企业提供劳动力和资本以获得收入，再用收入从市场上购买企业所生产的消费品；另一方面，企业从市场上购买居民和其他企业提供的各种生产要素，组织生产过程，再把它的产品销售给居民和其他企业。这样，各种消费品和各种生产要素通过各种市场在居民、企业和各企业之间进行循环。一般均衡理论假定：消费者在一定的预算约束下追求效用最大化；生产者追求利润最大（成本最小）化。从逻辑上可以证明，经济主体追求最大化的行为可以使所有市场在一组价格的调节下，实现

① 列昂惕夫. 投入产出经济学［M］. 北京：中国统计出版社，1990.
② 戴伯勋，沈宏达. 现代产业经济学［M］. 北京：经济管理出版社，2001.

供给和需求的完全相等，即存在一组价格（也称为均衡价格），使所有市场都实现了均衡，这就是一般均衡。假如某个市场的供求关系发生了变化，那么必然导致该市场的价格发生变化，从而引起其他市场的供求关系也发生变化，进而引起一系列的价格调整，直至最后形成新的均衡价格，实现新的市场均衡。因此，分析市场供求关系必须把所有市场联系起来进行一般均衡分析。瓦尔拉斯是用联立方程组来描述一般均衡状态的，方程组的解就是均衡价格体系，但瓦尔拉斯的模型是一种纯粹理论抽象，它无法对实际的经济活动进行实证性分析。

（二）投入产出表的结构

1. 投入产出表（Input-outputtable）

该表是表现经济中多部门之间相互依赖关系的一种方法。国民经济各产业部门间在投入与产出，生产与消费上存在密切和复杂的生产技术联系与经济联系。如 A 部门向 B 部门、C 部门、D 部门……提供投入品（原料、半成品等），它自己又从 X 部门、Y 部门、Z 部门得到投入品。X 部门、Y 部门、Z 部门……或许向 B 部门、C 部门、D 部门……提供投入品，或许从它们那里得到投入品，因而整个经济可以表示成部门之间综合的相互关系。投入产出表是这些部门间相互关系的统计表现。

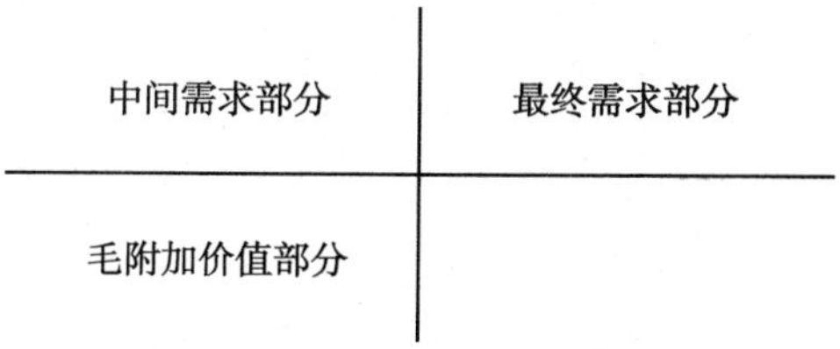

图 8-1　投入产出表的结构示意

一般地说，可以假设国民经济是由 n 个生产产品的产业所组成，它们分别被称为第 1 产品产业、第 2 产品产业……第 U 产品产业。任何一个产业在生产过程中都必须要以其他产业的产品和本产业的产品作为投入物，任何一个产业的产品都可以作为其他产业和本产业的投入物，并且还有部分作为满足社会的最终需求，包括消费需求、积累需求以及出口国外。图 8-1 表示了在一定时期内产业间的这种投入产出关系，也就是通常所说的投入产出表。

2. 实物型投入产出表

按各种产品的实物单位来进行计量的就是实物型投入产出表。

投入产出表就是全面反映在一定时期（通常为一年）内国民经济中各产业的投入来源及其产品去向的一种表。按各种产品的实物单位来进行计量的就是实物型投入产出表。

表 8–1　实物型投入产出表

	中间产品					最终产品				总产出
	产业 1	产业 2	…	产业 n	小计	积累	消费	净出口	小计	
产业 1	X_{11}	X_{12}	…	X_{1n}	$\sum_{i=1}^{n} X_{1i}$				Y_1	X_1
产业 2	X_{21}	X_{22}	…	X_{2n}	$\sum_{i=1}^{n} X_{2i}$				Y_2	X_2
⋮	⋮	⋮		⋮	⋮				⋮	⋮
产业 n	X_{n1}	X_{2n}	…	X_{nn}	$\sum_{i=1}^{n} X_{ni}$				Y_n	X_n

在表 8–1 中，X_{ij} 表示 j 产业产品在生产过程中对 i 产业产品的消耗量，也称 i 产业产品分配到 j 产业的流量；Y_i 表示 i 产业的最终产品数量；X_i 表示 i 产业的总产品量；n 表示所划分的产业数。可以把实物型投入产出表分为两部分来理解，左边第一部分中间产品部分是基本部分，也可以称为产业间产品的流量表。这部分的“行”和“列”数目相同，产业分类的名称和顺序也完全一致。这一部分里的数字表示在本期生产而又在本期生产过程中被消耗了的产品量，故也被称为中间产品。这些消耗量数字实质上反映的是产业间的物质技术联系，数字的大小是由产业的工艺技术结构决定的。右边第二部分是最终产品部分。最终产品是本期生产而在本期不再加工的可用于最终使用的产品。最终产品在各个用途上的分配主要是由社会经济因素决定的。整个投入产出表横向来看，表中每一行的数字表示该产业生产的产品作为中间产品卖给了哪些产业、卖了多少，又有多少产品作为最终产品满足了各项最终需求。

3. 价值型投入产出表

价值型投入产出表记录了全部用货币计量的中间产品价值、最终产品价值、毛附加价值以及总产值。表 8–2 是价值型投入产出表，它是在实物型投入产出表基础上所做的扩充。

表 8-2　价值型投入产出表

		中间产品					最终产品				总产出
		产业 1	产业 2	…	产业 n	合计	积累	消费	净出口	合计	
物质消耗	产业 1	X_{11}	X_{12}	…	X_{1n}					Y_1	X_1
	产业 2	X_{21}	X_{22}	…	X_{2n}					Y_2	X_2
	⋮	⋮	⋮		⋮					⋮	⋮
	产业 n	X_{n1}	X_{2n}	…	X_{nn}					Y_n	X_n
毛附加值	折旧	D_1	D_2	…	D_n						
	劳动报酬	V_1	V_2	…	V_n						
	社会纯收入	M_1	M_2	…	M_n						
总投入		X_1	X_2	…	X_n						

在表 8-2 中，X_{ij} 表示 j 产业生产过程中消耗 i 产业产品的价值量，Y_i 表示 i 产业最终产品的价值量，X_i 表示 i 产业的总产值，D_i 表示 i 产业的固定资产折旧额，V_i 表示 i 产业的劳动报酬，M_i 表示 i 产业向社会提供的纯收入。

表 8-2 第一、第二部分同实物型表相对应，只是数字反映的不是实物量而是价值量，增加的左下方第三部分包括折旧和净产值。这一部分从纵向来看，每一列的数字反映了每个生产的毛附加价值的构成情况；从横向来看，每一行的数字反映了毛附加价值每一项是由哪些产业提供的。由于增加了第三部分，且统一用货币计量，故每一列的数字可以加总，这样就可以得到以下一些线性方程。

（1）从横向看，对于每一个产业，各产业的总产值＝各产业提供的中间产品价值＋各产业最终产品价值。

故根据表 8-2，可得线性方程组：

$$\begin{cases} X_{11}+X_{12}+\cdots+X_{1n}+Y_1=X_1 \\ X_{21}+X_{22}+\cdots+X_{2n}+Y_2=X_2 \\ \cdots\cdots \\ X_{n1}+X_{n2}+\cdots+X_{nn}+Y_n=X_n \end{cases}$$

简记为：$\sum_{j=1}^{n} X_{ij}+Y_i=X_i$ （$i=1, 2, \cdots, n$） （8-1）

（2）从纵向看，各产业的总产值＝各产业消耗的中间产品价值＋各产业的毛附加价值。

表中每一列的数字表示该产业进行生产所必需的从包括本产业在内的各个产业购进多少中间产品作为投入，以及最终产品的实物构成。在实物型表中，每一列的各个数字由于计量单位不同，不能直接相加。

$$\begin{cases} X_{11}+X_{12}+\cdots+X_{1n}+D_1+V_1+M_1=X_1 \\ X_{21}+X_{22}+\cdots+X_{2n}+D_2+V_2+M_2=X_2 \\ \cdots\cdots \\ X_{n1}+X_{n2}+\cdots+X_{nn}+D_n+V_n+M_n=X_n \end{cases}$$

简记为：$\sum_{j=1}^{n} X_{ji}+D_i+V_i+M_i=X_i$（i=1，2，…，n） （8-2）

（3）把一个产业的横向数字和纵向数字联系起来看，由（8-1）式和（8-2）式可得：

$$\sum_{j=1}^{n} X_{ij}+Y_i=\sum_{j=1}^{n} X_{ji}+D_i+V_i+M_i \quad (i=1，2，\cdots，n) \tag{8-3}$$

（三）投入系数和列昂惕夫逆矩阵

1. 直接消耗系数

直接消耗系数是指生产单位产品对某一产业产品的直接消耗量。如果用 a_{ij} 表示第 j 产业产品对第 i 产业产品的直接消耗系数，即生产单位 j 产业产品所消耗的 i 产业产品的数量，那么有：

$a_{ij}=X_{ij}/X_j$（i，j=1，2，…，n）

由实物型投入产出表可以确定实物直接消耗系数，由价值型投入产出表可以确定价值直接消耗系数。根据表 8-2 中的数据，可以计算出全部直接消耗系数，它们可以排列成两个系数矩阵。

$$实物直接消耗系数矩阵\ A=\begin{bmatrix} \bar{a}_{11} & \bar{a}_{12} & \cdots & \bar{a}_{1n} \\ \bar{a}_{21} & \bar{a}_{22} & \cdots & \bar{a}_{2n} \\ \vdots & \vdots & & \vdots \\ \bar{a}_{n1} & \bar{a}_{n2} & \cdots & \bar{a}_{nn} \end{bmatrix}$$

$$价值直接消耗系数矩阵\ A=\begin{bmatrix} a_{11} & a_{12} & \cdots & a_{1n} \\ a_{21} & a_{22} & \cdots & a_{2n} \\ \vdots & \vdots & & \vdots \\ a_{n1} & a_{n2} & \cdots & a_{nn} \end{bmatrix}$$

价值型投入产出表增加了毛附加价值部分，类似地，可以计算出各产业单位产品的固定资产折旧（即固定资产折旧系数）、单位产品的劳动报酬（即劳动报酬系数）、单位产品的社会纯收入量（即社会纯收入系数）。

2. 完全消耗系数

直接消耗系数反映的是两个产业间的产品直接消耗关系。但一种产品对另一种产品的消耗不仅有直接消耗，而且还有间接消耗。例如，生产汽车除了直接消耗电力外，还同时消耗钢铁、轮胎、木材等产品，而生产这些产品也需要消耗电力，这是汽车对电力的第一次间接消耗。进一步分析，在炼钢、制造轮胎、采伐木材的过程中需要消耗生铁、焦炭、橡胶、工具和设备等产品，而生产这些产品也需要消耗电力，这就是汽车对电力的第二次间接消耗。这个过程还可以继续推导下去。一般来说，一个产品发生多少次间接消耗，根据各产品工艺技术特点的不同而不同。一种产品对某种产品的直接消耗和全部间接消耗的总和被称为完全消耗，相应地，直接消耗系数和全部间接消耗系数的总和就是完全消耗系数，以 b_{ij} 来表示 j 产业产品对 i 产业产品的完全消耗系数。

$$b_{ij}=a_{ij}+\sum_{k=1}^{n}b_{ik}a_{kj}\quad(i,\ j=1,\ 2,\ \cdots,\ n)$$

（四）波及效果分析

投入产出法不仅可以用来研究产业之间的比例关系和关系结构的特征，还可以利用投入产出表推算出来的参数，研究表中某些数据发生变化时对其他数据发生的影响。这就是波及效果分析。这种分析主要有三个方面：一是当某个产业的生产活动发生变化时而对其他产业生产活动所产生的影响，或某个产业生产活动受其他产业生产活动变化的影响；二是当某个或某些产业的最终需求发生变化时对国民经济各产业所产生的影响；三是当某个产业的毛附加价值发生变化时对国民经济各产业所产生的影响。以下几种系数是波及效果分析的重要工具。

任一产业的生产活动通过产业之间的相互关联，必然影响和受影响于其他产业的生产活动。我们把一个产业影响其他产业的程度叫作影响力，把受其他产业影响的程度叫作感应度。如果将各个产业对所有产业的影响力和受所有产业的感应度的平均趋势作一个比较，掌握各个产业在这一方面的特性，显然对分析现实的经济问题是大有裨益的。

根据方程 $X=(I-A)^{-1}Y$，我们可以通过列昂惕夫逆矩阵 $(I-A)^{-1}$ 来计算这两个系数。这个矩阵横行上的数值就是反映该产业受到其他产业影响程度即感应度系数的系列，它表明其他产业最终需求的变化而使该产业生产发生变化的程度。横向系数的平均值可看做该产业受其他产业影响的平均程度。纵列上的数值反映的是该产业最终需求的变化对其他产业的影响程度即影响力系数系列，也就是该产业最终需求的变化而使其他产业生产发生相应变化的程度。纵列系数的平均值是该产业对其他产业施加影响的平均程度。我们把列昂惕夫逆矩阵中某一产业的横行系数和纵列系数的平均值与全部产业横行系数和纵列系数的平均值相比，就可以计算该产业的感应度系数和影响力系数了。

$$某产业的感应度系数=\frac{该产业横行逆矩阵系数平均值}{全部产业横行系数的平均值的平均}$$

某产业的感应度系数若大于 1 或小于 1，表明该产业的感应度系数在全部产业中居于平均水平以上或以下。

$$某产业的影响力系数=\frac{该产业纵列逆矩阵系数的平均值}{全部产业纵列逆阵系数的平均值的平均}$$

某产业的影响力系数大于 1 或小于 1，表明该产业的影响力在全部产业中居平均水平以上或以下。

二、投入产出分析方法的应用

随着理论探讨的深入，对投入产出分析方法本身的研究和探讨也在逐步深入，并在应用领域得到逐步扩展，包括结构分析、国民账户、增长理论、区域研究、贸易问题、价格问题、能源和环境问题等，成为管理学和数量经济学的一个重要组成部分。

（一）国外投入产出分析的应用

投入产出分析方法开始主要用在产业结构的短期预测、历史分析和国际比较上，如列昂惕夫的《美国经济结构 1919~1939》（1951）、钱纳里等的《生产结构的国际比较》（1958）、辛普森等的《投入产出表基本结构的国际比较》（1965）。之后，该方法广泛应用于政策效应分析，如预测石油价格上涨对其他部门的影响；为特殊目的（政策效应分析）的扩展投入产出分析，如估算不同的产业结构所带来的公害影响程度和治理费用（列昂惕夫的《环境影响与经济结构的投入产出研究》和《世界经济的未来》）；企业计划中的需求预测分析；计算地区间的产业关联、分工及地区政策的关联效果，并应用到发展中国家的经济规划中，等等。日本编制投入产出表的历史较长，从1951年开始基本上5年一次，对投入产出技术的应用也较普遍和成功。从企业（如钢铁企业）、行业的需求预测，到国民经济中期经济计划，再到经济政策效果的测算，都广泛应用了投入产出分析方法。高斯（GhoshA）早在1958年就提出了一种“分配系统”（allocationsys-tern）。从投入产出列向关系看，是用投入系数来表现的技术因素以及相应的生产函数；而从行向关系看，是分配系数表现的市场因素以及相应的分配函数。在完全市场和资源非稀缺（non.scarceresources）条件下，生产系数决定均衡，而在垄断和资源稀缺市场条件下，分配函数发挥了更大作用。因此，列昂惕夫函数考虑的是存在大量闲置的生产能力，最终需求的任何变动将迅速带来生产的变化，而不会影响价格，也就是供给曲线具有充分的弹性，这种情况比较符合发达资本主义的经济状况。相反，在计划经济条件下，面对稀缺的资源和生产能力以及闲置的劳动力，决策部门通过在可能的生产组合条件下，寻求国家和社会福利最大化，获得一种最优资源配置。在这种情况下，技术上最优让位于可获得资源的最优使用和更好的福利效果。如果把投入产出系统看做只有一个部门，也就是把具体的各部门汇总成为一个国民经济整体，那么投入产出模型就可以转化为总量的凯恩斯模型。但是在考虑资源约束和中央政府参与经济决策的情况下，相对于投资的国民收入的乘数效应除了由社会边际消费倾向决定，还进一步受到中央决策的边际消费支出比率的影响。当消费比率大于边际消费倾向时，乘数效应同边际消费倾向决定的乘数效应比就扩大了。在这一过程中投资扩大了，扩大的增量投资就是非意愿投资对于这样的一种经济，收入用于消费和储蓄的决定不再单纯取决于拥有收入的人，而取决于生产者和影响生产决策的一些因素，而这些都归结于社会经济复杂的综合因素，经济内在的反应机制不再是消费者行为，而更多地取决于制度。

（二）国内投入产出分析的应用

我国将投入产出分析比较全面系统地应用到预测全国经济增长和部门结构分析中，较早并有一定影响的是财政部科研所刘桂苏的《国民经济部门优化的数量分析》(1988)。国内对投入产出分析应用最多的是政策效应分析，如估算能源产品、农业产品等的提价对其他部门的影响、项目投资对就业的影响等；国务院发展研究中心王慧炯、李善同等人对此做了深入的研究，他们将投入产出分析与国际竞争力分析相结合，分析了我国加入世界贸易组织后对中国和世界各部门的影响；国家统计局投入产出办公室也从 1995 年开始计算诱发力系数等指标；国家计委宏观研究院的一些学者（胡春力，1998；王岳平，2000）则利用投入产出分析揭示部门关联机理并进行产业政策分析；目前有一些证券机构的研究部门采用投入产出分析技术进行产业关联的研究，如根据产业关联特征进行产业归类研究。

（三）投入产出分析在产业关联分析中的应用

投入产出分析的一个主要目的就是进行经济分析。对社会经济现象进行数量分析时，常常将决定经济系统的众多指标分为两类：一类是在不同时间和空间可以取不同数值的经济指标，称为经济变量，如各部门的中间产品、最终产品、总产品等；另一类是在不同时间和空间相对稳定的经济指标，称为经济参数，如部门间的直接消耗系数、完全消耗系数等。对一个经济系统而言，正是这些相对稳定的经济参数决定着经济系统的基本结构。产业关联分析的基础是投入产出表的编制，其中有资料收集和编表等技术问题，更重要的是研究建立一整套可用的分析工具，拓展其研究与应用的领域。投入产出表本身就是各种经济变量相互依存关系的“数据库”，同时反映了部门产品或劳务的分配使用去向和价值构成，全面反映了社会再生产过程中各部门之间的技术经济联系。根据表中有关数据，可以得到反映产业间关联关系的数据。

第二节　碳排放的测算

一、碳排放的测算方法

官方正式统计发布的碳排放数据非常少，经济学界所用的碳排放数据大多数通过估算所得。以往的碳排放量数据主要来自于二氧化碳信息研究中心、美国能源情报署、国际能源总署，但这些机构的数据是从 20 世纪 90 年代后期开始的。国内学者也运用了不同方法进行估算，如马忠海（2002）运用生命周期法进行实际的测量和评估；张德英（2005）、王雪娜（2006）采用系统仿真的方法对碳排放量进行测算。其中，徐国泉（2006）① 根据政府间气候变化专门委员会（IPCC）公布的目录和计算方法，提出了改进的二氧化碳排放量计算方法，使碳排放量能够通过能源碳排放系数和能源消费量折算，这种方法受到学界普遍认可和运用。本书参考了 IPCC 和徐国泉的计算方法，得到简化的碳排放计算方法：

$$E_i = \sum C_j H_j Q_{ij} 10^{-6} \tag{8-4}$$

其中，E_i 为第 i 行业的碳排放量，单位为 kg，C_j 为第 j 种能源的碳排放系数，单位 kg 碳/GJ，H_j 为第 j 种能源平均地位发热量系数，单位为 kJ/kg 能源，Q_{ij} 为第 i 行业第 j 种能源消费量。上述计算方法其实与 IPCC 和徐国泉等人是一脉相承的，只需要获得各能源的碳排放系数、能源热值系数及各能源消耗量，就可以对碳排放量进行估算。

由于投入产出表包含了各部门的投入产出关系，为了避免重复计算和真实反映各产业的碳排放量，本章只计算产业消耗的含碳能源总量，而不计算间接碳排放能源如热力、电力的消耗量，所需计算的能源有自产煤、焦炭、汽油、柴油、燃料油、液化石油气、天然气。

严格来讲，为了尽可能准确，各能源的碳排放系数需要通过实验或者现场进行测算，限于条件，本章各能源的碳排放系数取自 IPCC 2006 年数据（如表 8-3 所示），能源热值系数来自《中国能源统计年鉴》（2008），各产业能源消耗量来自《北京统计年鉴》（2009）。

表 8-3 各能源碳排放系数

能源	自产煤	焦炭	汽油	煤油	柴油	燃料油	液化石油气	天然气
碳排放系数（kg 碳/GJ）	25.8	25.8	18.9	19.6	20.2	21.1	17.2	15.3

资料来源：IPCC 2006 年公布的数据。

① 徐国泉，刘则渊，姜照华. 中国碳排放的因素分解模型及实证分析：1995~2004 [J]. 中国人口·资源与环境，2006，16（6）：158-161.

二、北京市各产业的碳排放状况

各产业产值数据来自北京市2009年统计年鉴，没有农林牧副渔业各产业的能耗数据，将其视为单一行业处理。统计年鉴中交通运输业和仓储业与邮政业、研究实验发展业与综合技术服务业的能耗数据也合并在一起，分别视为单一行业。利用北京市2007年各行业的能源消费量和产值数据，运用公式（8-4）计算出上述40行业的碳排放量，得到各行业的碳排放量与产值比 c_i。结果如表8-4所示。

表8-4　行业碳排放总量及行业碳排放系数 c_i

行　业	碳排放总量（吨）	碳排放/行业产值（吨/万元）	行　业	碳排放总量（吨）	碳排放/行业产值（吨/万元）
农林牧渔业	386704.9	0.141583	工艺品及其他制造业	57255.7	0.108095
煤炭开采和洗选业	16311.46	0.01328	废品废料	2385.644	0.066119
石油和天然气开采业	10578.3	0.039909	电力、热力的生产和供应业	7583618	0.846492
金属矿采选业	26925.94	0.272794	燃气生产和供应业	32081.48	0.127023
非金属矿及其他矿采选业	56200.88	1.512419	水的生产和供应业	4717.202	0.0138
食品制造及烟草加工业	434493.3	0.081905	建筑业	344203.7	0.017433
纺织业	65619.9	0.089308	交通运输及仓储业、邮政业	4073446	0.269859
纺织服装鞋帽皮革毛皮羽毛（绒）及其制品业	88546.88	0.074657	信息传输、计算机服务	49401.37	0.002096
木材加工及家具制造业	25155.09	0.036001	批发和零售业	491395.9	0.031371
造纸印刷及文教体育用品制造业	128494.3	0.061866	住宿和餐饮业	740430.7	0.108615
石油加工、炼焦及核燃料加工业	374885.3	0.099939	金融业	39814.08	0.002098
化学工业	827683.7	0.087291	房地产业	960834.4	0.079669
非金属矿物制品业	1592257	0.55145	租赁和商务服务业	325320.9	0.024616
金属冶炼及压延加工业	4733466	0.88919	研究与试验发展业、综合技术服务业	340694.4	0.015048
金属制品业	64867.9	0.029318	水利、环境和公共设施管理业	115687	0.076205
通用、专用设备制造业	221232.3	0.025646	居民服务和其他服务业	442875.1	0.23664
交通运输设备制造业	248828.1	0.024474	教育	442875.1	0.071602
电气机械及器材制造业	33785.74	0.010275	卫生、社会保障和社会福利业	136776.5	0.022017

续表

行　业	碳排放总量(吨)	碳排放/行业产值(吨/万元)	行　业	碳排放总量(吨)	碳排放/行业产值(吨/万元)
通信设备、计算机及其他电子设备制造业	36169.06	0.001476	文化、体育和娱乐业	76593.62	0.013719
仪器仪表及文化、办公用机械制造业	10337.81	0.004767	公共管理和社会组织	194913.4	0.027507

由表 8–4 可知，在北京市 40 个行业部门中，电力、热力的生产和供应业作为能耗大户，已成为北京市碳排放量最大的产业部门。非能源工业中，金属冶炼和压延加工业、非金属矿物制品业、化学工业这三个重工业部门的碳排放量最大；服务业中，交通运输与仓储邮政业、房地产业、餐饮住宿业、批发零售业、居民服务和其他服务业的碳排放量最大。从行业碳排放系数来看，房地产业、建筑业、纺织服装鞋帽皮革毛皮羽毛（绒）及其制品业三个行业的行业碳排放系数最大，都在 0.8 以上。其次是石油加工、炼焦及核燃料加工业、非金属矿物制品业、工艺品及其他制造业、煤炭开采和洗选业、电力、热力的生产和供应业等，而公共管理和社会组织、非金属矿及其他矿采选业、通信设备、计算机及其他电子设备制造业、卫生、社会保障和社会福利业的行业碳排放系数更小，都在 0.01 以下，接下来是通用、专用设备制造业、金属冶炼及压延加工业、水的生产和供应业、纺织业、金属矿采选业、金属制品业等。数据显示，碳排放总量大的，碳排放系数不一定大；碳排放总量小的，碳排放系数不一定小。此外，需考虑某些高碳排放量行业，其产品大部分由下游产业所消耗，某些低碳排放量行业以高碳产品为投入品。因此，高碳排放总量和行业碳排放系数的产业并不一定构成重要产业结构调整对象，还必须考虑产业关联对碳排放的影响。

三、北京市各产业的国民经济影响和对碳排放的影响分析

最近的北京市投入产出表是 2007 年的数据，利用投入产出表可以计算出各产业的国民经济影响和对碳排放的影响。上文中提到，按能耗数据的部门分类将投入产出表行业数调整为 40 个。接下来可根据调整后的投入产出表计算出北京市各行业的产业影响力系数和碳排放影响力系数。

（一）产业影响力系数的计算

产业影响力系数的计算公式如下：

$$\delta_j = a_j / \left(\frac{1}{n} \sum_{j=1}^{n} a_j \right) \quad (j=1, 2, 3, \cdots, n) \tag{8-5}$$

其中，δ_j 表示第 j 产业对北京市国民经济的影响力系数，a_j 表示里昂惕夫逆矩阵列和。δ_j 反映了行业 j 最终需求的变化对其他产业的影响程度，也就是该产业最终需求变化使其他产业生产发生相应变化的程度，体现了产业 j 最终需求变动对国民经济的波及程度。

（二）产业碳排放影响力系数的计算

产业碳排放影响力系数参考了徐大丰（2010）的算法，该算法与产业影响力系数的计算相似，计算过程如下：

第一，计算直接消耗系数矩阵，直接消耗系数。

$$b_{ij} = X_{ij} / X_j \tag{8-6}$$

其中，X_{ij} 表示为第 j 产业所消耗的第 i 产业的产品价值量，X_j 是第 j 产业的总产出。可以得到直接消耗系数矩阵为：

$$B = (b_{ij})_{n\times n} \tag{8-7}$$

第二，利用上文得到的行业碳排放系数，计算出产业 i 为产业 j 提供 a_{ij} 产量过程中产生的碳排放量，将其称为碳排放直接引发系数，碳排放直接引发系数计算如下：

$$cb_{ij} = b_{ij} \times c_i \tag{8-8}$$

以碳排放直接引发系数为元素构成碳排放的直接引发系数矩阵：

$$CB = (c_i b_{ij})_{n\times n} \tag{8-9}$$

第三，计算碳排放的完全引发系数矩阵。产业 j 直接消耗 b_{ij} 的产业 i 的产品，引发一定的碳排放量，需承担产业 i 生产出 b_{ij} 产值的碳排放责任。此外，产业 j 还通过其他产业间接消耗了产业 i 的产品，也引发了碳排放，因此，这一部分间接碳排放责任也应计算在内。碳排放的完全引发系数矩阵如下：

$$D = CB + (CB)^2 + (CB)^3 + \cdots + (CB)^k + \cdots \tag{8-10}$$

得到 $D = (1-CB)^{-1} - 1$ (8-11)

（8-11）式中，I 为单位矩阵，$(1-CB)^{-1}$ 为碳排放的里昂惕夫逆矩阵。

第四，计算碳排放的产业影响力系数，令

$$T=(I-CB)^{-1}=(t_{ij})_{n\times n} \tag{8-12}$$

碳排放的产业影响力系数 $\gamma_j=t_j/\frac{1}{n}\sum_{j=1}^{n}t_j$（j=1，2，3，…，n）　(8-13)

其中，t_j 为碳排放的里昂惕夫逆矩阵列和，γ_j 为产业 j 的碳排放影响力系数。

（三）计算结果分析

利用北京市 2007 年投入产出表，本书计算了北京市产业影响力系数和碳排放影响力系数。

就产业影响力系数而言，通信设备、计算机及其他电子设备的产业影响力系数达到 3.4 左右，紧接着是信息传输和计算机服务、软件业，产业影响力系数为 2.12，北京市通信、计算机、电子设备业及其配套服务、开发行业起步较早，发展到现阶段，形成了较为完备和成熟的产业体系。北京市大量的科研院校为电子信息及其配套产业的发展提供了技术和人才优势，这些产业主要是技术和信息密集型产业，具有模块化设计和生产的特点，能够解决这些产业的影响力系数大的问题。此外，电气机械及器材制造业、研究与实验发展业和综合技术服务业、仪器仪表及文化和办公用机械制造业、居民服务和其他服务业、通用和专用设备制造业、金属冶炼及压延加工业、交通运输及仓储业和邮政业、金属制品业、建筑业、交通运输设备制造业、工艺品及其他制造业、租赁和商务服务业、非金属矿物制品业的产业影响力系数从大到小排列都在均值 1 之上。再考察碳排放影响力系数，电力、热力的生产和供应业的碳排放影响力系数为 1.67，是 40 个行业的最大值，其次从大到小依次排列为研究与实验发展业和综合技术服务业、金属制品业、金属冶炼及压延加工业、工艺品及其他制造业、非金属矿物制品业、建筑业、非金属矿及其他矿采选业、通用、专用设备制造业、电气机械及器材制造业、金属矿采选业、交通运输及仓储业、邮政业、水的生产和供应业，这些行业的碳排放影响力系数均高于均值水平，其中间投入需求的增加将导致碳排放量较大程度上的增加，这些行业的减排对于北京市的低碳发展具有重要意义。

第三节 北京市产业转移进程中的低碳化调整策略

通过上述分析，首先，有必要对高碳排放影响力系数的行业进行合理的规制，限制其产出或者促进其加速转型。开发和利用低碳技术是实现低碳发展最根本的路径，但低碳技术的研发是一项长期工作。其次，还存在一个两难境地，这些高碳排放影响力系数的行业主要是一些重工业，某些行业如电力、热力生产供应业、金属制品业、金属冶炼业，交通运输仓储邮政业等虽然碳排放影响力系数较大，但它们的产业影响力系数也大，为实现碳排放的降低，这些行业的产出势必影响北京市经济增长，影响居民生活。因此，产业结构调整的重点应该是那些高碳排放影响力系数且低产业影响力系数的行业以及低碳排放影响力系数且高产业影响力系数的行业。对这些行业进行相应调整，既有利于碳排放量的降低，又有利于北京市的经济增长。参考波士顿矩阵，以产业影响力系数为横轴，碳排放影响力系数为纵轴，构造出了碳排放—产业影响“波士顿”矩阵，北京市40行业散点分布其中，见图8–2。

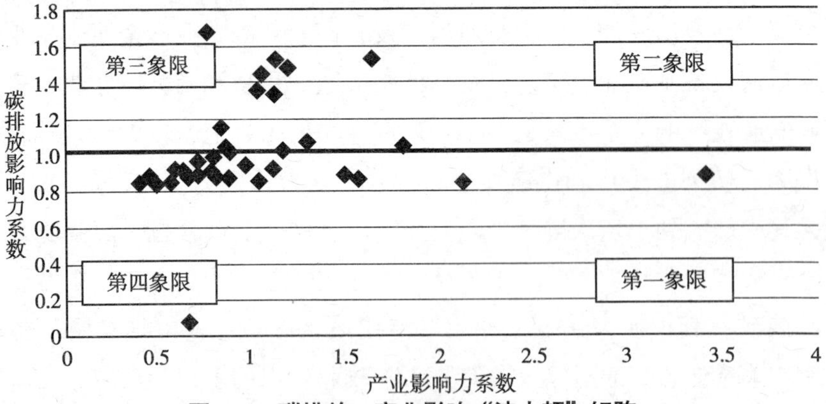

图8–2 碳排放—产业影响“波士顿”矩阵

为了区分产业影响力系数和碳排放影响力系数的高低，以均值1为界限，将上述散点图分为四个象限，见表8–5。

表 8-5 各产业矩阵分析

象限	第一象限	第二象限	第三象限	第四象限
产业影响力系数	大	大	小	小
碳排放影响力系数	小	大	大	小
涵盖行业	通信设备、计算机及其他电子设备制造业、信息传输、计算机服务和软件业、仪器仪表及文化办公用机械制造业、居民服务和其他服务业、交通运输设备制造业、租赁和商务服务	研究与实验发展业、综合技术服务业、电气机械及器材制造业、通用专用设备制造业、金属冶炼及压延加工业、金属制品业、交通运输仓储及邮政业、建筑业、工艺品及其他制造业、非金属矿物制品业	电力、热力生产和供应、非金属矿及其他矿采选业、金属矿采选业、水的生产和供应业	燃气生产和供应、房地产业、金融业、石油和天然气开采业、教育业、农林牧副渔业、煤炭开采洗选业、食品制造业、纺织业、烟草加工业、石油加工业、化学工业、废品废料业、批零业、餐饮业等

对散点图进行处理之后，需要转移的产业就十分清晰明了了。处在第一象限的产业，产业影响力系数大而碳排放影响力系数较小，这些产业的发展既有利于经济增长，又有利于碳排放的降低。处在第二象限的产业影响力系数和碳排放影响力系数都大，对这些产业进行的调整陷入两难的境地。如果限制这些产业的产出规模，势必对其他产业的生产产生极大的负面影响，从而影响经济增长；如果不加以限制，又难以改变当前碳排放量大的局面。因此，促进产业升级，从生产流程和技术上有所突破才能改变当前实现经济增长和降低碳排放的两难境地。处在第三象限的产业，产业影响力系数较小，碳排放影响力系数大，应对这些产业进行结构上的调整，抑制其产出，必要时对某些产业予以淘汰和转移，不会对经济增长产生带来较大的影响，反而能够有效降低碳排放。处在第四象限的产业影响力系数和碳排放影响力系数都小，对经济增长和降低碳排放的影响力有限，因此，对低碳导向的产业转移策略而言，这些产业不是重点关注对象。

北京市发展低碳经济，第一象限和第三象限中的产业都是产业结构调整和产业转移所应关注的重点对象。如表 8-5 所示，对北京市而言，电力、热力生产和供应、非金属矿及其他矿采选业、金属矿采选业、水的生产和供应业都是产业影响力系数小和碳排放影响力系数大的行业，尤其是电力、热力生产供应业和非金属矿及其他矿采选业，碳排放总量和行业碳排放系数也非常大。对这四个行业进行产业结构调整和产业转移、降低产能以及淘汰落后产能能够有效降低碳排放而对北京市经济增长的消极影响较小。但是，电力热力生产和供应、水的生产和供应业虽然碳排放影响力系数大，产业影响力系数小，但电力供应和水的供应是必不可少的，是不能够淘汰的。非金属矿及其他矿采选业与金属矿采选业是可以考虑转移和淘汰的。通信设备、计算机及其他电子设备制造业、信息传输、计算机服务和软件业、仪器仪表及文化办公用机械制造业、居民服务和其他服务业、交通运输设备制造业、租赁和商务服务都是产业影响力系数大而碳排放影响力系数小的产业，通信设备、计算机和其他电子设备、信息传输、计算机服务和软件业的产业影响力系数都在 2 以上，碳排放影响力系数却只有 0.8 左右，这些行业应该是北京市重点发展的行业，促进这些行业的发展，能够达到经济增长和降低碳排放的双重目的。

不难看出，北京市房地产业、餐饮住宿业、食品制造业能耗水平是非常高的，但这些产业消耗的中间品所引发的碳排放量相对低，碳排放的影响力系数较小。而非金属矿及其他矿采选业，直接碳排放量只有 5 万多吨，而碳排放的影响力系数却有 1.15。因此，进行低碳导向的产业结构调整和产业转移时必须考虑产业关联。

发展低碳经济仅仅考虑产业本身的能耗是不够的，从整个社会化生产过程来讲，也要考虑产业关联导致的间接碳排放责任。尽管从行业能耗角度出发，直接的碳排放量较小，但该行业的中间投入品却是高能耗产品，那么该行业也属于高碳排放行业之列，也应该成为产业结构调整和产业转移的重要对象。相反，如果行业的直接碳排放量较大，但是，该行业的产品却是下游产业的中间投入品，那么，该行业不应该是降低碳排放的重点产业结构调整对象。通过实证发现，北京市电力、热力生产和供应业、非金属矿及其他矿采选业、金属矿采选业、水的生产和供应业的产业影响力系数较小，碳排放的影响力系数大。从低碳角度出发，在尽量减少对经济增长的负面影响下，应抑制这些行业产出规模的扩大，加速淘汰行业落后产能。北京市通信设备、计算机及其他电子设备制造业、信息传输、计算机服务和软件业、仪器仪表及文化办公用机械制造业、居民服务和其他服务业、交通运输设备制造业、租赁和商务服务的产业影响力系数大而碳排放的影响力系数小，这些行业应成为北京市未来的重点发展对象，为实现经济增长和降低碳排放的双重目的提供推动力。

从结果来看，北京市应大力发展高科技产业，如通信设备、计算机、电子设备以及配套服务业如通信业、软件业、计算机服务业等。北京市在这些行业方面具有很强的地理、资金、技术优势，并且，这些产业具有非常强的溢出效应，能够带动大批相关产业的发展，在推动北京市经济增长的同时不增加碳排放的压力。另外，服务业的碳排放影响力系数要远低于重工业，积极支持和促进服务业的发展，提高服务业的比重，对于降低北京市碳排放强度具有重要意义。

值得思考的是，一些高碳排放影响力系数、低产业影响力系数的产业涵盖了部分重工业，对这些行业的需求不能依赖进口解决，因此，跨区域的产业转移能否在实现区域经济增长的同时降低碳排放强度，需要我们进一步研究。毫无疑问的是，不考虑技术进步的情况下，跨区域产业转移与碳排放的问题也应该考虑产业关联，这有助于在解决经济增长和降低碳排放的关系问题上取得平衡。

第九章　区域产业转移进程中金融支持低碳物流框架体系的构建和对策建议

第一节　金融支持设计思路

资金已经成为低碳物流进程中最大的“瓶颈”，如果不加以解决，物流的低碳之路难以前进。

一、物流业的两大主体

在设计金融支持框架之前可以将物流业主体分为两类，一个是物流上游企业，另一个作为物流载体的企业。

物流上游企业包括物流技术研发企业和物流设备制造业。物流新技术研发是物流业发展的最根本动力。当然，不能狭隘地认为物流技术是物流设备所含的科技，而是也包括物流过程的管理技术。技术成功研发要向生产力转化，内化到设备或企业实体中。

商品的流动，需要载体传递。目前充当物流载体的形式主要有两种：一种是生产企业自运，另一种是生产企业将物流功能外包给其他企业，即第三方物流。生产企业为了节省费用，加快资本周转，集中精力于核心业务，从而提高核心竞争力，往往将商品运输转让给更加专业的物流企业。第三方物流可以更好地运用信息技术和设备，提高服务质量，间接提升企业形象。生产企业和物流企业通过长期互动，最终形成战略联盟。

二、金融支持的两大领域

金融支持源于两大领域，一是市场领域“看不见的手”，二是行政领域“看得见的手”。

发展低碳物流中遇到的资金问题，不是单纯靠市场和政府一方力量可以解决的。市场这只“看不见的手”目前在我国的发展并不完善，单纯靠市场力量解决低碳物流资金问题过程缓慢。资金会流向回报率高或风险相对较小的行业领域，而作为物流主体的第三方物流企业多为中小型企业，低碳物流初期必然会缩小其利润，增加其风险，资本避之不及。反之，单纯依靠政府“看得见的手”，脱离市场基础，会存在最优化的问题。力度太小作用难以显现，力度过大则可能浪费社会资源，产生负面影响，过犹不及。因此，解决物流业低碳战略中资金问题，市场机制与行政机制相互配合、相互完善，紧密协调，缺一不可。

第二节　低碳物流金融支持系统框架体系的构建

根据金融支持的设计思路，构建如图 9–1 所示的低碳物流金融支持系统框架：

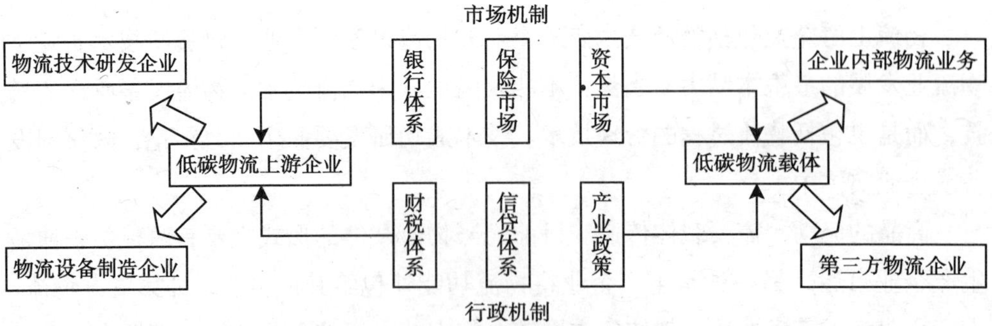

图 9–1　低碳物流金融支持系统框架

一、市场机制资金通道

（一）银行体系为低碳物流各方提供资金供给

在金融支持框架图中第三方物流企业主要是中小物流企业，也是低碳潜力最大的环节。但这些企业目前不具有通过资本市场上市或发行债券来进行直接融资的能力，银行贷款还是最主要的资金供给方。然而，中小企业贷款难是制约其效益和效率提高的重要因素，因此商业银行提供便利且充足的信贷支持是低碳物流发展的基础。另外，物流上游企业低碳技术研发过程中也会面临资金不充裕、低碳设备批量生产资金不足的情况，此时，银行就可以通过低息贷款来加以支持。具体措施有：

（1）树立金融业支持低碳物流的理念。以节能减排和可持续发展为基础，树立低碳物流金融服务意识，运用低碳的理念来指导、规划、改造产品结构，制订低碳生产计划并实施低碳物流工程，加强宏观层面的低碳物流政策引导，发挥银行、银行业监督管理委员会等的融资作用，建立与节能减排项目贷款相关联的信贷指导政策，地方政府发挥低碳物流项目引导作用，刺激低碳物流项目贷款向低碳信贷开展得较好的商业银行倾斜。

（2）完善金融业支持低碳物流的信息系统，加强金融业信息的整合，针对金融机构与物流企业、生产企业间信息不对称的问题，应建立完善的低碳物流金融支持信息系统平台，实现低碳金融机构、低碳物流企业、低碳生产企业、政府及社会公民的信息整合与资源共享，降低并削减金融机构贷款风险。金融业支持低碳物流的信息系统应建立在银行与物流企业及其他企业之间良好的合作关系基础上，建立合作沟通的信息系统，把所有信息归总形成信息库，健全信息库，使之成为整个供应链的信息平台，减少空载率和低效率的能源消耗，降低物流运作成本。

（3）加强低碳物流相关的金融衍生品创新，提高低碳物流竞争力，积极探索以金融创新支持低碳物流发展，提升低碳物流相关的金融产品的种类和内涵，构建以利益激励为主导的金融衍生品创新。由于银行业承担信贷资金配置的碳约束责任，保险业承担规避和转移风险的责任，机构投资者承担环境治理的信托责任，碳基金承担碳市场交易主体的责任，要通过这些机构的共同努力，实现碳证券、碳期货、碳基金等各种碳金融衍生品的创新。我国应借鉴国际经验加快开发各类支持低碳经济发展的碳金融衍生工具，共同应对并防范各种金融风险。

（4）发展低碳物流的低碳信贷业务，积极倡导低碳物流的金融支持。银行应对低碳物流发展给予一定的信贷倾斜，重点关注低碳运输与仓储技术，支持低碳包装、低碳流通加工、废物回收物流等领域的发展，鼓励银行办理从事低碳物流企业的银行授信，降低物流企业信贷税率同时，积极开展对低碳物流的金融服务，为地区低碳物流项目提供高效的金融服务，利用自身的融资渠道与网络化营销优势，降低低碳物流项目金融风险，促进低碳物流的发展。

（5）降低贷款门槛。目前中小企业从提出贷款申请到拿到贷款获批时间较长，甚至长达几个月，对业务周转形成极大阻碍。更有甚者，对于风险较高的物流企业，最后还可能因风险权重不达标而被拒之门外。因此，商业银行可针对发展低碳业务的物流企业，缩短其贷款审批流程，提高风险容忍度。实行有别于大企业的授信标准，减少审批程序，提高审批效率，提供更便捷的贷款。

（6）降低贷款利率。近年来银行等金融机构对中小企业贷款非但没有利率上的支持，反而相继上浮，有的上浮比例达70%。虽然金融机构适当拓宽了中小企业的贷款渠道，但本身面临资金困境的企业要为融资付出更高昂的成本。对于低碳物流企业，银行等可对其贷款实行贴息和风险补偿机制，或有针对性地以基准利率放贷。

（7）创新贷款形式。物流业特征决定了其资产结构中流动性资产占绝大部分，而厂房和设备等固定资产很少，即使有也普遍存在产权等不够明确、法律障碍偏多的问题，无法用作贷款抵押品。结合物流企业现金流和物流的特色，金融机构开发新型抵押产品对解决贷款担保问题至关重要，如合约、保单和票据贴现等质押产品。供应链融资形式适合于物流行业，以物流企业与生产企业的签订长期合约或形成战略联盟为依据，解决物流企业的融资需求。

（二）保险体系对低碳物流风险提供保障

由于涉及运输、仓储、配送等众多环节，风险是物流活动与生俱来的。因此，物流并不排斥保险行业，通过保险体系可以促进低碳物流的发展。但目前保险也在物流活动中多为财产保险和货物运输险，即对运输过程中货物丢失、毁损进行货物本身赔偿。然而，物流公司通常也会受到经济损失赔偿等追讨，数额相对较大。另外，运输环节风险较大，企业本身也会面临意外损失。以上情况均会给企业造成资金问题。鉴于此保险体系可采取如下措施：

（1）降低绿标车保费和提高赔付率。我国机动车辆必须购买机动车交通事故强制保险，对于低碳物流企业采购绿标车进行货物配送，可适当降低保费来予以激励。对于物流活动中采用低碳技术的投保财产，赔率设定和发生风险赔付认定时可以相应地放宽条件。

（2）物流险种多样化。探索开发一些专门面对于低碳物流的相关保险，也可以有效地刺激第三方物流企业和企业物流环节低碳的进程。

（三）资本市场间接融资拓宽低碳物流企业融资渠道

在市场化进程中，资本市场应在企业融资方面发挥最重要的作用，而物流业在此体系中资金获得却相当匮乏。如上游技术研发中，物联网技术引领物流信息统一平台的构建，促进物流信息化，提高物流效率，但该项技术并没有引起金融界足够的重视。下游因受企业规模和资质的限制，目前无法以股票和债券的形式在资本市场上募得资金，私人借贷和风险基金也以回报率低风险大而退避三舍。因此大力发展资本市场，使低碳技术、设备制造业和有自身具备物流服务的产品制造业获得充足资金做大做强，从而引领低碳物流的发展步伐。

物流企业在资本市场融资路径如图 9–2 所示：

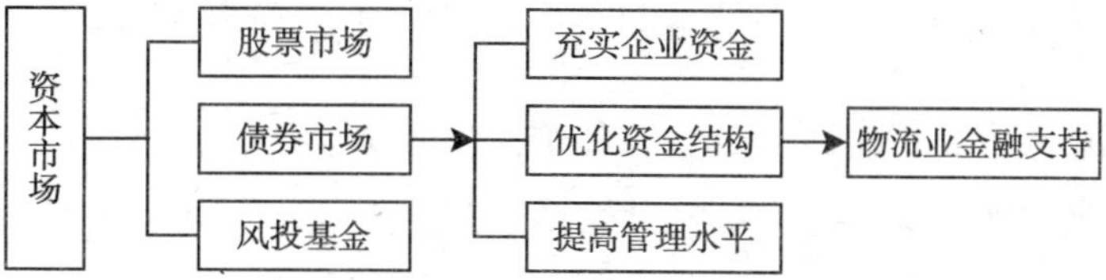

图 9–2　物流企业在资本市场上的融资路径

（1）物流企业上市融资，目前有上市资格的物流企业均是港口、空运等国有企业或大型物流企业，并且物流活动为主营业务。民营物流和物流相关企业上市少之又少，在大规模的资金需求下，仅仅依靠自身发展来走低碳之路，在短时间内是难以完成的。利用股票形式在资本市场融资是未来低碳物流发展的必由之路。因此，证券市场监管部门要适当放松对低碳技术研发和设备制造企业上市审核，降低资本市场准入门槛。

（2）发行企业债券募集资金，资金来源多样化。在美国，中小企业债券筹集了数千元游资，且债券融资大于股票融资。而我国中小企业因法律的限定，很难获得发债资格。因此在法律规定没有放松之前，就应积极探索其他发债方式，间接缓解融资问题。比如完善公司债市场，让有资格发债的大型物流企业多采用债券融资，此时银行必然会进一步面向中小企业，为中小企业提供贷款融资，发行中小企业可转债。如果中小企业可转换债券能够顺利推出，资本市场就可以通过购买物流业债券的投资行为，在一定程度上缓解中小企业融资难的问题，对推动中小企业发展起积极作用。

（3）风投基金参与企业管理。在国外，风险投资是企业科技创新和技术开发所需资金的主要来源。对于物流低碳发展，风投资金是最合适的融资渠道。因为低碳技术研发风险高，收益也高。另外，作为我国物流业的主要组成成分，中小型物流企业面临着创新性低、发展动力不强、技术研发投入不足、管理水平不高和专业人才缺乏的问题。风险投资和基金应积极介入物流领域。不仅扩大了其资金来源渠道，还通过参与低碳物流产业的经营管理，帮助这些企业进行资本优化，提供资金利用效率。从资金来源和经营管理两方面协助物流业发展。

二、行政机制政策性金融支持

（一）财税政策上给予发展低碳物流各方金融帮助

自主创新能力是提高企业竞争力和维持发展的动力，但目前我国企业技术创新低下是客观现实。究其原因，是社会研发投入不足。技术研发活动具有正外部性，仅仅依靠市场机制无法有效促进。行政机制必须采取措施进行有效刺激。一般来说，政府主要通过两种方式来刺激企业增加研发收入。

1. 财政补贴低碳物流企业

政府对有利于低碳经济发展的生产者或经济行为给予补贴，是促进低碳经济发展的一项重要经济手段。英国对可再生能源的使用采取了一系列财政补贴措施。如英国的电力供应者被强制要求提供一定比例的可再生能源（由 2005~2006 年的 5.5%提高到 2015~2016 年的 15.4%）。与此相应，英国政府对电力供应者提供了一定补贴。

对于积极开展物流低碳技术、设备研发的企业给予项目经费，或通过贷款贴息直接降低上游企业的研发成本。对于新技术、设备的运用推广方面，政府可以帮助其向物流企业引进，从而解决低碳技术成本高，市场匮乏的问题。同时针对采用低碳技术和设备的第三方物流企业及企业物流实施补贴政策，采用融资方式购买低碳技术和设备则给予低利率的金融优惠。

2. 低碳物流业税收优惠

对低碳经济发展实施税收优惠政策是发达国家普遍采用的措施。美国政府规定可再生能源相关设备费用的 20%~30%可以用来抵税，可再生能源相关企业和个人还可享受 10%~40%额度不等的减税额度。欧盟及英国、丹麦等成员国规定对可再生能源不征收任何能源税，对个人投资的风电项目则免征所得税等。

税收减免政策在某些方面优于财政补贴政策。在技术研发企业中，政府研发补贴很可能挤出企业自身的研发性投入，并且由于财政补贴是事前激励，道德风险会使企业研发努力程度低于事后的税收减免。具体可对企业创新物流技术的研发支出在缴税时加计扣除，并且在销售低碳物流设备时免征增值税和消费税。对于采用低碳环保技术中小型物流企业，可以调低企业所得税税率等。

（二）完善信贷体系，拓宽融资平台

据调查，我国中小企业有 1/3 的资金来自民间金融，在货币政策从紧阶段，比例会有所增加。民间金融有利于中小企业的发展，能解决其在正规渠道难融资的问题。美国许多高成长企业在初期都是通过这种方式进行融资的。民间金融在我国属于私募范围，制度层面有一定的合法性，但现阶段还缺乏规范。规范民间金融需要解决法律层面问题后，行政机关重点建立严格监管制度规范其行为。比如存款保险、利率市场化、贷款担保、严格准入、信息披露以及责任者惩戒等一系列制度保障下的政策提倡建立民间金融中介机构，引导民间资金流，实现民间金融正规合法化，最终完善信贷体系。

（三）产业政策支持低碳物流发展

政府为了实现一定的经济和社会目标而对产业的形成和发展进行干预的各种政策的总和。其主要内容包括产业结构政策、产业组织政策和产业布局政策。现

阶段，我国产业政策主要为：一是升级产业结构，大力发展第三产业；二是调整产业布局，产业区域间转移。将东部沿海的部分第二产业向西部欠发达的地区转移。伴随着产业升级与转移，物流业也得到发展。

(1) 产业结构调整促进物流服务业发展。根据国务院办公厅转发的国家统计局关于建立第三产业统计报告上对我国三次产业划分的意见，我国第三产业包括流通和服务两大部门，其一就是流通部门，包括交通运输业、邮电通信业、商业饮食业、物资供销和仓储业。我国将国民经济支柱产业向第三产业转移过程中，物流业是其大力发展的行业。发展低碳经济是转变经济增长模式，实现人类社会可持续发展的必由之路。在产业结构调整的背景下，低碳物流发展会更迅速。

(2) 产业转移政策间接推进物流业低碳进程。发展物流业，可在产业转移的背景下寻得资金支持。产业地区间转移，必然会催生大量物流需求。企业在转移生产时，物流服务的专业化、信息化、低成本化水平都是企业考虑的重要的投资因素。各地政府为吸引产业向本地转移，积极建设物流设施、提高物流信息化水平，资金支持物流企业发展聚集形成物流园区，并且会投资研发更高效的物流技术，引进新型物流设备以提高当地产业的竞争力。

三、其他对策建议

（一）政府加大低碳物流的政策支持

发展低碳物流，离不开政府的政策和制度支持。除了通过制定低碳补贴政策、税收扶持政策、贷款优惠政策等金融支持引导物流主体的行为外，还必须通过环境立法、排污收费制度、许可证制度和建立低碳物流标准来约束、干预物流活动的外部不经济性，促进低碳物流的发展。如对物流企业征收碳税。开征碳税被发达国家认为是富有成效的政策手段，碳税通过对燃煤和石油下游的汽油、航空燃油、天然气等化石燃料产品，按其碳含量的比例征税来实现减少化石燃料消耗和二氧化碳排放。近几年来，英国、美国、日本、德国、丹麦、挪威、瑞典等发达国家对燃烧产生的二氧化碳的化石燃料开征国家碳税，如英国对与政府签署自愿气候变化协议的企业，如果企业达到协议规定的能效或减排就可以减免 80%的碳税。

（二）大力发展废弃物物流，加强逆向物流的发展

废弃物物流是逆向物流的一种，是指将经济活动中失去原有使用价值，比如用于运输的托盘、集装箱，其他物流包装等的物品，根据实际需要进行收集、分类、加工、包装、搬运、储存等，并分送到专门处理场所时形成的物品实体流动。在可持续发展的资源战略宏观的引导下，我国应该将废弃物的回收、再利用、再循环成为企业的一项法定义务，那么企业物流系统也必须以此为根据重新构建。不仅要考虑为前向供应链提供快速的、环境友好的物流服务，还必须考虑废弃旧产品的回收、翻新、改制等再利用和再循环的物流网络。当前，从源头上减少废弃物的产生尤为重要。一方面，在产品设计和包装上以产品生命周期为基础，以 3R（Reduce 减量化，Reuse 再利用，Recycle 再循环）为基本原则，少用包装或采用可再生包装，从源头上削减和控制污染物的产生。另一方面，要加强分拣加工包装设备的研发力度，大力推行可回收容器用于加工包装。例如，循环利用一个废旧集装箱，可节约 1.7 吨钢材和 0.4 立方米木材，减少二氧化碳 3.49 吨。假若一年利用 10 万个废旧集装箱，就可减排 34.9 万吨二氧化碳。

（三）加快物流资源的整合，推进低碳供应链战略，合理布局物流设施

发展低碳物流，要求在原材料供应到产品生产、包装、运输、分销、使用的整个阶段，即低碳包装、低碳运输、低碳装卸、低碳仓储和低碳流通加工，对自然环境的污染物排放最少，对城市交通环境的影响最小。因此，我国企业必须将环境问题作为企业重要的决策变量，对整个供应链进行改造，使之适合可持续发展的环境要求，实现这个供应链的低碳化。

1. 低碳包装

低碳包装，是以减少二氧化碳气体排放为目标，以低能耗、低排放、低污染为基础的新型包装模式。低碳包装在绿色包装强调的“3R”原则（Reduce，减少材料使用；Reuse，易于重复利用；Recycle，再循环处理）基础上又增加了 recover（获得新价值——通过焚烧回收废弃物获得其中的能量，或通过降解包装获得新的价值）和 resource（节约能源——在进行包装、加工等各个环节中注重能源节约，尽量避免资源浪费）两条原则。相比绿色环保包装，低碳包装具有相

对统一的标准，对碳排放量有明确的要求。

2. 低碳运输

（1）采用低碳清洁能源汽车。充分运用市场准入等行政管理手段，从源头上控制高耗能、高排放车辆进入道路运输市场。物流业应对高耗能和老旧车辆进行更新换代，使用低碳环保车型，积极发展挂靠运输、集装箱运输、厢式货车运输、零担快运等现代化运输方式。在城市客运领域，开展净化能源改造工程，对公交车出租车车辆推广应用天然气燃料，降低碳排放。并要利用公交车更新机会，推广使用一批新能源的公交车，为净化提高城市空气质量做出贡献。通过道路运输结构的优化和运输效率的提高，从宏观上最大限度地降低碳排放和能源消耗。

降低汽车运输在物流中的比例，大幅提升以铁路运输为主的多式联运运输比例。在运输环节，要利用单元装载系统，运用各种“低碳”运输工具，通过有效利用车辆，降低车辆运行率、提高配送效率。

在低碳物流诉求下，国家发改委正在积极研究发展铁路物流的政策，如未来500公里以上的货物运输尽可能地用铁路，实现低碳物流。有研究数据表明，每吨公里货运对环境造成的污染强度，公路是铁路的十倍左右，其成本也是十倍以上，更是远高于水运。因此，降低汽车运输在物流中的比例，大幅提升我国多式联运模式的运输比例，物流有非常大的减排空间。

（2）港口地区要重视绿色港口建设，加快发展港口经济。在有港口的地区要重视绿色港口建设。如我国的天津在加强道路交通基础设施工程建设中，应重点加强港口经济建设。天津港货物吞吐量4.5亿吨，成为世界第四大港，天津滨海国际机场成为国内第四个双跑道运营的大型机场，北方国际航运中心和国际物流中心作用进一步显现。中央明确提出到2020年将天津市逐步建设成为环境优美的国际港口城市。天津要抓住机遇，增强港口辐射服务全球的能力，增创服务功能新优势，发展现代物流，完善“大通关”体系，健全“无水港”网络，在内陆地区建立具有报关、报检、签发提单等功能的物流中心，是港口功能向内陆地区的延伸。建成国际一流大港口，成为北方国际航运中心和国际物流中心。要构建现代综合交通体系，实施物联网示范工程，努力推进三网融合，搞好电子政务，发展云计算产业。

河北省作为东部沿海省份，无论是从建设沿海经济发展强省战略，还是从京津冀区域经济发展来看，其物流体系都必须集聚在沿海的秦皇岛港、京唐港、曹妃甸港、天津港、黄骅港这五个港口上，这是河北省建设现代物流体系的重要保障。河北省应进一步加大这五个港口的发展力度和速度，应以发展秦皇岛港、唐山港物流龙头以及承德内陆港为重点。秦皇岛港以煤炭业务为主业发展，选择神华、同煤、中煤、伊泰等大型煤炭生产性企业作为战略合作伙伴。黄骅港区以杂货和集装箱运输为主，积极发展深水航道和大泊位，满足船舶大型化的需要，建设业主码头，利用华电、华能等具备一定物流优势的企业的合资合作，锁定货源和市场。曹妃甸港区要以矿石和煤炭运输为依托。在物流产业方面应以廊坊、保定等商贸集散型物流产业为重点，发挥环京津地区产业对物流聚集的带动作用，打造“环京津物流产业带”；以发展黄骅港及石家庄、邯郸交通枢纽物流和石家庄小商品交易市场为重点以发挥钢铁、煤炭、建材等特色产业对物流聚集的推动作用，打造“冀中南物流通道”。邯郸市交通发达，物流基础设施完善，区位优势明显，应作为河北港口集团建设无水港的首选城市。大力发展以三大港区为中心的产业集群，发展港口物流与临港物流园区、工业区、开发区相结合，寻求共同发展。各港之间腹地交叉现象比较普遍，因此，河北港口集团在构建物流合作伙伴关系时要注重各港之间的合作和协调发展。

河北省在大力发展港口经济的同时，要改变以往完全服务于京津的战略，要以河北省各地级市为中心建立交通网络，建立和完善城际间的快速交通通道，并将主要城市与港口的快速通道连贯起来，充分发挥四大港口的作用，建设起以沿海经济为龙头的现代物流体系。

在发展低碳经济的大背景之下，不少大港也早已意识到绿色、低碳、环保的重要性，并“大显身手”。天津港从 2008 年开始持续实施生态港口建设，总投资 114.6 亿元，重点完成 34 项工程，不断改善天津港的水环境质量、空气质量和噪声环境质量；秦皇岛港制定了一系列的规定，并通过制定煤尘、粉尘、污水、噪声等考核指标，将企业的经济利益与环境管理好坏直接联系起来，起到了良好的监督作用。京津冀地区应借鉴国外的先进经验，出台相应的“低碳”环保法规，进一步加强绿色港口的建设，建设环境健康、低能耗、低污染的新型港口，将“港、人、自然”和谐相处的绿色环境理念渗透到港区建设发展和作业相关的各项行为中，最大限度地提高港口经济活动的资源使用率，提高港区的环境管理水平，改善港区的生态环境质量，使港口发展与环境保护协调发展。

3. 低碳装卸

低碳装卸指为尽可能减少装卸搬运环节产生的碳排放及粉尘烟雾等污染物而采取的现代化装卸搬运手段及措施。首先，提倡采用环保低碳的电动装卸作业车，减少甚至淘汰污染严重、能耗高的燃油装卸作业车。其次，消除无效搬运、提高搬运效率，如避免过度包装，减少无效负荷；提高装载效率，充分发挥搬运机器的能力和装载空间等。最后，在货物装卸搬运过程中，要尽量减少泄漏和损坏，杜绝粉尘、烟雾污染。

4. 低碳仓储

低碳仓储即仓库要布局合理，以节约运输成本，降低碳排放。仓库布局过于密集，会增加运输的次数，从而增加资源消耗，增加碳排放；布局过于松散，则会降低运输的效率，增加车辆空载的概率。低碳仓储要把业务综合化、精细化管理作为发展目标，通过增值服务，大力提升综合业务在企业经营业绩中的比重。

5. 低碳流通加工

流通加工是指物品在从生产地到使用地过程中需要施加包装、分割、计量、分拣、组装、价格贴付、标签贴付、商品检验等简单作业的总称。

低碳流通加工主要包括两个方面措施：一是要大力发展专业集中加工，以规模作业方式提高资源利用效率，减少环境污染。二是要集中处理加工中产生的边角废料，以减少分散加工所造成的废弃物的污染。

（四）加强专业人才培养

对于物流专业人员的培养仅仅只注重学术人才的培养，更应该推行以从业为目的职业人员的培训。物流业的不断发展使专业的学术人才并不能满足物流企业的需求，因此，对物流专业人员的培养应按照长期专业教育和短期职业培训相结合的方式。通过短期的职业教育培训，对合格的学员进行资格认证能够改善专业人员短缺的情况。同时将低碳物流知识纳入到职业教育培训过程中，提高整体从业人员的低碳意识，对于低碳物流能力的提高具有重要意义。

参考文献

[1] Ana Maria Sarmiento, Rakesh Nagi. A Review of Integrated Analysis of Production Distribution Systems [J]. IIE Transactions, 1999 (31): 1061-1074.

[2] Anonymous. World -class Logistics: Managing Continuous Change [J]. Industrial Engineer, 1995, 27 (12): 9-9.

[3] Benjamin S. Blanchard: Logistics Engineering and Management (4thEdition), Prentice Hall, 1992.

[4] Becky P Y Loo. Interplay of International, National and Local Factors in Shaping Container Port Development: A Case Study of Hong Kong [J]. Transport Review, 2001.

[5] Beamon. B. M: Supply Chain Design and Analysis: Modelsandmethods. Intenational Joumal of Production Economics, 1998: 55, 5-14.

[6] Bin Jiang and Edmund Prater. Distribution and Logistics Development in China—The Revolution Has Begun [J]. International Journal of Physical Distribution & Logistics Management, 2002, 32 (9): 783-798.

[7] Brian Slack. Intermodal Transportation in North American and the Development of Inland Load Centers [J]. Professional Geographer, 1990, 42 (1).

[8] Marc Goetschalckx, Carlos J, Vidal, Koray Dogan. Modeling and Design of Global Logistics Systems: A Review of Integrated Strategic and Tactical Models and Design Algorithms [J]. European Journal of Operational Research, 2002, 143: 1-18.

[9] Carlsson, Bo. The Evolution of Manufacturing Technology and Its Impact on Industrial Structure: An International Study [J]. Small Business Economics, 1989, Vol.1: 21-37.

[10] Daron Acemoglu, Veronica Guerrieri. Capital Deepening and Non -

Balanced Economic Growth [D]. NBER Working Paper, 2006 , No.12475: 1-54.

[11] Dehmel, Richard C, Parker, Gerhard H.: Future Vlsi Manufacturing Environment [J]. Solid State Technology, Vol. 30, No. 5, 1987: 116-121.

[12] Donald J Bowersox, etc. 21st Century Logistics: Making Supply Chain Integration A Reality [R]. Oak Brook, IL: Council of Logistic Management, 1999.

[13] Editorial. Collaboration in Logistics [J]. European Journal of Operational Research, 2003.

[14] Eiichi Taniguchi, R G Thompson. Logistics Systems For Sustainable Cities [M]. ELSEVIER, 2004.

[15] Glenn Ellison, Edward L.Glaeser, William R. Kerr, What Causes Industry Agglomeration? Evidence from Coagglomeration Patterns [J]. American Economic Review, 2010, Vol.100: 1195-1213.

[16] Heijden, Rob E, C, M, Van Der. An Evaluation Methodology for City Logistics [J]. Transport Reviews, 2000, 20 (1).

[17] Humphrey. J, Schmitz. H. How Does Insertion in Global Value Chains Affect Upgrading in Industrial Cluster [J]. Regional Studies, 2002, 9 (36): 1017-1027.

[18] Jean Imbs and Romain Wacziarg. Stages of Diversification [J]. The American Economic Review, Vol. 93, No.1, 2003: 63-86.

[19] Lai K H. Service Capability and Performance of Logistics Service Providers [J]. Transportation Research Part E, 2004, 40 (1): 385-399.

[20] Leontief. W. Quantitative Input-output Relations in the Economic System [J]. Review of Economic Statistics, 1936 (18): 105-125.

[21] Levine R. Financial Development and Economic Growth: Views and Agenda [J]. Journal of Economic Review, 1997, 2 (35): 688-726.

[22] Lilian L, Barros, Michael Riley, David Brown. Special Millennium Issue of the EJOR: A Global View of Industrial Logistics [J]. European Journal of OperationalResearch, 2001, 99: 231-234.

[23] Masakazu Katsumoto, Chihiro Watanabe. External Stimulation Accelerating A Structure Shift to Service-oriented Industry—A Cross Country Comparison [J].

Journal of Services Research, 2005, Vol.4: 91–111.

[24] Markus Hesse. Logistics and Freight Transport Policy in Urban Areas: A Case Study of Berlin –Brandenburg/Germany [J]. European Planning Studies, Abingdon: Oct 2004, 12 (7): 1035.

[25] Mckinnon, Ronald I. Money and Capital in Economic Development [M]. Washington, DC: The Bookings Institution, 1973: 111–127.

[26] Melendez O, Maria Fernanda. The Logistics and Transportation Problems of Latin American Integration Efforts: The Andean Pact, A Case of Study [D]. The University of Tennessee, 2001, 246 pages, AAT 3010339.

[27] P, Pontrandolfo & O, G, Okogbaa. Global Manufacturing: A Review and a Framework for Planning in a Global Corporation [J]. INT, J, Res, 1999, 37 (1).

[28] Shaw, Edward S. FinancialDeepening in Economic Development [M]. New York: OxfordUniversity Press, 1973: 45.

[29] Sponsored by Council of Logistics Management, 15th Annual State of Logistics Report [R]. June 7, 2004, National Press Club. Washington, D.C..

[30] Stephanie Barrientos, Gary Gereffi and Arianna Rossi. Economic and Social Upgrading in Global Production Networks: Developing a Framework for Analysis [D]. Working Paper, 2010: 1–25.

[31] Syrquin, M., Chenery H. B. Three Decades of Industrialization [J]. The World Bank Economic Reviews, 1989, Vol.3: 145–181.

[32] Selden, T. M. and Song, D. Environ–mentalQuality and Development: Is There A Kuznets Curve for Air PollutionEmissions?[J]. Journal of Environmental Economics and Management, 1994, 27: 147–162.

[33] Tage Skjott–Larsen, Ulf Paulsson, Sten Wandel.Logistics in the Oresund Region after the Bridge [J]. European Journal of Operational Research, 2003, 144: 247–256.

[34] Tim Schwanen. Transport Planning, Logistics and Spatial Mismatch: A Regional Science Perspective [J]. Journal of Regional Science, Heightstown: Feb 2003, 43 (1): 206–209.

[35] Tone, K.Dealing with Undesirable OutPuts in DEA: A Slacks based

Measure (SBM) APProach [J]. Energy Policy, 2003 (35): 6323-6331.

[36] Towill, D. R: Supply Chain Dynamics-the Change Engineering Challenge of the Mid 1990s, Proceedings of the Institution of Mechanical Engineers [J]. Journal of Manufacture Vol.206, No.B4, 1992: 233-245.

[37] Thomas J. The quest continues [J]. Logistics Management & Distribuction Report, 1998, 37 (8): 39-41.

[38] W, Lemoine and Lars Dagnns. Globalisation Strategies and Business Organisation of a Network of Logistics Service Providers [J]. International Journal of Physical Distribution & Logistics Management, 2003, 33 (3): 209-228.

[39] 艾东. 中小企业物流融资风险管理探讨[J]. 上海金融，2005 (12)：37-39.

[40] 蔡文. 物元模型及应用 [M]. 北京：科学技术文献出版社，1994.

[41] 陈国宏，邵赞. 我国技术引进与产业结构关系的实证研究[J]. 中国软科学，2001 (2)：42-46.

[42] 戴时清，雷定猷. 以开发性金融支持现代物流产业系统性融资研究 [J]. 云南民族大学学报，2011 (5)：103-106.

[43] 邓琪，岳国文. 产业转移视角下安徽物流网络空间系统构建的研究 [J]. 物流工程与管理，2010 (10)：99-101.

[44] 丁俊发. 当前我国物流理论研究的十大热点 [J]. 中国物流与采购，2003 (2)：8-10.

[45] 范剑勇，谢强强. 地区间产业分布的本地市场效应及其对区域协调发展的启示 [J]. 经济研究，2010 (4)：107-119.

[46] 戈德史密斯. 金融结构与金融发展 [M]. 上海：上海三联书店，1988.

[47] 桂霖. 论物流发展的金融支持与金融创新 [J]. 上海金融，2006 (2)：70-71.

[48] 高婕，高志鹏. 银行介入现代物流的机遇与挑战 [J]. 金融理论与实践，2003 (5)：10-12.

[49] 干春晖，郑若谷，余典范. 中国产业结构变迁对经济增长和波动的影响 [J]. 经济研究，2011 (5)：4-15.

[50] 华蕊. 区域物流与区域经济的关系 [J]. 物流科技，2004 (9)：78-79.

［51］黄湘雄，呙玉红. 广东区域金融发展实证研究［J］. 南方金融，2004（9）：22–24.

［52］黄茂兴，李军军. 技术选择、产业结构升级与经济增长［J］. 经济研究，2009（7）：143–150.

［53］胡愈. 现代农村物流建设金融支持研究［D］. 中南大学，2007.

［54］侯景新，尹卫红. 区域经济分析方法［M］. 北京：商务印书馆，2004.

［55］金碚，吕铁，邓洲. 中国工业结构转型升级：进展、问题与趋势［J］. 中国工业经济，2011（2）：5–15

［56］金雪军，田霖. 区域金融综合竞争力的模糊曲线分析［J］. 中南大学学报（社会科学版），2004（6）：740–746.

［57］刘伟，张辉. 中国经济增长中的产业结构变迁和技术进步［J］. 经济研究，2008（11）：4–15.

［58］李健，徐海成. 低碳产业发展问题与对策研究［J］. 科技进步与对策，2010（22）：81–84.

［59］李磊，钱艳云. 基于经济增加值的第三方物流企业绩效评价体系研究［J］. 价值工程，2005（9）：74–76.

［60］李蜀湘，陆小成. 中国低碳物流金融支持模型研究［J］. 中国流通经济，2010（2）：28–30.

［61］李玉民，李旭宏，毛海军等. 基于主成分分析的区域物流综合评价及发展战略［J］. 交通运输系统工程与信息，2004（2）：91–95.

［62］李静. 方兴未艾的中国物流业与金融支持［J］. 南方金融，2002（11）：55–57.

［63］凌文昌，邓伟根. 产业转型与中国经济增长［J］. 中国工业经济，2004（12）：20–24.

［64］刘伟，潘宏胜. 城市金融竞争力的测度与比较［J］. 生产力研究，2004（1）：74–76.

［65］刘仁武. 区域金融结构和金融发展理论与实证研究［M］. 北京：经济管理出版社，2003.

［66］陆文喜，李国平. 中国区域金融发展的收敛性分析［J］. 数量经济技术经济研究，2004（2）：125–128.

[67] 刘秉镰，王鹏姬. 基于平衡计分卡的物流企业绩效层次分析 [J]. 中国流通经济，2003 (7)：58-61.

[68] 马谦杰. 区域物流系统优化模型 [J]. 农业技术经济，2000 (4)：7-11.

[69] 钱纳里. 工业化与经济增长的比较研究 [M]. 上海：上海三联书店，1989.

[70] 盛昭瀚，高洁. "新熊彼特" 式产业演化模型及其应用研究 [J]. 管理工程学报，2007 (2)：5-9.

[71] 隋广军，申明浩，宋剑波. 基于专利水平地区差异的高科技产业化问题研究 [J]. 管理世界，2005 (8)：87-93.

[72] 谭清美，葛云. 区域物流投资弹性研究 [J]. 河海大学学报（自然科学版），2004 (1)：117-118.

[73] 谭清美，冯凌云，葛云. 物流能力对区域经济的贡献研究 [J]. 现代经济探讨，2003 (8)：22-24.

[74] 唐德祥，孟卫东. R&D 与产业结构优化升级——基于我国面板数据模型的经验研究 [J]. 科技管理研究，2008 (5)：85-87.

[75] 唐海丹. 将协同学原理应用于物流领域的理论与实践初探 [J]. 物流技术，2003 (3)：99-100.

[76] 王明涛. 多指标综合评价中权系数的一种综合分析方法 [J]. 系统工程，1999 (2)：56-61.

[77] 王德利，方创琳. 中国跨区域产业分工与联动特征 [J]. 地理研究，2010 (8)：1392-1406.

[78] 汪斌. 当代国际区域产业结构整体性演进的理论研究和实证分析 [J]. 浙江大学学报，2001 (3)：60-72.

[79] 王勇，杨文慧. 关于企业物流管理绩效评价体系的探讨 [J]. 商业研究，2003 (4)：35-37.

[80] 王元元. 物流业与金融业协同合作及服务创新研究 [D]. 天津：天津商业大学商学院，2011.

[81] 王超. 把握 "低碳经济" 脉搏加速煤炭产业转型 [J]. 生产力研究，2010 (6).

[82] 吴军，何自云. 金融制度的激励功能与激励相容度标准 [J]. 金融研究，

2005（6）：10-16.

［83］吴坚，史忠科. 区域物流系统的优化模型［J］. 华南理工大学学报（自然科学版），2004（8）：68-71.

［84］许树柏. 层次分析法原理［M］. 天津：天津大学出版社，1988.

［85］谢赤，钟赞. 熵权法在银行经营绩效综合评价中的应用［J］. 中国软科学，2002（9）：108-110.

［86］闫秀霞，孙林岩. 物流能力对区域经济发展的影响分析［J］. 科技进步与对策，2006（10）：160-163.

［87］叶杰刚. 国内外物流理论研究概况［J］. 经济学动态，2000（11）：43-45.

［88］袁红，王伟. 物流金融——物流服务的新领域［J］. 中国物流与采购，2005（2）：22-23.

［89］杨治. 产业经济学导论［M］. 北京：中国人民大学出版社，1985.

［90］余国民. 物流产业与金融支持的实证研究［J］. 中国商贸，2011（2）：103-104.

［91］中国物流与采购联合会. 中国物流发展报告（2004-2005）［M］. 北京：中国物资出版社，2005.

［92］辛予东. 现代金融与物流业的协同发展［J］. 金融理论与实践，2004（6）：9-11.

［93］郑绍庆. 融通仓——第三方物流架设银企桥梁［J］. 财经理论与实践，2004（1）：43-45.

［94］张少军，刘志彪. 我国分权治理下产业升级与区域协调发展研究——地方政府的激励不相容与选择偏好的模型分析［J］. 财经研究，2010（12）：83-93.

［95］张维迎. 博弈论与信息经济学［M］. 上海：上海三联书店，1996.

［96］张群，程肖冰. 现代物流与区域经济发展［J］. 统计与决策，2005（23）：97-99.

［97］张斌，雍岐东，肖芳淳. 模糊物元分析［M］. 北京：石油工业出版社，1997.

［98］张向阳，朱有为. 基于全球价值链视角的产业升级研究［J］. 外国经济与管理，2005（5）：21-27.

［99］张杰. 中国金融成长的经济分析［M］. 北京：中国经济出版社，1995：

123–150.

[100] 周立. 中国各地区金融发展与经济增长（1978–2000）[M]. 北京：清华大学出版社，2004.

[101] 周恒，季晓亮. 区域物流信息系统和平台及关键技术分析 [J]. 交通标准化，2003（7）：50–54.

[102] 周叔莲，王伟光. 科技创新与产业结构优化升级 [J]. 管理世界，2001（5）.

[103] 周涛，程均漠，乔忠. 物流企业绩效评价体系及模糊综合评判 [J]. 管理现代化，2002（9）：26–28.

[104] 朱勤，彭希哲，陆志明等. 中国能源消费碳排放变化的因素分解及实证分析 [J]. 资源科学，2009（12）：2072–2078.